Von Weltengagement zu Weltüberwindung

Theologische Positionen im Danielbuch

Contributions to Biblical Exegesis and Theology

1. J.A. Loader, A Tale of Two Cities. Sodom and Gomorrah in the Old Testament, early Jewish and early Christian Traditions, Kampen, 1990.
2. P.W. van der Horst, Ancient Jewish Epitaphs. An Introductory Survey of a Millenium of Jewish Funerary Epigraphy (300 BCE-700 CE), Kampen, 1991.
3. E. Talstra, Solomon's Prayer. Synchrony and Diachrony in the Composition of 1 Kings 8,14-61, Kampen, 1993.
4. R. Stahl, Von Weltengagement zu Weltüberwindung. Theologische Positionen im Danielbuch, Kampen, 1994.
5. J.N. Bremmer & F. García Martínez (eds.), Sacred History and Sacred Texts in Early Judaism. A Symposium in Honour of A.S. van der Woude, Kampen, 1992.
6. K. Larkin, The Eschatology of Second Zechariah. A Study of the Formation of a Mantological Wisdom Anthology, Kampen, 1994.

Rainer Stahl

Von Weltengagement zu Weltüberwindung

Theologische Positionen im Danielbuch

Kok Pharos – Kampen – the Netherlands

CIP-GEGEVENS KONINKLIJKE BIBLIOTHEEK, DEN HAAG

Stahl, Rainer

Von Weltengagement zu Weltüberwindung / Rainer Stahl...

ISBN 90-390-0013-1
NUGI 632
Trefw.: Daniel (bijbelboek); verklaringen.

P.O. Box 5016, 8260 GA Kampen, the Netherlands
Cover Design by Karel van Laar
Typesetting by Elgraphic bv, Schiedam, the Netherlands
ISBN 90 390 0013 1
NUGI 632

Gewidmet den friedlichen
Demonstranten des Herbstes 1989
in Leipzig

Inhalt

Vorwort

Die vorliegende Untersuchung nimmt zwei Aufgaben in Angriff. Zum einen fragt sie in neuer Weise nach der Theologiegeschichte, die in der Danielbibliothek 'geronnen' greifbar ist. Dabei wird von der Erkenntnis ausgegangen, dass das Danielbuch nicht von einem einzelnen Verfasser erstellt wurde, sondern das Ergebnis längerer theologischer Arbeit darstellt, weshalb die Rede von der Danielbibliothek gerechtfertigt ist. Es ist nicht eigentlich Ziel der Arbeit, diese Tatsache zu begründen, sondern vielmehr ist ihr Ziel eine eigenständige Rekonstruktion des Gangs dieser Theologiegeschichte. Basis dieser Rekonstruktion ist die literarische Analyse des Textes des Danielbuches. Insofern ist die um der Lesbarkeit willen erst am Ende des Buches gegebene Textanalyse das Herzstück der vorliegenden Untersuchung.

Zum zweiten unternimmt die Untersuchung den Versuch, sich die theologischen Positionen, die seitens der Danieltradenten zum Ausdruck gebracht worden sind, wirklich anzueignen. Neben der historischen Rekonstruktion steht also immer auch das hermeneutische Bemühen um die Rezeption der heute gültigen Wahrheit der jeweiligen Textaussagen. Das Interesse an dieser heute gültigen Wahrheit gibt ja überhaupt nur das Motiv für die Arbeit mit und an dieser biblischen Bibliothek. Aber natürlich wird die geforderte Aneignung der jeweiligen Aussage in kritischer Weise geschehen müssen: einmal insofern, als die jeweilige Aussagegestalt in dieser Theologiegeschichte als Anfrage an und Botschaft für uns verstanden wird, und dann insofern, als sie nach ihrer Tragfähigkeit und Relevanz zu hinterfragen ist.

Hervorgehoben sei an dieser Stelle, dass diese Studie keinen Kommentar zum Danielbuch darstellt. Eine Fülle von Fragen wird nicht beantwortet werden können. Besonders auch die traditionsgeschichtlichen Zusammenhänge können nur an ausgewählten Materialien aus der Religionsgeschichte Israels in den Blick gerückt werden. Obwohl also für viele Einzelprobleme sowohl auf vorliegende Literatur als auch auf weitere Forschungen verwiesen werden muss, soll doch der Versuch einer Gesamtschau der in der Danielbibliothek vorhandenen Materialien und Anschauungen gemacht werden.

Dankend möchte ich vermerken, dass ich 1989 und 1991 in der Alttestamentlichen Arbeitsgemeinschaft im Osten Deutschlands, im Januar 1990 in einem Seminar am United Theological College in Bangalore, im Dezember 1990 gelegentlich eines Gastvortrages in der Universität Regensburg, im Sommer 1991 während des Danielkongresses in Leuven und im März 1992 während der IV. Konferenz der European Society for the Study of Science and Theology in Mondo Migliore vor Kolleginnen und Kollegen zu Problemen des Danielbuches habe sprechen und somit eigene Überlegungen diskutieren können.

1 Vorbereitung

Meisthin wird das Danielbuch genutzt, um umfassende geschichtliche Gesetzmässigkeiten zu ahnen und zu verstehen. Der Gedanke der Abfolge verschiedener Reiche, die nicht zufällig und absichtslos existieren, vermag dem eigenen 'Ort' in der Geschichte Bedeutung und Sinn zu geben. Damit sind mögliche Schwierigkeiten, Leiden oder Katastrophen noch lange nicht und eigentlich gar nicht erleichtert, aber das Gefühl der Zufälligkeit mag überwunden sein. Gerade diesem Aspekt muss in einer Zeit nachgespürt werden, in der wir das Ende eines Imperiums erleben und dabei hoffen, dass sich dieser Prozess sowohl für uns, als auch für die direkt betroffenen Menschen positiv auswirken wird.[1] Ich denke, dass die grossen Hoffnungen, die vor allem uns Deutsche im Jahr 1990 bewegt haben, und die uns immer noch – zumindest für Bereiche unseres Lebens – erfüllen, der tief realistischen Sicht der Weltgeschichte ausgesetzt werden müssen, die die Verfasser der Danielbibliothek zum Ausdruck bringen.

Dann natürlich hat vor allem der Gedanke gewirkt, dass diese Abfolge von irdischen Machtstrukturen zu einem Ende der Geschichte führen und umschlagen werde in die Herrschaft Gottes. Im Lichte dieser Hoffnung auf die erfahrbare und erlebbare Macht Gottes ist immer wieder die Geschichte Europas und der Welt verstanden worden. Dabei wurde der eigene Standort in die unmittelbare Nähe zum Beginn der Herrschaft Gottes gerückt. Alle, die das getan haben und noch immer tun, haben gewiss die Zielrichtung auf ihrer Seite, auf die hin die theologischen Aussagen im Danielbuch gemacht wurden. Aber doch sind die Glaubens- und Denkmöglichkeit solcher konkreten Hoffnungen auf das Ende irdischer Geschichte auch kritisch zu prüfen.

Schliesslich klärt die Danielbibliothek immer auch den Zusammenhang, in dem die eigene gegenwärtige Lebensexistenz steht. Sie lehrt also nicht nur, in die Zukunft zu sehen, sondern sie verhilft auch zu einer eigenständigen

[1] Hier sei angemerkt, daß der schon benannte Daniel-Kongress in Leuven genau während der Tage des erfolglosen reaktionären Putsches in der Sowjetunion stattgefunden hat (20.-22.8.1991) und so in einer geheimnisvollen Beziehung stand, die hervorragend den Aussageintentionen des Danielbuches entsprach.

Verantwortung im jeweiligen 'Heute'. Diese Relevanz des Danielbuches sei am aktuellen Erleben vorgeführt:[2]

Am 11. April 1990 druckte das 'Sächsische Tageblatt', Leipzig, einen 'Text zur Zeit' von Volker EBERSBACH. In ihm schilderte der Schriftsteller den entscheidenden Montag, 9. Oktober 1989, in Leipzig aus dem Erleben eines fiktiven jungen Mannes 'Daniel'. An diesem Tag waren alle Vorbereitungen zur Zerschlagung der Demonstrationen getroffen worden – vom bereitstehenden Militär bis zu den Blutkonserven in den Krankenhäusern. Wie durch ein Wunder wurde diese Macht nicht eingesetzt. Die friedliche Umgestaltung wurde möglich. Genau dieses Wunder erlebt Daniel. Ihm fallen Zusammenhänge ein, die ihm ein christlicher Freund zu seinem Namen erzählt hatte. Und diese Zusammenhänge deuten ihm das Erlebte.

Ich gebe wichtige Ausschnitte aus diesem Text: 'Die babylonische Gefangenschaft. Der Koloss auf tönernen Füssen. Das Menetekel. Daniel in der Löwengrube. – Das alles ging ihm seit Tagen immer wieder durch den Kopf.'

'Durch die Hauptstrasse donnerte eine der schweren Strassenbahnen. Der Widerhall hatte etwas Beängstigendes, denn fast alle Häuser standen leer. In der Nebenstrasse, durch die Daniel seinen Weg fortsetzte, musste er den Bürgersteig verlassen. Schutthaufen und Gerümpel. Dann schräge Balken, die eine Fassade abstützten, Holzdurchgänge, die Fussgänger vor herabfallenden Dachziegeln und Putzfladen schützten. Leere Fenster, eingeschlagene Scheiben. Grasbüschel in Resten von Dachrinnen. Eine kleine Birke auf einem halbabgebrochenen Giebel.'

'Die FDJ war manchmal spendabel, bezahlte einem, kaum war man eingetreten, eine Fahrt nach Berlin, wenn dort Blauhemden gebraucht wurden, zum Pfingsttreffen, zum Tag der Republik. Die Prachtbauten kamen Daniel in den Sinn, zwischen denen sich die Aufmärsche zum vierzigsten Jahrestag abgespielt hatten.'

[2] Nur am Rande möchte ich hervorheben, dass das Danielbuch immer auch in dem jetzt gemeinten Sinne rezipiert wurde. Ein Beispiel dafür aus dem Mittelalter ist die Kapitellgestaltung im Chorumgang des Magdeburger Domes, mit der Erzbischof Albrecht zwischen 1212 und 1218 Illustrationen zum Danielbuch verwirklichen liess, die gegen den gebannten Kaiser Otto IV. von Braunschweig und für Papst Innozez III. Partei ergriffen. Mit diesen Darstellungen werden die Konflikte des Danielbuches aktuell belebt und zugleich die Aussagen dieses Buches genutzt, um aktuelle Auseinandersetzungen von Glaubenspositionen her zu begreifen und zu verstehen: 'Albrecht fühlt sich in die Rolle des Daniel versetzt, vor allem als Mahner gegenüber den weltlichen Herrschern, ihre Macht nicht zu missbrauchen, und als Warner, dass sie der Strafe verfallen, wenn sie nicht Gott als den Höchsten aller Herrscher anerkennen' (Joachim Fait, Danielbuch, 55).

'Und jetzt wusste Daniel auch, woran ihn die Einöde dieses Abbruchviertels erinnerte, sobald er an den Glanz und das Schnedderengdeng zu den Feierlichkeiten in Berlin dachte: Der Prophet hatte dem babylonischen König Nebukadnezar einen Traum gedeutet, den Traum von einer mächtigen Gestalt, oben von Gold und Edelsteinen, in der Mitte von Silber, nach unten hin mehr von Kupfer und Eisen, und ein einziger Steinwurf brachte ihn zum Einsturz: Es war der Koloss auf tönernen Füssen.' 'Und dann sah sein inneres Fernsehauge wieder die Aufnahme aus dem ZDF im August: Zwei Frauen trugen aus der Leipziger Nikolaikirche das weisse Transparent mit grossen Buchstaben, und noch ehe es diese Stasiwindjacken heruntergerissen hatten, konnte man es deutlich lesen: FÜR EIN OFFENES LAND MIT FREIEN MENSCHEN! Genau das ist es, dachte Daniel. Das stimmt vorwärts wie rückwärts. Da muss man dafür sein, da sollte man mitgehen. Und wenn die Staatssicherheit sowas runterreisst, dann bedeutet es noch viel mehr. Und Daniel dachte an die Schrift, die ein Finger an die Wand des Festsaals schrieb, in dem König Belsazar prasste und soff: "Menemene-tekel". Und nur der Prophet, dessen Name jetzt ein Modename war, hatte es deuten können, dieses Menetekel, dessen Wortlaut sich einem wegen seiner Fremdartigkeit so genau einprägte: "Wehe, du wurdest gewogen und zu leicht befunden!"'

'Am Karl-Marx-Platz kam er zu spät. Sprechchöre, schon undeutlich, entfernen sich hinter der Oper den Georgiring hinunter. Um die Mannschaftswagen der Bereitschaftspolizei, die in langer Reihe auf der Goethestrasse parkten, bewegte sich nichts. Das Gewandhaus war hell erleuchtet.'

'Daniel rannte schräg über den Platz vor der Oper. Er überholte die letzten ungeordneten Reihen des Demonstrationszuges, der sich den Ring Richtung Hauptbahnhof hinunterbewegte.'

'Es war nun fast dunkel. Sprechchöre wiederholten sich: "Wir sind das Volk! – Freie Wahlen! – Keine Gewalt! – Neues Forum zulassen! – Stasi in die Volkswirtschaft!" Und immer wieder: "Keine Gewalt! Wir sind das Volk!"

An der Strassenseite standen, Schulter an Schulter, Uniformierte – Kampfgruppen mit Stahlhelmen, Polizei mit Schutzhelmen und Schildern, Armee – durch den Lichtvorhang der Bogenlampen konnte Daniel nicht alles genau erkennen. Die Leuchtreklamen buchstabierten wie sonst immer 'Balkancar' und 'Bitterfeld'. Das beruhigte. Daniel sah auch nicht lange zu den Uniformierten. Er befand sich nun mitten in der Löwengrube.'

Hier geben die alten Geschichten und Texte ganz unmittelbar Sprache und Deutung. Sie stellen das Erlebte in einen grösseren Zusammenhang, der dieses Erlebte als etwas Getragenes erscheinen lässt – trotz der anonymen

Gewalt, in der es daherkommt. Obwohl Gott nicht genannt wird, ist da ein Herr des Geschehens, der sowohl die Demonstranten, als auch die ihnen entgegentretenden Uniformierten zu beherrschen scheint: Heutige Macht ist in Wahrheit in der Hand eines anderen. Deshalb konnte der 9. Oktober 1989 gewaltfrei bleiben: 'Er fand keine Strassenbahn in seiner Richtung, fing an zu rennen, ... Ein Trabifahrer hielt neben ihm, lud ihn ein mitzufahren, jubelte mit ihm über die gewaltlose Demo, schätzte die Menschenmenge auf Siebzigtausend, fragte nebenbei nach der Strasse, setzte ihn genau vor den Haustür ab, wies jedes Dankeschön zurück.'

Nun fällt auf, dass Volker EBERSBACH zur Deutung des 9. Oktober 1989 nur Szenen und Texte aus dem Komplex von Dan 2-6 entnommen hat. So wenig es jetzt Aufgabe sein kann, die Absicht des Autors zu erkunden,[3] so sehr haben wir uns die Frage zu stellen, ob die biblischen Texte selbst eine solche Entscheidung nahelegen. Wenn ja, dann hiesse das, dass die verschiedenen Aussageetappen in der Danielbibliothek so unterschiedliche Intentionen zum Ausdruck bringen, dass ganz eigenständige politische und theologische Rezeptionen möglich sind.

Die Frage nach der Position von Volker EBERSBACH und die Skizze des Geschehens im Herbst 1989 zeigen aber zugleich, in welcher Weise diese Untersuchung vorzugehen hat. Am Anfang muss der Versuch stehen, die Verfasser der Danielbibliothek wenigstens hypothetisch in den Blick zu bekommen. Sodann gilt es, das geschichtliche Umfeld dieser Textsammlung zu skizzieren, um so die Voraussetzungen für das Verstehen in und aus ihrer Zeit zu legen. Erst danach wird es möglich sein, die verschiedenen Redaktionsetappen zu interpretieren.

[3] Die Unterschiede zwischen der Darstellung von V. Ebersbach und dem biblischen Text erklären sich – wie mir der Verfasser in einem persönlichen Gespräch sagte – aus der bewussten Entscheidung zu dichterischer Freiheit auch dem originalen Danieltext gegenüber.

2 Propheten, Weise oder Priester?

Johann Michael SCHMIDT hatte 1983 nur eine ausgesprochene Minimalaussage formulieren können: 'Die durchgehende Betonung des reflektorischen und dialogischen Moments deutet darauf hin, dass sie [die Apokalyptik als Gattung] in solchen Kreisen beheimatet ist, die die entsprechenden Fähigkeiten besessen und gepflegt haben.'[4] Schon die total aussagelose Struktur dieses Satzes im Deutschen – Wer anders als der, der spezielle Fähigkeiten besitzt, kann spezifische Literatur pflegen? – zeigt die Ratlosigkeit mit Blick auf den soziologischen Hintergrund des Phänomens Apokalyptik. Auch sieben Jahre später beklagte Karlheinz MÜLLER den Mangel, 'dass es bis heute keine wirkliche Klarheit über die soziologische Basis der apokalyptischen Hinterlassenschaft im Judentum gibt'.[5] Diese nüchtern-verneinende Aussage ermutigt kaum dazu, aus der Gestalt des Textes und aus seinen Positionen erste Schlussfolgerungen und Thesen abzuleiten. Trotzdem soll das versucht werden.

Zu allererst werden uns die Daniel-Tradenten als Exegeten erkennbar. Sie haben sich mit ihnen bekannten Stoffen auseinandergesetzt, sie aufgenommen und umgedeutet. Diese Arbeitsweise ist bei allen Materialien, die sie verwendeten – auch den ausserisraelitischen und ausserbiblischen –, vorauszusetzen. Nachweisen lässt sie sich vor allem aus dem Vergleich mit biblischen Stoffen. Die Daniel-Tradenten legten bewusst die ihnen vorliegenden Texte der religiösen Überlieferung Israels aus. Im Mittelpunkt standen dabei prophetische Texte, vor allem die Bücher der Propheten Jesaja, Jeremia und Ezechiel. Dort begegnende Vorstellungen wurden aufgegriffen bzw. uminterpretiert. Auf Letzterem muss hier das Schwergewicht liegen. Denn, indem die Daniel-Tradenten ihr neues Verständnis prophetischer Aussagen auf 'himmlische' und göttliche Offenbarungen zurückführen, zeigen sie, dass ihre Neudeutung alter Aussagen einen höheren Wert als diese besitzen. Sie deuten an, dass sie das überkommene prophetische Wort besser verstehen, als es damals in seiner geschichtlichen Stunde der Prophet verstanden hatte. Sie wollen eine Deutung, einen 'Päschär' liefern, der das wahre Verständnis der prophetischen Schriften offenbart (Dan 9, 22; 10,11.19). 'So wird der wahre Sinn eines alten Prophetenwortes "er-

[4] J. M. Schmidt, in: Altes Testament, 199.
[5] K. Müller, Neues Bibel-Lexikon I, 132.

kannt", indem es zugleich für die Gegenwart, die jeweils auch "Endzeit" ist, seine eigentliche Bedeutung gewinnt: Was Jeremia selbst noch nicht wissen konnte, das hat "jetzt" Gott durch seinen Engel dem "Daniel" enthüllt.'[6] Damit geben sich diese Verfasser als solche zu erkennen, die die prophetischen Schriften verwalteten und ihnen als *Endzeitpropheten* den hermeneutischen Schlüssel geben zu können meinten. Von ihren neuen apokalyptischen Aussagen her seien nun die Propheten zu verstehen: 'Now Daniel spread his light over all the prophets.'[7] Damit ist aber endgültig klar, mit welch' hohem Anspruch die Männer hinter der Grösse 'Daniel' tätig waren: Sie stehen 'nicht nur in einer Linie mit dem Propheten der klassischen Zeit, sondern ... [sie sind] ihm sogar überlegen; denn die Verleihung des "vollen Verständnisses" bedeutet zugleich die Erfüllung der alten Weissagung'.[8] In diesem Selbstverständnis können sie mit ganz neuer Kraft auftreten: der Fähigkeit, den Abbruch menschlich-irdischer Geschichte zu schauen.

Die entscheidende Methode, mit denen den Daniel-Tradenten die Neudeutung der Prophetie gelingt, ist das Erlebnis von Visionen und Träumen und deren weisheitliche Verarbeitung. Beide Aspekte sind wichtig: Der Zuwachs an theologischem Wissen wird in Gestalt des Berichts von Visionserlebnissen zum Ausdruck gebracht. Damit wissen sich diese Verfasser in der Tradition prophetischer Visionserlebnisse (vgl. Ezechiel, Sacharja). Gleichzeitig aber bedarf jede 'Schauung' der Deutung, sei es durch den Apokalyptiker selbst oder durch 'himmlische' Gestalten. Dabei aber funktioniert die Visionsdeutung, d.h. letztlich die Vermittlung der Offenbarung (denn erst der gedeutete Traum erschliesst das göttliche Wissen) eigentlich immer auf gleiche Weise – entspricht doch die Rolle des Traumdeuters Daniel in Dan 2 und 4 und des Zeichendeuters Daniel in Dan 5 mit Blick auf die babylonischen Könige der Rolle der Deutemänner in Dan 7; 8; 9; 10f mit Blick auf Daniel selbst. Jeweils wird das Wissen von Gott – zum Teil durch den Deuter in einem Traum gewonnen (Dan 2, 19)! – denen aufgedeckt, die von Gott deutlicher entfernt sind als der Traumdeuter. Konnte so der Mensch Daniel, der aber als frommer Jude unmittelbarer zu Gott ist als die Nichtjuden, diesen Einsicht vermitteln, so müssen für das sündige Unverständnis des Daniel jenseitige, 'himmlische' Gestalten helfend tätig werden. Solche Vermittlungsprozesse machen deutlich, dass Weisheit im Verständnis der Daniel-Tradenten eine von Gott gegebene Fähigkeit ist, Träume und Visionen zu deuten, d.h. von Gott selbst gegebene Hinweise zu

[6] R. Meyer, in: Erfüllung und Erwartung, 135.
[7] K. Koch, Interpretation 39 (1985) 126.
[8] R. Meyer, a.a.O.

entschlüsseln. Damit sind vor allem weisheitliche Fähigkeiten angesprochen, die magisch-mantische Bereiche betreffen, d.h. diese Weisheit erstreckt sich auf eine ganze Reihe eigenständiger Geistesbeschäftigungen, bei denen besonders die Frage nach der Zukunft im Vordergrund steht.[9] Hier tritt uns also ein Weisheitsverständnis entgegen, das im Grunde die Krise der Weisheit widerspiegelt. Nicht 'nur der Kult hat seine selbstverständliche Kraft der Wirklichkeitsdarstellung verloren; auch die Weisheit kann nicht mehr ohne weiteres davon ausgehen, dass hinter den Erscheinungen des Lebens, die sie zu ordnen sucht, wirklich eine lebenstragende Ordnung erscheint, auf die man sich verlassen könnte'.[10] Insofern unsere Texte die wahre Weltordnung im Widerspruch gegen den Anschein aufdecken, dazu sich der Vision und des Traums und deren Deutung bedienen, geben sich sich als Ausdruck 'nachweisheitlicher' Reflexion zu erkennen; ihre Träger seien als *Offenbarungsweise* bezeichnet.

Solche Reflexionen finden offensichtlich im Situationszusammenhang 'Schule' statt: So können Sprachkenntnisse, Verhaltensweisen und Sachverstand anerzogen werden. Auch die Schriftauslegung wird in Schulen gelehrt. Vielleicht stehen sogar hinter der Fähigkeit zur Traumdeutung Trainingsprozesse. Allerdings behaupten diesbezüglich die Daniel-Tradenten selbst, dass ihre Fähigkeiten – trotz allen menschlichen Fleisses – letztlich auf den Beistand Gottes zurückgehen (Dan 4,5.6.15; 5,11.14; 6,4) und nur deshalb alle menschlichen Dimensionen der Weisheit übersteigen (vgl. Dan 2).[11] Insofern also apokalyptische Weisheit auf Verborgenes gerichtet ist, auf die eigentliche Wirklichkeit, die jenseits der normalen, menschlicherfahrbaren Welt behauptet wird, bleibt sie dem Widerspruch unterworfen. Deshalb ist der apokalyptische Weise ein Einsichtiger, ein Verständiger, der auch allein seine Einsicht durchzuhalten bereit sein muss (Dan 11,33.35; 12,3.10). Offensichtlich leben die Daniel-Tradenten mit deutlichen und schmerzenden Minoritätserfahrungen. Allerdings lehrt die bisherige Arbeit mit den apokalyptischen Texten, hier nicht zu selbstverständlich eine nur geringe Rezeption dieser Anschauungen bei den Zeitgenossen

[9] Vgl. H.-P. Müller, UF 1 (1960) 79-94; ders., SVT 22 (1972) 268-293. S.u., Exkurs 4.

[10] F. Stolz, Theologische Studien 129, 27.

[11] Hier sei darauf hingewiesen, dass E. Haag, SBS 110, 89-97, die Daniel-Tradenten in die Nähe Jesus Ben Sirachs gestellt hat: Ein Vergleich mit Jesus Sirach 38, 34-39, 11 zeige, 'dass die Urheber der älteren Danieltradition, wie sie von den Erzählungen in Dan 4 und 6 repräsentiert wird, in den Kreisen jener Lehrer zu suchen sind, deren Selbstverständnis Ben Sira in seinem Preislied auf einen schriftgelehrten Weisen ausführlich beschreibt ...' (a.a.O., 94).

der Verfasser vorauszusetzen: 'Wenn man den Begriff "Minderheit" überhaupt in diesem Zusammenhang beanspruchen darf, dann am ehesten in dem Sinne, dass man einige Apokalypsen (z.B. ... Daniel ...) als Produkte einer "intellektuellen Minderheit" betrachtet. Andere Apokalypsen aber ... sind eher als Produkte der zentralen religiösen Instanzen oder einer "Mehrheit" in ihrem Entstehungsmilieu zu betrachten, wobei die Wahl des Darstellungsmittels "Apokalypse" ihre Ursache hat in Problemen der "Legitimation" des Darzustellenden, nicht in einer – soziologisch fassbaren oder "geistigen" – Minderheitensituation.'[12]

Sodann muss an dieser Stelle ein Zusammenhang benannt werden, auf den jüngst Matthias ALBANI im Rahmen der Arbeit zur Henochtradition ausführlich hingewiesen hat: Der Gedanke der Periodisierung der Geschichte wurzelt nicht nur in der Erfahrung des Wechsels von Perioden der Macht, sondern er wird gewonnen aus der Beobachtung der Gültigkeit astronomischer Gesetzmässigkeiten. Die babylonische Astronomie ist immer zugleich Astrologie gewesen, die also den Zusammenhang zwischen Veränderungen am Himmel und menschlich-politischem Geschick zu ergründen versuchte. Auf der Basis der Kenntnis der himmlischen Ordnungen, also der astronomischen Abläufe, wird es möglich, Veränderungen dieser Ordnung gegenüber (andere Positionen der Planeten z.B.) festzustellen. Aus solchen Feststellungen werden Omen abgeleitet nach dem Schema: 'Wenn Situation X eintritt (Protasis), dann wird daraus Ereignis Y folgen (Apodosis).'[13] Diese deterministische Grundüberzeugung ist in umfänglichen Systemen formuliert – so dem Kompendienwerk 'Enuma Anu Enlil' – und wurde treu über Jahrhunderte tradiert.[14] Die Tradition dieses Materials und seine konkrete Auswertung an Hand einer formulierten Fragestellung war die Aufgabe astrologisch-mantischer Weiser in Babylonien. Wesentlich ist nun, dass die Juden während der Exilsexistenz mit diesen Denkschemata bekannt werden und sich mit ihnen auseinandersetzen müssen. Interessanterweise übernehmen sie wichtige Aspekte dieses Denkens, dass der Lauf der Welt eigentlich festgelegt sei: 'Die Attraktivität der neuen Weltsicht für die jüdischen Rezipienten ist in der durch ständige "heidnische" Fremdherrschaft gekennzeichneten exilisch-nachexilischen Epoche und der dadurch bedingten permanenten Infragestellung des eigenen Glaubens aufgrund fremder kulturell-religiöser Einflüsse verständlich: Man wurde in der Überzeugung bestärkt, dass trotz des vordergründigen Triumphs der Sünder und ihrer ver-

[12] H. Stegemann, in: Apocalypticism, 527, Anm. 108.

[13] M. Albani, Astronomie, 297.

[14] A.a.O., 232f. Eine eigenständige Darstellung der Sachverhalte kann hier aber nicht erfolgen.

werflichen Kultur Gott den Geschichtsverlauf schon im voraus auf Tafeln festgelegt hat, der für die Gerechten auf eine heilvolle Zukunft hinausläuft. ... Der Gedanke der Gesetzmässigkeit wurde also von der Astronomie auf die Geschichte übertragen. Besonders die späteren apokalyptischen Geschichtsentwürfe mit ihren Periodenspekulationen zeigen deutlich, dass man auch die (oft unbegreiflichen) geschichtlichen Ereignisse nach dem Muster der astralen Periodenrechnungen in einen sinnvollen Zusammenhang bringen wollte, die jedoch im Unterschied zu den Sternzyklen auf ein bestimmtes Ziel, die Gottesherrschaft, hinauslaufen.'[15] Diese Beobachtung rückt schon jetzt eine wichtige Aufgabe vor unsere Augen. Auch bei der Interpretation der Texte der Danielbibliothek muss immer ein möglicher Zusammenhang zu astronomisch-astrologischen Vorstellungen eingerechnet und gegebenfalls reflektiert werden.

Schliesslich fällt auf, dass diese offensichtlich auch astronomisch interessierten Daniel-Tradenten, obwohl oder vielleicht besser: weil, sie aus 'nachkultischem' Erleben heraus schreiben,[16] von Fragen der richtigen Kultpraxis bewegt werden. Sie verteidigen die Kultzeiten und die Reinheit des Tempelkults, Dinge, die angesichts 'nachkultischer' Erfahrungen besonders gesichert werden müssen. Deshalb wurden diese Tradenten mit *Teilen der Jerusalemer Priesterschaft* gleichgesetzt, denn nur diese hatte die notwendigen gesetzlichen, chronologischen und kalendarischen Kenntnisse. Es scheint so – auch wenn wir die Positionen nur noch ansatzweise verstehen können –, dass sie auf dem Wege von Erweiterungen ihrer Bibliothek ausgehend von dezidiert kalendarischen Überlegungen die Überzeugung eintragen, dass die Überfremdung des Tempelkults und die Verunmöglichung des täglichen Opfers grundstürzende Daten der Israel- und Weltgeschichte seien. Eine weitere Verschlechterung scheint den Daniel-Tradenten nicht mehr möglich, nur noch der Umbruch in die Welt Gottes.[17]

[15] A.a.O., 298f.

[16] Hierzu verweise ich auf die in Kap. 6 vorgelegten Erwägungen zur Gattungsfrage.

[17] Wegen dieser Positionen sind die Daniel-Tradenten auch als Vorläufer der Qumrangemeinschaft verstanden worden. Allerdings müssten für diese These Informationen, die die Makkabäerbücher bieten, als Hinweise auf Vorgänger der Qumrangemeinschaft verstanden werden. Das hat seine Schwierigkeiten. Vielleicht kann gesagt werden, dass in der Qumrangemeinschaft das Danielbuch erst während der zweiten Periode – also nach dem Wiederaufbau ab 4 v. Chr. – an Bedeutung gewann (vgl. K. Koch, in: Mitte der Schrift?, 211f). Allerdings stammen die gefundenen Handschriften aus der ganzen Zeit der Existenz der Qumrangemeinschaft vom Ende des 2. Jh. v.Chr. bis in das 1. Jh. n.Chr. (A.S. v.d. Woude, ThR 55 [1990] 301). Siehe auch u. Kap. 5.6.

Zum Abschluss dieser Überlegungen darf ich thetisch formulieren, welche Träger diese Bewegung ich mir denken kann: Ich stelle mir eine *geschlossene Gruppe Jerusalemer Priester* vor, die sich in geistiger Weite den neuen Herausforderungen stellt. Sie hat die Hoffnung, ihrer Gemeinschaft einen Platz in der Gesellschaft der fremden Macht zu erringen, unter der sie leben muss – was ja auch im Rahmen des persischen und dann hellenistischen Machtbereichs für Jerusalem gilt –. Dabei greifen diese Männer in ihren ersten Bemühungen in geistiger Weite vielfältige Überlieferungen auf und schmelzen sie um zu einem Werk. Im Rahmen der Weiterarbeit versuchen sie eine *weisheitliche Klärung* eigentlich verborgener, geheimer Zusammenhänge des Lebens und der Geschichte. Ihre Leistung gipfelt im Versuch der *endzeitlichen Neudeutung alter prophetischer Aussagen*, durch die das Ziel aller Geschichte erkannt werden könne. Mit den Jahren sind diese Träger der Daniel-Tradition sowohl von aussen, als auch von innen her enttäuscht worden. Diese Gruppe gehörte nicht zu den 'Siegern der Geschichte'. Im Zusammenhang solcher Frustrationserlebnisse hat sich die Trägergruppe offensichtlich zu einer elitären Minderheit gewandelt, die die eigenen Anschauungen über die Geheimnisse der Geschichte selbst als Geheimnis bewertet.

3 Ortung in der Geschichte

Da schon ein flüchtiger Blick auf den Textbestand der Danielbibliothek zeigt, dass der Eindruck vermittelt wird, als habe 'Daniel' von der neubabylonischen bis in die persische Zeit hinein gelebt, ist doch wohl folgende Schlussfolgerung möglich: In den Texten dieser Bibliothek ist die Erfahrung verdichtet, dass die Juden[18] seit der Beendigung der staatlichen Selbständigkeit Judas unter fremder Herrschaft leben mussten. Sie sahen sich damit der Frage ausgesetzt, inwieweit die Gemeinschaft mit dem eigenen Gott Jahwe lebbar und die Gnade, die von dieser Gemeinschaft erhofft wurde, erfahrbar sei. Die Danielbibliothek ist ein Zeugnis dafür, wie mit dieser Erfahrung und Herausforderung umgegangen worden ist, sie muss also in engem Bezug zu politischer und gesellschaftlicher Wirklichkeit verstanden werden.

Sodann fällt schon bei diesem ersten Überblick auf, dass die verschiedenen Zeitepochen, in die die berichteten Ereignisse eingeordnet werden, eine unterschiedliche Bewertung erfahren. Die Unterdrückten und Unterworfenen, die ja aus diesen Texten hörbar werden, sind in der Lage, die jeweiligen gesellschaftlichen Bedingungen differenziert zur Sprache zu bringen. Nicht alle Mächte sind als gleichgefährlich und gleichzerstörerisch empfunden worden. Es gab wohl immer auch Phasen des leichteren Arrangements. Nun hat die Forschung wahrscheinlich gemacht, dass auch die älteste Textfassung der Danielbibliothek aus der Zeit der Auseinandersetzungen und Bedrohungen während der hellenistisch-seleukidischen Herrschaft datiert. Insofern muss damit gerechnet werden, dass für Menschen, die sich selbst in besonders harter Auseinandersetzung befinden, die Vergangenheit in einem günstigeren Licht erscheint. Deshalb überwiegt in den gedachten Situationen der älteren Epochen die Möglichkeit der Bewährung (vgl. nur Dan 1), wogegen für die hellenistisch-seleukidische Zeit das Gefühl dominiert, dass Entscheidungen auch angesichts des Todes gefordert seien (vgl. Dan 3 – allerdings ist die betreffende Szene in die neubabylonische Zeit eingeordnet). Gerade aber die Annahme einer so herausfordernden Ent-

[18] Obwohl es sachlich gerechtfertigt wäre, mit Blick auf die neubabylonische und persische Zeit von Judäern zu reden, sei hier durchgängig der Begriff Jude/jüdisch verwendet, weil die Danielbibliothek aus hellenistisch-seleukidischer Zeit stammt, für die diese Begriffe angemessen sind.

scheidungssituation macht es notwendig, möglichst genaue Informationen zum geschichtlichen Zusammenhang der Texte vorzuziehen.

Dabei genügt es jetzt, auf die reich mit Fakten versehene, umfassende Darstellung der Ereignisse durch Martin HENGEL zu verweisen:[19] Besonders auf dem Wege der Auswertung der Texte des 1. und 2. Makkabäerbuches[20] ersteht das Bild zweier Richtungen im damaligen Judentum: Die eine – die jüdischen Hellenisten – ist reformfreudig und hellenistisch gesonnen, weil 'nur ein enger wirtschaftlicher, politischer und kultureller Kontakt mit der nichtjüdischen hellenisierten Umwelt ... die Lage der Juden in Palästina verbessern' könne.[21] Die andere – die sich selbst als die 'Frommen', die 'Hassidim', verstehen – ist am Kultgesetz interessiert und will die Provinz Juda weitestgehend im Sinne des alten Gesetzes organisieren.

Natürlich sind diese Richtungen nicht ein für allemal fest umrissen. Ihr jeweiliger Einfluss und ihre Macht wechseln. Zunehmend gewinnt die hellenistische 'Partei' Einfluss auf das Amt des Hohenpriesters. Dabei wirkt sich vor allem aus, dass die innerjüdische Auseinandersetzung in den Sog des ptolemäisch-seleukidischen Machtkampfes gerät. Dies führt zu wechselnd engen Bündnissen der hellenistischen Richtung mit den seleukidischen Herrschern, die den Hellenisierungswillen dieser jüdischen Kreise als mit ihren eigenen Interessen übereinstimmend verstehen mussten. Eine erste Intensivierung stellt der ab 175 v.Chr. vom damals neuen Hohenpriester Jeschua-Jason durchgeführte Versuch dar, Jerusalem in eine griechische Stadt umzuwandeln. Auf Grund wechselvoller Ereignisse kommt aber die hellenistische Richtung in eine politisch schwierige Lage, so dass Antiochos IV. Epiphanes Jerusalem zweimal erobert und den Tempel plündert (Dan 11,28.30). Bei weiteren Unternehmungen wird dann südlich oder auch nördlich des Tempelareals die Akra geschaffen, ein Stadtgebiet für nichtjüdische Militärsiedler mit einer Zitadelle, die 'für die nächsten Jahrzehnte den festen Stützpunkt der seleukidischen Macht in Judäa bilden' sollte (vgl. Dan 11,39).[22] Da 'the aim of founding of the Acra-colony was above all the establishment of a Hellenised community in Jerusalem...',[23] führte

[19] M. Hengel, WUNT 10, bes. 486-564. Vgl. ders., SBS 76. Hingewiesen sei auch auf die Skizze der geschichtlichen Entwicklung durch R. Albertz, ATD, Ergänzungsreihe 8/2, 591-605.

[20] 1 Makk 2,42 und 2 Makk 7,13; 14,6f können hier z.B. genannt werden. Vgl. W. Dommershausen, NEB 12, 25, 54, 170.

[21] M. Hengel, a.a.O., 491 (vgl. 1 Makk 1,11).

[22] A.a.O., 513. Für alle Einzelheiten von Gestalt und Lokalisierung der Akra verweise ich nur auf K. Decoster, ZDPV 105 (1989) 70-84.

[23] K. Decoster, a.a.O., 81, Anm. 52.

ihr nichtjüdisches Leben gleich neben dem Tempelberg offensichtlich zu einer fremdreligiösen Verfälschung des Kults, so dass von da an das tägliche Opfer, das Tamidopfer, eingestellt wird (Dan 11,31). Des weiteren geben die extremen Hellenisten den Anstoss zu äusserster Eskalation der Ereignisse: Es setzt eine Religionsverfolgung ein, die auf eine Abschaffung des Gesetzes und ein Verbot der jüdischen Religion hinausläuft (vgl. Dan 11,32-39 – dort allerdings dem fremden König angelastet). Diese Verfolgung provoziert 166 v.Chr. den Makkabäeraufstand, der vor allem als '*Bürgerkrieg* zwischen den Gesetzestreuen und Abtrünnigen' zu verstehen sei.[24]

Schon kurz nach dem Erscheinen der ersten Auflage von Martin HENGELs Publikation hatte Jürgen-Christian LEBRAM grundlegende Kritik an diesen Positionen geübt.[25] Er benannte vor allem methodologische Fragen: Die klassischen Darstellungen zum Thema – so auch die von Martin HENGEL – würden eine Synthese erstellen und für diese Synthese verschiedenste Quellen beiziehen, ohne deren Charakter ausreichend bestimmt zu haben. So sei z.B. die Zuordnung von Dan 11 und 1 Makk 1-2 üblich, obwohl vielleicht das 1. Makkabäerbuch keine selbständige Quelle neben der Danielbibliothek darstelle. 'Man benutzt zu viel Quellen und analysiert zu wenig.'[26] Deshalb hatte dann Jürgen-Christian LEBRAM seine Hypothesen zum historischen Hintergrund des Danielbuches bewusst ohne Zuhilfenahme ausser-danielischer Texte formuliert. Im Vorwort zur 3. Auflage seines Standardwerkes hat sich nun Martin HENGEL schon prinzipiell mit seinen Kritikern auseinandergesetzt. Er betont dabei die Bedeutung der religiösen Faktoren bei den Entwicklungen dieser Zeit, Faktoren, die eigentlich nicht überschätzt werden können: 'Zwar ist das Verständis für spezifisch *religiöse* Phänomene bei manchen Historikern dem [heutigen] Zeitgeist entsprechend unterentwickelt, ... den stürmischen und zugleich tragischen Entwicklungen in der jüdischen Geschichte zwischen 175 v. und 135 n. Chr. werden sie damit kaum gerecht werden.'[27] Natürlich wird sich bei einer Arbeit, die von der Danielbibliothek ausgeht, ein ausgesprochenes Empfinden für religiöse Herausforderungen einstellen, reflektieren und spiegeln die Texte dieser Bibliothek doch fast ausschliesslich religiöse Phänomene, bzw. – besser gesagt – die religiöse Deutung von historischen Ereignissen. Der Versuch einer historischen Rekonstruktion muss also einmal damit rechnen, dass die theologische Deutung eines Ereignisses sehr viel grundstürzendere Fakten vermuten lässt als vielleicht historisch feststellbar sind.

[24] M. Hengel, a.a.O., 530.
[25] J.-Chr. Lebram, VT 20 (1970) 502-534.
[26] A.a.O., 508.
[27] M. Hengel, a.a.O., XII.

Zum anderen muss aber auch eine nüchterne Nachzeichnung des Geschehens sowohl die theologische Deutung, als auch die revolutionären Ausbrüche – d.h. für die uns interessierende Zeit den Makkabäeraufstand – erklären können.

Zehn Jahre nach der Kritik durch Jürgen-Christian LEBRAM wurde von dem Historiker Thomas FISCHER eine detaillierte Untersuchung unterschiedlicher Urkunden zum hier interessierenden Zeitraum vorgelegt. Er übernahm die Grundthese, dass ein jüdischer Bürgerzwist mit den Auseinandersetzungen zwischen Ptolemäern und Seleukiden verbunden worden sei, so dass der Hohepriester zum Vertrauensmann der Seleukiden werden musste. Zugleich würdigte er die eigentümliche Quellenlage: Da wichtige Dokumente fehlen und bei den vorhandenen Materialien die Grenze zwischen Authentizität und Fälschung nicht eindeutig bestimmbar sei, bleibe jedes Urteil relativ. Vielmehr müsse über den Versuch der Rekonstruktion historischer Ereignisse hinaus die Intention der Dokumente und das heisst die Wirkungsgeschichte der Ereignisse gewürdigt werden. Gerade ein Dokument wie das Buch Daniel gebe 'keinen Bericht, sondern eine *Deutung* oder *"Enthüllung" der Geschichte*'.[28] Allerdings veranlasste Thomas FISCHER diese Erkenntnis des Wesens des Danielbuches, es überraschenderweise sehr spät zu datieren: Es sei vielleicht '160 oder 159 v.Chr. fertiggestellt worden, nämlich in der "Endzeit" selbst, in der die "Enthüllung" stattfindet...'[29] Thomas FISCHER meinte, dass sich der (die) Endredaktor(en) des Danielbuches schon in dieser Endzeiten glaubte(n) und deshalb eine zutreffende Deutung der Geschichte geben zu können meinte(n). Weil sich seine (ihre) Deutung vom Ende der Macht der Seleukiden bestätigt habe, sei dann dieses Buch so erfolgreich geworden: 'Nur der tatsächliche prophetische "Erfolg" einer *zutreffenden* Deutung der Geschichte *entgegen* dem (äusseren) Anschein vermag rational und überzeugend die gewaltige Ausbreitung der "Endzeit"-Literatur in Judäa überhaupt zu erklären.'[30]

Damit ist ein Grundproblem des Verstehens des Danielbuches benannt: Reflektieren diese Texte aus dem schon geschehenen Ende heraus und deuten von daher Geschichte (was heisst hier aber 'Ende'?), oder stehen sie noch vor dem Ende und tasten sich mühsam immer wieder an dieses Ende heran, letztlich doch ratend? M.E. gibt es nur eine angemessene Deutung: Die Daniel-Tradenten wissen sich noch auf dem Weg zum Ende, das für sie

[28] Th. Fischer, Seleukiden, 193.
[29] A.a.O., 194.
[30] A.a.O., 169.

identisch ist mit dem Beginn der direkten Herrschaft Gottes, die alle irdische Zwischenmacht aufhebt. Sie tasten sich an dieses Ende heran. Es wird ja ihrem Protagonisten nicht wirklich offenbart. Er selbst bleibt dem Warten und Harren unterworfen.[31] D.h., auch das Werk, das sie erarbeiteten und mit Daniel verbanden, kann eine solche Antwort nicht geben. Es wird diejenigen, die es lesen - so ja auch uns (!) - selbst wieder in die Ratlosigkeit, die Unsicherheit und das Warten entlassen. Die Daniel-Tradenten standen *vor* dem Ende, und wir, die wir ihr Werk lesen, stehen auch *vor* dem Ende.[32]

Alle historische Rekonstruktion fragt also nach der originalen historischen Stunde der Verfasser unserer Texte, die sie als Vorabend der 'Endzeit' deuteten. Sie taten das um der Ausserordentlichkeit ihrer Erlebnisse willen. Solcher Ausserordentlichkeit muss also nachgespürt werden. Obwohl sie eigentlich nur Deutung sind, vermitteln die Danieltexte doch ein wenig eine Ahnung von dem, was damals geschah:

Zwar halte ich die vorsichtige Position, die Jürgen-Christian LEBRAM in Abwehr der Vermischung verschiedener Quellen formuliert hatte, für einleuchtend. Da sie aber die letzten Etappen der Theologiebildung im Kreis der Daniel-Tradenten betrifft und nur über die späteren Ereignisse eine Aussage macht, versuche ich doch eine plastischere Darstellung.[33] Antiochos IV. Epiphanes hat Jerusalem zweimal bedroht und erobert. Beidemale musste er sich auf römischen Druck von kriegerischen Unternehmungen gegen Ägypten zurückziehen. Zuerst drang er im Herbst 169 v.Chr. gegen Jerusalem vor, eroberte die Stadt und liess den Tempel plündern, um seine Kriegskasse aufzufüllen.[34] Sodann drang er - zurückgewiesen bei seinem

[31] Hierzu verweise ich auf B.J. Diebner, Neues Bibel-Lexikon II, 107: 'Eine abgeschlossene H.[eilsgeschichte] kann nur aus der Perspektive des Eschatons beschrieben werden, das bereits "Ereignis" wurde. Apokalyptik ist demgegenüber eine Art Hermeneutik der H.[eilsgeschichte] aus vor-eschatologischer Perspektive. Das in "geheimen Enthüllungen" bereits "Offenbarte" wurde noch nicht erfahrenes Ereignis. Es muss aus traditionellen Bauelementen im voraus entworfen werden...'

[32] Traditionellerweise wird das Verbergen der Erkenntisse bezogen auf das fiktive Datum der Vision, dem dritten Jahr des Perserkönigs Kyros (Dan 10,1; die Datierung in Dan 11,1 hat einen anderen Sinn). Damit entsteht der Eindruck, dass mit dem Öffnen und Lesen des Buches die Endzeit eingetreten sei. Aber es ist doch zu beachten, dass der Inhalt dieses Buches gerade nicht alle Fragen klärt.

[33] Dabei ist zu beachten, dass die Rekonstruktion teilweise von den Angaben in 1 Makk 1,16ff; 2 Makk 4,7-29; 5,1-26 abhängig ist. Siehe auch H. Gese, in: Ernten, was man sät, 402f.

[34] Hier muss der Hinweis genügen, dass solche Tempelplünderungen auch der systematische Versuch waren, wirtschaftliche und finanzielle Schwierigkeiten auszu-

zweiten Ägyptenfeldzug nur durch den römischen Gesandten Popilius Laenas – 168 v.Chr. erneut in Juda/Jerusalem ein. Er tat dies vor allem aus politischen Gründen, um dort die ptolemäerfreundliche Partei auszuschalten. In diesem Zusammenhang kehrte der bereits 173 v.Chr. eingesetzte hellenistisch gesonnene Hohepriester Menelaos in sein Amt zurück. Die Revolution des Jeschua-Jason, der aber selbst schon ein Vertreter der hellenistischen Richtung gewesen war, wurde niedergeschlagen und die Stadt schwer bestraft. Aber erst eine dritte Expedition Anfang 167 v.Chr. hat die Herrschaft der Seleukiden in Jerusalem gesichert und zur Stationierung syrischer Soldaten geführt, wobei die Akra geschaffen worden war. Diese Stationierung syrischer Soldaten in Jerusalem machte es notwendig, für sie Kultmöglichkeiten zu schaffen. Dies geschah durch die Errichtung eines nichtisraelitischen Kultgegenstandes, 'der wahrscheinlich dem syrischen Himmelsgott Belschamin geweiht war'.[35] Dadurch war für fromme jüdische Kreise, so auch die Daniel-Tradenten, der Tempel entweiht, ein legitimer Kultus nicht mehr möglich. Daraus ergab sich zwangsläufig die Beendigung des täglichen Opfers; der Tempel verödete – zumindest in der Theorie. Offensichtlich 'gab es unter den Jerusalemer Priestern [aber noch] solche, die, wie in gleichen Verhältnissen auch an anderen Orten üblich, den Jahwekultus weiter vollzogen'.[36] Von diesen grenzten sich die Träger der Daniel-Tradition deutlich ab (vgl. Dan 11,32a). Wichtig ist nun, wie die Daniel-Tradenten diese Massnahmen der religiösen Öffnung, der Hellenisierung verstanden haben: Sie werden rezipiert und dargestellt 'als eine massive religiöse Verfolgung'. 'Das Unerhörte dieser Verfolgung war neben ihrer Härte der Umstand, dass sie bei grundsätzlicher Anerkennung der JHWH-Religion nicht als äussere fremdreligiöse Anfeindung, sondern als innere, von einem Reformjahwismus getragene Verfolgung der Altgläubigen erschien.'[37] Diese Verbindung von Darstellung und Bewertung zeigt

gleichen. Der Wirtschaftshistoriker F.M. Heichelheim würdigt sogar die Fähigkeit der hellenistischen Staaten zu immer wieder neuen wirtschaftlichen Aufschwüngen, die aber seit 190 v.Chr. von den Römern systematisch vereitelt wurden: 'Als dann in der Dekade 170/60 v.Chr. ... Antiochos IV. mit Gewalt gehindert wurde, Ägypten mit Syrien ... zu einem neuen gewaltigen hellenistischen Grossreich zu vereinigen, als dann ... in Palästina der Makkabäeraufstand losbrach ... hatte Rom endgültig und unwiderruflich gewonnen' (Wirtschaftsgeschichte, 454).

[35] J.-Chr. Lebram, ZBK 23, 120.130f. Normalerweise wird mit einem neuen Altaraufsatz auf dem Brandopferaltar gerechnet (Th. Fischer, a.a.O., 36). Dieser Aufsatz ist vielleicht als Altarwangen nach römischem Vorbild zu deuten (H. Gese, a.a.O., 404).

[36] J.-Chr. Lebram, VT 20, 513. Hierbei ist vor allem an die Situation in Elephantine gedacht.

[37] H. Gese, a.a.O., 403f.

sehr gut, dass innerhalb der jüdischen Religion den neuen Herausforderungen dieser Zeit gegenüber durchaus vielfältige Haltungen eingenommen worden sind. Die Daniel-Tradenten waren also theologisch-parteilich.

Sie knüpfen ihre Hoffnungen an 'das Volk derer, die ihren Gott kennen, [und deshalb] fest bleiben und handeln' (Dan 11,32b). Diese sind trotz Unsicherheiten und Wirren (vgl. Dan 11,33-35a) 'bis zur Zeit des Endes' treu, 'denn noch dauert die Zeit' (Dan 11,35b). D.h., dass die hier hörbaren Verfasser den sehnlich erwarteten Umschwung (vgl. Dan 2,28aß.b; 8,19; 10,14) jedenfalls nicht mit konkreten Ereignissen ihrer Zeit identifizierten. Die feststellbaren Ereignisse sind ihnen Teil des Weges zum Ende. Jedes mögliche richtige, gute Handeln wirkt das Ende nicht, sondern es bleibt Bewährung in der Zeit des Wartens auf das Ende, auf die Wende. Entgegen der normalen Deutung der 'geringen Hilfe' in Dan 11,34a auf den Makkabäeraufstand (166-164 v.Chr.) kann ich nur feststellen, dass dieser Aufstand in der Danielbibliothek nicht erwähnt wird. Er hat für die Verfasser keine Bedeutung.

Die Mehrheit der Zeitgenossen hat den Daniel-Tradenten zugestimmt mit Blick auf das Empfinden der besonderen Gefährdung und Krise in ihrer Zeit, sie hat aber praktisch anders reagiert, denn sie hat sich auf eine riskante Revolution eingelassen, für die sie Opfer zu bringen bereit war. Damit kann vermutet werden, dass die Daniel-Tradenten zumindest in dieser letzten Phase ihrer Wirksamkeit in eine Minderheitssituation geraten sind. Sie sind auf der einen Seite nicht bereit, weitgehende Kompromisse einzugehen, also Realpolitik zu treiben. Auf der anderen Seite halten sie aber auch von riskanten Aktionen des Befreiungskampfes Abstand. Mit ihrer Hoffnung auf eine göttliche Beendigung der gesamten irdischen Geschichte repräsentieren sie offensichtlich so etwas wie einen 'dritten Weg' zwischen Widerstand und Anpassung. Damit haben sie sich für den schwierigsten Weg theologischer Ortsbestimmung entschieden. Diesem Weg nachzuspüren, dürfte besonders spannend werden! Das soll jetzt in der Weise geschehen, dass die verschiedenen Stadien des Danielbuches nachgezeichnet und interpretiert werden. Bevor wir uns aber der Erstfassung des Buches zuwenden können, sind die erkannten, ihr vorausgehenden schriftlichen Materialien eigenständig zu thematisieren.

4 Die textlichen Voraussetzungen

Die kritische Durchsicht der sprachlichen Gestalt der Kapitel der Danielbibliothek macht es wahrscheinlich, mit schriftlichen Erstfassungen einiger Kapitel zu rechnen, die vor ihrer Verwendung im Danielbuch schon für sich vorlagen.[38] Dies kann aus der Tatsache geschlussfolgert werden, dass die Texte mit Hilfe spezifischer Zusätze in der Erstfassung des Danielbuches deutlich verankert wurden. Damit ist natürlich noch nichts über die Verfasser ihrer jeweiligen Erstgestalt ausgesagt. Die Tatsache aber, dass es für die Erstfassung von Dan 4 nicht gelingen wil, die Verknüpfung mit Dan 1 herauszunehmen (also die jetzt greifbare erste schriftliche Fassung schon den Namen 'Beltschazzar' für Daniel gekannt hat [4,15]), sollte zur Vorsicht raten lassen: Es ist erst einmal davon auszugehen, dass die Tradenten der Danielbibliothek auch die selbständigen Erstfassungen einiger grundlegenden Texte selber schriftlich fixiert haben.

4.1 Der Textbestand der Erzählungen

4.1.1 Die Bewährung

Die Grundschicht von Dan 3[39] führt mitten in politische und theologische Fragen hinein. In der Form orientalischer Chroniken wird von der Errichtung einer grossen Statue durch Nebukadnezzar im babylonischen Reich berichtet, der alle Untertanen bei Androhung schlimmster Prüfung Verehrung zu zollen haben. Allerdings bleibt in dieser Erstfassung des Textes in der Schwebe, was die Errichtung dieser Statue bedeutet. Sie wird noch nicht als Götterbild bezeichnet. Deshalb ist sie wohl als Inbegriff der Macht des Staates des Nebukadnezzar zu verstehen, einer Macht aber, die schon durch ihre Demonstration in den Bereich des Glaubens hineingreift. Vollends klar wird diese Konsequenz für den Glauben daran, dass die Nichtverehrung mit einem Prüfverfahren geahndet wird, in dem sich die Macht der Grösse erweisen muss, der man sich an Stelle der Statue unterwirft. D.h.

[38] Hierzu verweise ich auf Kap. 7 dieser Arbeit, in dem diese Durchsicht vorgenommen wird.

[39] Ihr sind zuzurechnen die VV. 1-6.8a.9aα.b.10-12a.bα.γ.13.14.a.bβ.15-18a.bβ.19a.20*.21.23-25.26aα.γ.b.27.28a.29a.30.

auch, dass der Text nicht vom Gedanken der Freiheit der Menschen ausgeht, sondern vom Gedanken der Entscheidung: Immer erfolge gegenüber einer Macht eine Unterordnung. Durch sogleich geschehende Denunziation – im Dunstkreis autokratischer Machtanmassung ein allbekannter Vorgang – kommen die drei jüdischen Spitzenbeamten Schadrach, Meschach und Abed-Nego in den Blick, die die Verehrung verweigern.

Sodann formuliert Szene III dieses Textes (ab V. 13) die entscheidende theologische Frage, die die Verfasser bewegt. Schon in der Rede des Königs wird festgehalten, dass kein Gott vor den grossköniglichen Entscheidungen und Befehlen retten könne (V. 15b). Damit wird die alltägliche Erfahrung zur Sprache gebracht, dass nämlich der Gott Israels angesichts der Bedrohungen und Erniedrigungen des Lebens verborgen ist. Die Juden erfahren sich täglich als abhängiges, unterdrücktes und ausgebeutetes Volk, dem auch Gott nicht zu helfen scheint. Diese Erfahrung wird hier zum Ausdruck gebracht, um ihr sofort und eindrücklich zu widersprechen. Die drei Männer halten am Gottvertrauen auch gegen den Augenschein fest. Die VV. 17f stellen eine ganz entscheidende Aussage dar. Leider können sie leicht unterschiedlich verstanden werden. Die am meisten bevorzugte Deutung verbindet 'es ist' mit 'können' in V. 17 und interpretiert V. 18, indem sie 'retten' hinzudenkt: '(17) Wenn unser Gott, den wir anbeten, uns retten kann aus dem Ofen brennenden Feuers und aus deiner Hand, o König, dann wird er uns retten. (18) Und wenn (er) nicht (rettet), dann sollst du auch wissen, o König...' Die andere Möglichkeit des Verstehens erkennt in V. 17 eine Aussage über die Existenz Gottes: '(17) Wenn unser Gott ist, den wir anbeten, dann kann er uns retten aus dem Ofen brennenden Feuers und aus deiner Hand, o König. Er wird retten! (18) Und wenn nicht...' In die Nähe dieses Verständnisses führt dann V. 29b, den die Erstredaktoren in den Text eintragen werden. Aber bei dieser Deutung bleibt der Charakter von V. 18aα unklar: Soll hier die Existenz Gottes in Frage gestellt werden? M.E. ist von der Zuordnung von 'wenn' und 'und wenn' am Anfang von V. 17 und von V. 18 auszugehen und davon, dass diese Aussage eine Antwort auf die Behauptung Nebukadnezzars in V. 15b sein muss! Der König stellt dort in Gestalt einer rhetorischen Frage fest, dass kein Gott die drei Männer retten könne. Damit rechnet der König durchaus mit der Existenz eines Gottes, der das würde versuchen wollen, spricht ihm aber die Fähigkeit dazu ab. Genau diese Problematik der Fähigkeit, der Macht Gottes, wird nun von den Männern behauptet. Insofern ist die erste Deutung der beiden Verse richtig: Wenn Gott retten kann, dann rettet er; und wenn er nicht rettet, auch dann halten die Männer zu ihm! Die VV. 17f sind also ein Bekenntnis zum 'Deus absconditus', zum verborgenen Gott! Auch in der Erfahrung der Verborgenheit Gottes, der sich scheinbar gegen fremde

Staats- und Weltmacht, die sich zugleich als Gewissens- und Glaubensmacht gebärdet, nicht durchzusetzen vermag, ist die Treue zum Gott Israels gefordert.[40]

Solcher Widerstand provoziert Aggression und Gewalt der sich anmassenden Macht, weil er deren Legitimitätsfassade herunterreisst. Der König ordnet, von Hass gezeichnet, die Ausführung der Prüfung an. Die Fesselung im dick bekleideten Zustand und die Feststellung der Dreizahl (VV. 21.23) bilden die Folie für die Beobachtung der Bewahrung: Die Gebundenen sind frei, die leicht Brennbaren sind unversehrt, die drei sind jetzt vier (V. 25).[41] Damit ist zum Ausdruck gebracht, dass das ungerechte Gesetz des fremden Oberherrn an denen, die bereit sind, zu ihrem verborgenen Gott zu stehen, nicht praktisch wirksam werden wird. Denen, die sich auch angesichts der Ferne Gottes zu ihm bekannten, wird er wunderhaft nahe sein und so aus der Verborgenheit heraustreten: Der König nimmt im Ofen eine vierte Gestalt wahr, die er als 'ähnlich einem Göttersohn' bezeichnet (V. 25) und als 'Bote' des Gottes deutet (V. 28a).

Nachdem Schadrach, Meschach und Abed-Nego aus der Gefahrensituation herausgeholt worden sind und ihre Unversehrtheit in drastischer Weise bestätigt worden ist – 'Brandgeruch' war an ihnen nicht feststellbar! (V. 27b) –, korrigiert sich der ausländische König in vierfacher Weise: Er erkennt an, dass der Gott der drei Männer durch seinen Boten hat helfen können und korrigiert so seine arrogante Frage (vgl. V. 15b). Diese Anerkenntnis zwingt den König weiterhin, diesem Gott zu huldigen (V. 28a). Sodann erlässt der König ein neues Edikt, dass das erste (vgl. VV. 5f) einschränkt, weil es die Schmähung des Gottes der drei jüdischen Männer bei schwerer Strafe verbietet (V. 29a). Schliesslich bestätigt und vergrössert der König die Macht der drei Männer im 'Regierungsbezirk Babylon' (V. 30, vgl. V. 12a).

[40] Norbert Baumgart (Erfurt) verdanke ich den Hinweis, dass mit 2 Kön 5,18 möglicherweise gerade die theologische Gegenentscheidung vorliegt: Dieser aller Wahrscheinlichkeit nach als Zusatz zur Naaman-Geschichte zu bestimmende Vers erbittet die Vergebung Gottes dafür, dass ein Jude in fremdreligiöser Umwelt zu Handlungen verpflichtet sein mag, die eigentlich durch den Glauben an die Ausschliesslichkeit Gottes ausgeschlossen sind. Durch die Einordnung dieses Zusatzes zwischen die VV. 17.19 wird das Problem von V. 18 positiv beantwortet: Äusserliche Kompromisse sind möglich. Die innere Überzeugung der Alleinigkeit Jahwes muss bleiben. Stammt dieser geistliche Rat aus derselben Zeit wie die Grunderzählung von Dan 3?

[41] Die Frage, ob das Verbrennen historisch denkbar ist oder nur volkstümlicher Überlieferung angehört, was dann fragen lassen muss, woher im Volk solche Überlieferung kommt, kann hier auf sich beruhen bleiben, weil es ja um eine gedachte Prüfungssituation geht.

Die Herkunft der verschiedenen Elemente dieser Geschichte bleibt für uns unklar.[42] Wichtig ist, dass sie zu einer eigenständigen Erzählung verarbeitet worden sind, die die Hoffnung zum Ausdruck bringt, dass auch in fremder Umwelt jüdisches Leben möglich sein muss. Diese Hoffnung richtet sich konkret darauf, dass das den Juden Heilige auch von anderen als etwas anerkannt wird, dass eben Teilen der Bevölkerung des Machtbereichs heilig ist. Niemand bekehrt sich wirklich zum Gott von Schadrach, Meschach und Abed-Nego, also dem Gott Israels, aber alle erkennen an, dass dies der Gott wichtiger Bevölkerungsteile ist, die nur sinnvoll und zu aller Wohl im Machtbereich leben und wirken können, wenn und solange dies anerkannt wird. Der besondere Charakter des Glaubens dieser Männer – der aber in der Geschichte nicht eigens geschildert wird – bringt es mit sich, dass alle Massnahmen der fremden Staatsautoritäten sorgfältig geprüft und gegebenenfalls unterlassen werden müssen. D.h., die Anerkenntnis des Lebensrechts der religiösen Minderheit, der auch Schadrach, Meschach und Abed-Nego angehören, verändert das Gebaren des Staates, in dem diese Minderheit lebt: Anfangs tritt uns in Dan 3 ein selbstüberheblicher Staat entgegen, der sich selbst und seine Errungenschaften in Gestalt eines goldenen Standbildes verehrt. Durch die Forderung einer unmenschlichen Prüfung rechnet dieser Staat schon damit, evtl. ein menschenverachtendes Terrorregime zu werden. Herausgefordert durch ein Bewahrungswunder allerdings, in dem die Geprüften als stärker geschützt erkennbar werden, vermag sich dieser Staat zu erneuern, Irrwege zu korrigieren, einen Prozess durchzumachen, der in der Entscheidung Nebukadnezzars, des Repräsentanten dieses Staates, kulminiert, dass nämlich auch die Religion derer, die die Staatsvergottung ablehnen, erlaubt sei.

Ausserdem sei hervorgehoben, dass diese Geschichte die Frommen als Menschen vorstellt, die in die staatliche Macht einbezogen sind, als solche, die diese staatliche Macht benutzen. An keiner Stelle wird eine gesellschaftliche Kritik an dieser Macht vorgetragen. In dem Moment, wo sie auf die Selbstvergottung verzichtet, ist eine verantwortliche Mitarbeit sofort wieder möglich. Auch Schadrach, Meschach und Abed-Nego verweigern sich dieser Aufgabe nicht.

Mit seinen Dimensionen hat dieser alte Text schon immer eine hohe Brisanz besessen und behält diese auch in Zukunft.[43] Für Menschen, die in

[42] Hier sei nur erinnert, dass evtl. babylonische Texte, die ursprünglich gegen Nabonid gerichtet waren, in der jüdischen Exilsgemeinde gewirkt haben (W.v. Soden, in: Bibel und Alter Orient, 5f).

[43] Um seiner Problematik willen sei ein Zusammenhang nur im Rahmen einer Anmerkung angesprochen, der – würde ich ihn ausführlich diskutieren – zu einer ei-

der kommunistisch regierten DDR gelebt haben, war der Versuch der Selbstvergottung des Staates offenkundig. Immer wieder mussten sie in schwierigen Entscheidungen zur Verweigerung angesichts solcher Herausforderung bereit sein: Nicht selbst mit anzubeten, sondern im Vertrauen auf den eigenen Gott die Verherrlichung menschlicher Institutionen abzulehnen. Dabei ist auch immer wieder die Erfahrung gemacht worden, dass Gott in konkreter Prüfungssituation bewahrt hat. Natürlich sind Biographien auch gegen Hoffnungen und Erwartungen verändert worden; aber neue Lebensmöglichkeiten wurden doch von Gott her immer wieder eröffnet. Gleichzeitig konnten sich Christen nicht total verweigern, mussten bereit bleiben, bei der Organisation des Lebens auch in jener Gesellschaft mitzuwirken. Das haben viele – wie diese drei Männer – aus christlicher Verantwortung heraus denn auch getan. Heute, auf dem Wege der Organisation einer gemeinsamen Gesellschaft in ganz Deutschland sollte das niemandem pauschal zum Vorwurf gemacht werden! Denn auch in der neuen

genständigen Reflexion herausfordert: Über die Bewahrung der drei jüdischen Männer in der Prüfung des Feuerofens – die ja gerade Protest gegen Nichtbewahrung von Juden in konkreter Verfolgung damaliger Zeit ist! – kann m.E. heute nur verantwortlich nachgedacht werden, wenn zugleich die Vernichtung von Millionen von Juden durch deutsche Nationalsozialisten einbezogen wird. Wozu führt die Konfrontation von Dan 3* mit 'Auschwitz'? Diese gewaltige Frage kann ich hier keiner schnellen Lösung zuführen. Ich glaube zutiefst, dass eine überzeugende Antwort nur aus dem Gespräch von Juden und Christen zu diesem Text hervorgehen kann. Dabei muss aber zuerst deutlich sein, dass es keine einheitliche jüdische Antwort auf das hier angedeutete Problem gibt. Einmal ist strittig, ob 'Auschwitz' ein so einmaliges Ereignis war, dass es sich von allen vorherigen Verfolgungssituationen, die Juden immer wieder durchlitten haben, unterscheidet. Wenn ja, dann kann die Hilfe dieses Danieltextes nur unter Schwierigkeiten auf die neuen Herausforderungen bezogen werden! Wenn nein, dann war 'Auschwitz' keine Zeitenwende, aber vermögen vielleicht die alten Antworten zu helfen! Sodann wird die Frage empfunden, dass doch durch die Nationalsozialisten Juden nicht um ihres Glaubens willen gemordet worden seien. Dieses Problem wurde von einigen mit dem irrtümlicherweise auf Rabbi Moshe ben Maimon zurückgeführten Gedanken beantwortet, dass ein von Räubern getöteter Jude, der vermutlich, weil er Jude ist, mit weniger Hemmungen getötet worden sei, 'für die Heiligung des Namens Gottes gestorben ist, ob er nun vor seinem Tode genötigt wurde, sein Judentum und seinen Gott zu verleugnen oder nicht' (I. Greenberg, in: Wolkensäule, 172). Dieser Gedanke erkennt an, dass alle jüdischen Opfer von 'Auschwitz' in der Situation der drei Männer in Dan 3* gewesen sind und zu Gott gestanden haben! Welche unauslotbare Tiefe bekommt hier die Frage nach Gott! Ich kann nur schaudernd hineinsehen! D.h., wir als Christen können da keine Antwort vordenken, der die Juden nur zuzustimmen hätten. Als eine hochwichtige Stimme aus christlichem Raum nenne ich Chr. Hinz, in: Volk Gottes im Bund Gottes, 57-93.

Zeit bleiben die Entscheidungsforderungen für unseren Glauben. Auch heute gibt es Formen der Selbstvergottung, denen sich Gläubige verweigern müssen. Diese neuen Herausforderungen kommen nicht mehr in der Gestalt staatlichen Verpflichtens daher, sondern eher auf der Schiene von Prozessen, die im wirtschaftlichen Leben ablaufen. Auch hier ist sorgfältige Entscheidung verlangt, die nun ebenfalls auf Bewahrung in Prüfungen hoffen kann. Zugleich ist auch jetzt totale Verweigerung keine Lösung. Die Bereitschaft, eigenständige Verantwortung zu übernehmen, ist erst recht heute gefordert.[44]

4.1.2 Die erneuerbare Macht

Der Grundtext von Dan 4,[45] der schon die Ich- mit der Er-Form verbunden hat, berichtet von einem Traum, durch den Nebukadnezzar erschreckt wird. Nachdem festgehalten ist, dass die 'Weisen Babylons' nichts mit diesem Traum anfangen können, erscheint Daniel auf der Bildfläche, der als einer gekennzeichnet wird, 'in dem der Geist der heiligen Götter ist' (VV. 5aβ.15bβ). Diesem Mann erzählt Nebukadnezzar den Traum, in dem es um das Schicksal des Weltenbaumes geht: Ein Baum, der Heimat, Bergung und Leben für die Welt bot, der also den Kosmos repräsentiert, soll entmachtet werden. Er wird in seiner inneren Art verändert und über eine lange Zeitspanne hin diesem Zustand unterworfen (VV. 7-14*).[46] Erst nach einer kurzen Reaktion des eigenen Entsetzens kann Daniel dem König den Traum deuten (V. 16*). Er arbeitet sogleich heraus, dass der Baum ein Bild für den König selbst ist: 'Du bist es, o König!' (V. 19aα), was heisst, dass auf ihn auch die Wendung im Schicksal des Baumes gemünzt sei. Dem König steht ein Geschick der Erniedrigung bevor (V. 22a), dem aber die Hoffnung auf Erneuerung mitgegeben ist (V. 23a). Daniel kann den Bestand der Herrschaft verheissen, wenn der König erkennt, 'dass der Himmel herrscht' (V. 23b).

[44] Als Hinweis auf eine ganz eigenständige Auslegung sei nur vermerkt, dass aus diesem Text in der frühen Christenheit des 3. und 4. Jh. n.Chr. ein Bild für die Darstellung der Lebenshoffnung trotz und im Tode gewonnen wird. So sind die drei Jünglinge im Feuerofen fester Bestandteil der Ikonographie in den römischen Katakomben.

[45] Ihm gehören an die VV. 1.2*.3-4.5*.7*.8-9.10*.11.12*.13-14a.15-16bβ.17-20aα.21a.22a.23.25-29a.30.31aα.33aγ.b.34.

[46] Gelegentlich wird erwogen, dass die Rede von den 'sieben Zeiten' (VV. 13.22a.29a) im Zusammenhang mit 7,25 und den weiteren Zahlenangaben zu interpretieren sei. Ich stehe dem mit Vorbehalt gegenüber.

Da Nebukadnezzar in Selbstüberhebung den Traum und die drohende Gefahr vergisst, ereignet sich alles an ihm bis hin zur Verwandlung in ein Fabelwesen (VV. 26-29a.30). Nachdem die festgesetzte Zeitspanne für dieses Schicksal abgelaufen ist ('bis zum Ende der Tage' – V. 31), wird er wieder als Herrscher eingesetzt und erkennt jetzt den 'König des Himmels' an, der Arroganz zu strafen vermag (V. 34).

Diese von mir rekonstruierte Erstfassung des Textes ist in ihrer wesentlichen Abzweckung eher bescheiden. Wiederum geht es darum, dass sich Staatsmacht nicht überhebt. Dan 4* zeichnet einen tief in sich gefährdeten Staat, der aber noch zu bedeutenden Leistungen fähig bleibt. Trotzdem ist die Zerstörung schon in ihm angelegt. Sie wird offenkundig durch die Verwandlung des Herrschers, des obersten Repräsentanten – hier wieder Nebukadnezzar – zu einem Untier. Diese Verwandlung hat offensichtlich einen erzieherischen Sinn. Der so Gestrafte und Gedemütigte erkennt die Herrschaft des 'Himmels' an. Nur im Rahmen dieser Unterordnung ist erfolgreiches und zukunftsträchtiges Wirken möglich.

Nun fällt auf, dass der Text sehr verhalten von dem Gegenüber redet, das menschliche Möglichkeiten einschränkt. Es ist vom 'Himmel' die Rede. Daniel wird der 'Geist der heiligen Götter' zuerkannt. Ich denke, dass natürlich auch diese erste Fassung des Textes mit solchen Begriffen den Gott Israels meint. Aber sie deutet mehr an, als sie direkt ausspricht. Das hat sicher etwas mit der Entstehungsgeschichte dieses Textes zu tun.

Sodann sei besonders hervorgehoben, dass in der Art, wie dieser Text von Daniel spricht, schon ein Selbstporträt der Verfasser begegnet. Sie wissen sich von Gott begnadet und können deshalb in Träumen angedeutete Wahrheiten verstehen und deuten. Sie sind diejenigen, die die Deutung ('Päschär') erkennen und mitteilen können, weshalb sie sich von den ausländischen Mantikern, den 'Weisen Babylons', die auch die gefährdete Staatsmacht verkörpern, absetzen. Die Deutung, die sie zu geben wissen, nimmt die im Traum gesehene Wirklichkeit vorweg – eigentlich ist schon mit V. 23 die Darstellung zu ihrem Höhepunkt gekommen und wiederholen die folgenden Verse alles nur noch einmal auf der Ebene des Geschehens.

Die beschriebenen Intentionen dieses Textes sind in beeindruckender Weise offen für die Deutung durch die Hoffnungen vieler Menschen in der letzten Phase der DDR. Alle, die die innere Gefährdung der DDR gespürt haben, können sich wiederfinden in diesem Traumgeschehen und seiner Deutung durch die Danielgestalt. Im arroganten Gerede des Königs über das in Babylon Geleistete erkennen sie das ständige Selbstlob wieder, das die Jahre der Existenz der DDR begleitet hat. Die Darstellung von der Erniedrigung des Königs mag ihnen zu einem Bild werden, das die Jahre des Niedergangs und des Zerfalls einfängt. Nicht bestätigt aber hat sich die Hoffnung der Restitution, der Verbesserung und Erneuerung des Landes und der Gesellschaft. Sie wird hier in diesem Text für die fremde Macht ausgesagt, unter der die Juden leben müssen. Sie war die Erwartung mancher in der DDR – gerade auch in den christlichen Gemeinden. Dass aber keine Erneuerung möglich war, sondern dagegen ein radikaler Umbruch, macht noch heute viele orientierungslos. Sie sind in ihren Hoffnungen enttäuscht worden, vermögen aber unter den neuen Lebensbedingungen in der Bundesrepublik Deutschland noch nicht aktiv mitgestaltend zu leben. Auch für solche wird dieser Text eine wichtige Hilfe sein, insofern er nicht allein steht und alles andere ist, als die letzte Antwort der Daniel-Tradenten.

Exkurs 1: Der Weltenbaum im Alten Testament

Für das Bild des Weltenbaumes können verschiedene Parallelen benannt werden, die in weisheitlichen Zusammenhang führen.[47] Viel entscheidender sind aber die Belege, die eine lebendige religionsgeschichtliche Tradition des Weltenbaums erkennbar werden lassen:[48] Neben Dan 4* sind hier Ez 31,3-9; 17,22-24; Ps 80,9-12 und Ez 19,10f zu nennen. Da aber offensichtlich 'keine literarische Abhängigkeit zwischen diesen Texten besteht, sondern ... diese Texte unabhängig voneinander auf der Tradition vom Weltenbaum fussen',[49] mag ein ausgewählter Vergleich wenig sinnvoll sein. Nun gibt es aber zwischen Dan 4* und Ez 31 eine Reihe von inhaltlichen Ähnlichkeiten, die einen Vergleich beider Texte besonders lohnend erscheinen lassen. Jeweils ist hier der Baum Metapher für den König eines Grossreiches, dessen Überheblichkeit gezeigt werden soll und der wegen dieser Überheblichkeit gestürzt werden wird. Deshalb soll hier Ez 31 besonders geprüft werden. Dabei sei trotz der feststellbaren Selbständigkeit von Dan 4* durchaus mit der Möglichkeit gerechnet, dass die Daniel-Tradenten eine bestimmte Textgestalt von Ez 31 gekannt haben. Besonders Dan 9* zeigt ja die aktive Auseinandersetzung mit prophetischen Texten. In ähnlicher Weise ist auch hier damit zu rechnen, dass eine Auseinandersetzung mit einem vorliegenden Text stattfindet.

[47] Ijob 14, 7-9; 19,10; Spr 12,3.12 (vgl. E. Haag, SBS 110, 77).
[48] Ich verweise auf die Analyse der Textbefunde durch M. Metzger, in: Ernten, was man sät, 197-229.
[49] M. Metzger, a.a.O., 229.

Nun besteht keine Einmütigkeit über die Einzelheiten des Wachstumsprozesses von Ez 31.[50] Es ist durchaus wahrscheinlich, dass ein nüchterner Text original ist, der später noch ausgestaltet wurde.[51] Da aber Unsicherheiten mit Blick auf die Erweiterung des Textes bestehen bleiben, sei im wesentlichen die heutige Textgestalt mit Dan 4* verglichen:

Ez	31,3.5	besondere Höhe und Grösse	Dan	4,7f
	31,6	Baum als Nahrungsspender und Zufluchtsort		4,9
	31,10f	Gerichtsbeschluss		4,10f
	31,12f	Strafaktion		4,11.

In der Version in Dan 4* fehlen aber der Hinweis auf die Bewässerung (Ez 31,4.7) und der ausdrückliche Vergleich mit den anderen Bäumen (Ez 31,5.8f). Dies liegt daran, dass in Ez 31 – das ist der entscheidende traditionsgeschichtliche Unterschied zu Dan 4*! – die Vorstellung vom Weltenbaum verbunden ist mit der vom Gottesgarten auf dem Libanon. Ausserdem wird die Ausführung der Strafaktion in Dan 4* offen gelassen, während in Ez 31 politisch-militärische Massnahmen assoziiert sind. Die Strafaktion selbst ist in Ez 31 ein klares 'Abhauen' des Baumes, während in Dan 4* der Vorgang unklar bleibt.[52] Das Ergebnis der Strafaktion unterscheidet sich auch insofern, als in Ez 31 die Tiere der Wildnis zu den Ästen des umgehauenen Baumes kommen, wogegen in Dan 4* die Tiere das Restgebilde gerade fliehen. Eigenständig ist dann natürlich der jeweilige Abschluss. Vielleicht ist in Ez 31 das jetzt vorliegende Ende des Textes schon das Ergebnis einer Nachinterpretation: so gibt 31,14 einen paränetischen Einschub und trägt 31,15-18 das Thema des Todes ein. Hier geht Dan 4* völlig eigenständige Wege. Der Abschluss des Bildes in Dan 4,12-14a ist ganz auf die Erziehungsmassnahme an Nebukadnezzar bezogen, die ja die Spitze des Textes ist.

[50] Ich verwiese auf W. Zimmerli, BK XIII/2, 746-762.

[51] H.F. Fuhs, NEB 22, 168ff, hält die VV. 1-2a.b.3*-6a.7-8.9b.10aα.12*.13 für ursprünglich. Auch sonst werden vor allem die VV. 5.7.9 vollständig oder in Teilen für sekundäre Hinzufügungen gehalten. M. Metzger, a.a.O., 205f, Anm. 11, glaubt in den VV. 3.4.6.8 eine originale, ursprünglich geschlossene Einheit zu sehen. Allerdings muss offen bleiben, ob Ezechiel diesen Text gestaltet und erweitert hat, oder erst Spätere die Erweiterungen eingebaut haben.

[52] K. Koch hat den Text so gedeutet, dass der Baum zu einem königlichen Stab umgearbeitet worden sei (vgl. Darstellungen des Nabonid). Damit wäre schon festgehalten, dass – vgl. die Deutung in V. 23 – die Gestaltveränderung nicht nur Zerstörung sondern auch Ansatz für Hoffnung sein könne (BETL CVI, 98-109). Allerdings macht die Wendung zum Schicksal eines Lebewesens, das entartet wird (vgl. VV. 12b-13), deutlich, dass es auch um eine Entmachtung, eine Entleerung gehen muss.

Exkurs 2: Nabon H 2 und 4QOrNab

Neben der Erzählung in Dan 4 kennen wir zwei weitere Texte, die mit ihr in traditionsgeschichtlicher Verbindung stehen: Ein Rechenschaftsbericht König Nabonids (556-539 v.Chr.), der auf zwei Stelen in Harran erhalten ist (Nabon H 1 und Nabon H 2),[53] sowie ein Gebet, das auf einer Handschrift aus Höhle 4 von Qumran gefunden wurde und als 'Gebet des Nabonid' (4QOrNab) bekannt geworden ist.[54]

In dem ersten Text deutet der König innenpolitische Wechselfälle und einen langen Aufenthalt im nordarabischen Raum um die Oase Tema in religiös-mythologischer Weise. Die eigentliche Bewegerin aller Handlungen ist die Gottheit Sin, die entscheidende Wendung des Geschicks wird durch einen Traum vorbereitet: 'Zur Nachtzeit liess er mich einen Traum schauen ... 'Echulchul, den Tempel Sins, der ... in Harran, eilends baue ...; die Länder allesamt sind deinen Händen wahrhaftig übergeben' (Nabon H 2, I, 11-14).

Gegen diese Pläne empören sich aber die Menschen in Babylonien, weshalb sie Krankheiten und Hungersnöten ausgesetzt werden. Diese innenpolitischen Schwierigkeiten führen den König in das arabische Gebiet: '... aus meiner Stadt Babylon ... liess mich weit hinwegziehen auf der Strasse nach Tema, Dadanu ... Zehn Jahre zog ich zwischen ihnen umher; ... meine Stadt Babylon betrat ich nicht' (I, 23-27). Nach erfolgten Massnahmen im arabischen Raum wird eine Wende eingeleitet: '... zehn Jahren kam der festgesetzte Zeitpunkt ... da Sin gewährte seine Offenbarung. ... bei Sehern ... Traumdeutern erkundigte ich mich ... Zur Nachtzeit beunruhigte ein Traum, bis das Wort ...' (II, 11-14; III, 3). Die so markierte Wende führt den König wieder triumphal in seine Hauptstadt zurück: 'Erfüllt war das Jahr, gekommen der Zeitpunkt, da ... aus der Stadt Tema ...' (III, 4f).[55]

Mit Blick auf das Material in Dan 4 interessiert vor allem die Gestalt dieses Nabonid-Textes. Es lässt sich zusammenfassen: 'Auf einen von Sin, dem Herrn der Götter, geschickten Traum wird der König ... in politische Händel und Nöte verstrickt. In Babylonien tobt der Aufstand und wüten Seuche und Hunger; der König selbst aber begibt sich auf Befehl seines Gottes in die Wüste. Hier erobert er Tema und macht die Oasenstadt zur Resi-

[53] R. Meyer, in: Zur Geschichte und Theologie, 92ff.

[54] A.a.O., 71-129. Vgl. R.G. Kratz, WMANT 63, 99ff, A.S. van der Woude, ThR 57 (1992) 33-35, K. Koch, BETL CVI, 89-98.

[55] Vgl. zu den Texten R. Meyer, a.a.O., 95f.

denz; in der Wüste verbringt er zehn Jahre harter militärischer und politischer Arbeit ... Als diese von Gott verhängte Zeit vorüber ist, gibt Sin wiederum durch einen Traum kund, dass der Termin für den glorreichen Einzug des Königs in Babylon gekommen ist. Seher und Traumdeuter vermitteln ihm die entsprechende Erkenntnis, ... So zieht der König, ein Wohltäter seiner Völker, Besieger und Herr seiner Feinde, in Frieden in seine eigentliche Residenz ein.'[56]

Dieser Text, der ja öffentlich ausgestellt war, ist nun in die volkstümliche Überlieferung übergegangen und auch von den Juden weitererzählt worden. In Gestalt des Textes 4QOrNab liegt eine interessante Fassung der jüdischen Rezeption dieser Überlieferung vor. Sie ist als Weisheitserzählung gestaltet, die 'erziehen und zeigen (will), wie Gott den Unwissenden durch Leiden zu wahrer Gotteserkenntnis und damit auch zum irdischen Glück führt'.[57] Jetzt allerdings ist es der König selbst, der erkrankt, und ist es ein jüdischer Seher, der ihm die Augen öffnet:

'Die Worte des Ge[b]etes, die betete Nabonid, König von A[ssyrien und Baby]lonien, der [Gross]könig ... durch böses Geschwür auf Befehl des [höchst]en Got[tes] in Tema ... war ich geplagt sieben Jahre, und [fern]ab [meinem Throne] war i[ch ...] und meine Sünde, verzieh er sie. Ein Seher, und zwar ein jüdischer [Mann] v[on ...] brachte [die Deutung], indem er schrieb, man solle erweisen Ehre und gr[ossen Ruhm] dem Namen des [höchsten] Go[ttes ... Als] du geplagt warst durch bö[ses] Geschwür ... in Tema ... sieben Jahre, da ha[st du] gebetet zu den Göttern aus Gold und Silber, [Bronze und Eisen], Holz, Stein, Ton, darum dass [du glau]b[test], dass Götter s[ie seien ...' (Text A, 1-8).[58]

Der König lässt sich über seine unwissentliche Verehrung falscher Götter belehren und verehrt nun den 'höchsten Gott', also den Gott Israels. Das verbürgt seinen Erfolg im persönlichen Leben und als Staatenlenker.[59] Dieser durch geistige Weite und universale Grundhaltung gekennzeichnete Text – weder wird eine direkte Konversion des Königs und seiner Mächtigen zum Glauben der exilierten Juden gefordert oder gar berichtet, noch

[56] R. Meyer, a.a.O., 97.

[57] A.a.O., 116.

[58] A.a.O., 80. Dieser Teil A ist aus den Fragmenten 1-4 zusammengesetzt. Textteil B lasse ich jetzt überseite. Für alle Einzelheiten verweise ich auf R. Meyer.

[59] Allerdings sei hervorgehoben, dass die positive Wendung des Geschicks Nabonids nicht mehr auf den erhaltenen fünf Fragmenten dokumentiert ist, sondern erschlossen werden muss.

ein Zusammenhang zur Situation der Exilierten hergestellt – ist gewiss in den jüdischen Gemeinden in Nordarabien in der Zeit des Persischen Grossreiches entstanden.

Allerdings bleibt die Zuordnung von 4QOrNab zu Dan 4 bis heute problematisch.[60] Rudolf MEYER hatte Dan 4 als die heute erkennbare Endfassung der Geschichte dieses Stoffes gewertet. Gegenüber 4QOrNab seien hinzugekommen das Motiv der Hybris des Herrschers, die Materialisierung des Traums vom Weltenbaum in Gestalt der Erzählung vom Wahnsinn Nebukadnezzars, wogegen in '4QOrNab ... der Traum mit seinen mythischen Motiven immer das (bleibt), was er ist, nämlich ein inneres Erlebnis',[61] und die Ersetzung des Nabonid durch einen viel bedeutenderen König, nämlich Nebukadnezzar. Deshalb könne gelten: 'Während 4QOrNab als Weisheitserzählung in der östlichen Diaspora entstanden ist, den geschichtlichen Ereignissen unter Nabonid noch mittelbar nahesteht und den Universalismus des Achämenidenreiches zum geistig-religiösen Hintergrund hat, steht Dan 3,31-4,34 dem ursprünglichen historischen Haftpunkt ausgesprochen fern und lässt ... kaum etwas ahnen von dem Erzählungszusammenhang, aus dem es herausgewachsen ist und sich verselbständigt hat. Man hat deutlich den Eindruck, dass die Erzählung von Nebukadnezzars Wahnsinn in Palästina ihre endgültige Form erhalten hat. Dabei setzt sie in ihrer Polemik die mit dem hellenistischen Sakralherrschertum verbundene Königsideologie voraus; jedoch fehlen noch alle Spuren jener bitteren Erfahrungen, die das Judentum mit dem hellenistischen Königtum unter Antiochus IV. Epiphanes ... machen musste. Es ist daher anzunehmen, dass Dan 3,31-4,34 als Seitentrieb von 4QOrNab oder – wenn man so will – eines dieser Weisheitserzählung verwandten Komplexes spätestens um 200 v.Chr. vorlag und damit wesentlich jünger ist das "Gebet des Nabonid".'[62]

Andere Wege geht z.B. Abraham Simon van der WOUDE, der die Ergebnisse der Arbeit von Rudolf MEYER in manchen Details korrigiert, im entscheidenden aber eine andere Formbestimmung vornimmt – das 'Gebet

[60] Viele Fragen der Zuordnung müssen überseite bleiben. Ich erinnere zum Problem des Wechsels von Nabonid zu Nebukadnezzar, dass vielleicht alle Erzählungen ursprünglich über Nabonid umliefen (W.v. Soden, in: Bibel und Alter Orient, 1ff).

[61] A.a.O., 119. Natürlich ist das ein Argument, das nur innerhalb des Danieltexts vorgebracht werden kann, weil ja im Qumrantext überhaupt kein Traum berichtet wird.

[62] A.a.O., 120. Im wesentlichen ist R.G. Kratz, a.a.O., 104-108, R. Meyer gefolgt. So jetzt auch K. Koch, BETL CVI, 89ff.

des Nabonid' sei 'ein in eine Proklamation eingebettetes Gebet'[63] – und das 'Gebet' dem Text in Dan 4 sehr viel lockerer zuordnet: Es ist sicher 'überlieferungsgeschichtlich älter als die danielische Geschichte', aber von einer Vorlage her entwickelt, die auch dem Text in Dan 4 vorausging, so dass beide Texte als unterschiedliche Weiterentwicklungen einer gemeinsamen mündlichen Überlieferungsgestalt verstanden werden müssen.[64] Diese Sicht der Dinge wird m.E. wieder aktuell, wenn ich den von mir rekonstruierten ersten Textbestand in Dan 4 der Überlieferung von 4QOrNab zuordne. Es fällt ja sofort auf, dass der Qumrantext davon spricht, dass die Verehrung des 'höchsten Gottes' notwendig sei, diese Anschauung aber in Dan 4 erst durch die erste Redaktion, die den Zusammenhang der ersten schriftlichen Fassung des Danielbuches hergestellt hat, eingetragen worden ist (vgl. die VV. 14b.22b.29b.31aβ.b.32*). Gleichwohl hat die älteste Fassung unseres Textes schon die Aussage in V. 27, die Rudolf MEYER als Beleg für die festgestellte Anschauung der Hybris in unserem Text benannt hatte. Insofern kann keine einfache Nachzeitigkeit zum Beleg 4QOrNab vorliegen. Verschiedene Einflüsse sind wirksam geworden. Sowohl 4QOrNab als auch Dan 4* sind die Ergebnisse eigenständigen Umgangs mit der Nabonid-Tradition. In der Erstfassung dieser gestalteten Tradition in Dan 4 soll die Überzeugung zum Ausdruck gebracht werden, dass alle Macht – auch die, die nichts vom Gott Israels weiss – einer Instanz verantwortlich und unterlegen ist – dem 'Himmel' – und nur erfolgreich wirken kann, wenn sie sich dieser Unterlegenheit bewusst ist und sie in den täglichen Entscheidungen berücksichtigt. Leider gibt der Text ausser dem Hinweis auf die Hybris keine praktischen Anweisungen mehr zu solchen Verhaltensweisen.[65]

4.1.3 Die gerichtete Macht

Die Geschichte, die uns in Dan 5 entgegentritt,[66] thematisiert entschieden die Bedrohung der Identität Israels. Die Gefässe des Tempels, die aus Jeru-

[63] A. S. van der Woude, Qumràn, 127.

[64] A.a.O., 128. Ders., ThR 57 (1992) 34f: 4QOrNab ist ein Seitentrieb der Vorlage von Dan 4. 'Eine *direkte* Abhängigkeit dieser von 4QorNab lässt sich nicht beweisen.' Die Versuche, 4QOrNab der Nachgeschichte des biblischen Textes einzuordnen, seien hier überseite gelassen.

[65] Aber auch die Weiterführung der Erzählung ab 4,26 greift vielleicht alte Überlieferung auf und fügt sie in den neuen Zusammenhang ein – dies sei jetzt nur noch angemerkt, weil die Verbindungslinien nicht so klar nachzeichenbar sind. Erneut haben R.G. Kratz, a.a.O., 102ff, und K. Koch, BETL CVI, 84-89 auf die Zitation des Abydenos bei Euseb hingewiesen, eine Überlieferung, die den Untergang des babylonischen Reiches reflektiert und – wie es Dan 4 zeigt – offensichtlich auch von Juden eigenständig weitergegeben worden ist.

salem geraubt worden waren (V. 2), werden zweckentfremdet bei einem Festmahl verwendet. Gleichzeitig sind während dieses Festmahls gemachte Götter Gegenstand der Verehrung (V. 4). Diese Szene bringt besonders drastisch das Sakrilegartige herrscherlicher Hybris zum Ausdruck. Dabei benennt sie indirekt das Typische und Unverwechselbare der Menschen, die sich mit den Tempelgefässen aus Jerusalem verbunden wissen: Die religiöse Tradition dieser Gemeinschaft, nämlich der Golah in Babylonien – in die die Szene eingeordnet wird – demaskiert zugleich die religiöse Identität ihrer Umwelt! Erstmals in unseren Geschichten wird nicht nur die eigene Lebensexistenz propagiert, sondern zugleich über die fremdreligiöse Umwelt das Urteil gesprochen. Ähnlich wie in Dan 3*, wo die Notwendigkeit der Toleranz der jüdischen Religion gegenüber das staatliche Verhalten verändert, fallen auch hier in dem Moment die Entscheidungen, in dem das den Juden Heilige verhöhnt wird. Über die dortige Analyse hinaus wird jetzt aber offensiv über die so Höhnenden geurteilt: Sie nehmen nur an, echte Götter zu verehren, in Wahrheit ist ihr Staat auf nichts, nämlich auf Menschenwerk gegründet.

Sogleich bringt der Text diese Überzeugung in hervorragender Weise zum Ausdruck, indem er den wahren Gott handeln lässt: die 'Finger einer Menschenhand' schreiben die Wahrheit an die Wand des Festsaales (V. 5). Dieses Geschehen löst Angst aus und die Notwendigkeit weisheitlich-mantischer Aufklärung. Allerdings können die Mantiker Babylons die Aufgabe nicht bewältigen. Die Ausweglosigkeit der Situation wird überwunden durch das Auftreten der Königin, die Daniel empfiehlt. Damit haben die Verfasser des Textes wieder die Möglichkeit, ein kleines Selbstporträt zu zeichnen. Sie verstehen sich erneut als erfüllt vom 'Geist der heiligen Götter' (V. 11*; vgl. 4,5.15). Natürlich wird damit der Geschichte eine theologische Spannung zugemutet. War erst davon die Rede, dass Götter aus Materialien verehrt würden, so kann jetzt von 'heiligen Göttern' geredet werden. Hier ordnen die Erzähler ihre Ausdrucksweise sehr genau zu: Sprachen sie selbst in V. 4, so lassen sie jetzt die babylonische Königin in ihrem Auftrag zu Wort kommen, die natürlich die jüdische Glaubenserkenntnis nur gebrochen zum Ausdruck bringen kann![67]

Ein Dialog zwischen Daniel und dem König Belschazzar, dem dieses Ereignis zugeordnet wird – als Sohn des letzten babylonischen Königs hatte er

[66] Ihre älteste Fassung liegt vor in den VV. 1-2.4-6.7a.8-10.11a*.12b.13.14*.15.16b-18a.22aβ.23.24a.25*.26-30; 6,1.

[67] Dieser Zuordnung entspricht auch 4,15, aber nicht 4,5.

als Statthalter für seinen Vater in Babylon regiert[68] –, bestätigt die schon vorgetragene Selbsteinschätzung der Verfasser (VV. 13ff). Sogleich schliesst Daniel die Deutung des Geschehens an. Dabei wird nicht nur die Situationsbeschreibung wiederholt (zu V. 23 vgl. die VV. 2.4), sondern zugleich gedeutet: Die Benutzung der Tempelgeräte ist 'Erhebung gegen den Herrn des Himmels'. Die Götter aus irdischen Materialien 'können nicht sehen, nicht hören, nichts erfahren'. Deshalb kann dem König vorgeworfen werden, nicht den Gott verehrt zu haben, der 'Lebensodem und Lebenswege in Händen hat' (V. 23). D.h., in Gestalt des Daniel setzen sich die jüdischen Verfasser überzeugend in Positur: Sie kennen die Wahrheit. Sie stehen auf der Seite des wahren Glaubens und des wahren Gottes. Auch wenn sie – äusserlich gesehen – keinen Anteil an der Macht in der Gesellschaft haben (Daniel wird aber als ein den Mächtigen Bekannter geschildert!), so vermögen sie doch die wahren Prozesse und Entwicklungen aufzudecken.

Eingebettet in dieses Selbstverständnis kann nun die Schrift gelesen und gedeutet werden. Sie stellt einen weisheitlichen Rätselspruch dar, der im Wert abnehmende Münzen aufzählt: 'Mene[69] Tekel Upharsin' ('Mine, Schekel, Teilstücke' – V. 25). 'Der fallende Wert der in dieser Trias genannten Gewichts- oder Währungseinheiten ist dann im Rahmen der vorliegenden Erzählung als ein Hinweis auf den unaufhaltsamen Verfall der Weltmacht Babel zu verstehen.'[70] Damit ist erstmals im Danielbuch wirklich das Ende einer Staatsmacht angesagt. Dies geschieht in der Weise, dass eine Nachfolgemacht benannt wird ('Meder und Perser'), die das babylonische Reich beerbt.[71]

Überraschenderweise steht der so abgeurteilte König zu seinem Versprechen, die richtige Auflösung der Schrift herausragend zu belohnen (V. 29). Trotzdem ereignet sich die Entmachtung sofort; der Text berichtet seinen Tod noch 'in dieser Nacht' (V. 30). Mit der Notiz, dass der Meder Darius die Herrschaft übernommen habe, erfüllt sich die Deutung der Schrift direkt.

[68] Insofern ergänzen sich Dan 4*, eine Geschichte, die im Schicksal dieses Königs Nabonid wurzelt, und Dan 5*, eine Geschichte, die mit dessen Sohn verbunden ist.
[69] Ursprünglich sicher nur einmal (E. Haag, SBS 110, 33).
[70] E. Haag, a.a.O., 61.
[71] Dazu sei schon hier auf Jer 27,7 verwiesen, wo auch das Ende der babylonischen Macht unter neuen Systemen der Vorherrschaft angesprochen wird. Ausserdem sei der Widerspruch zwischen der im Danielbuch geschilderten Abfolge von Königreichen und den historischen Fakten erwähnt. Diese Abfolge ist Ausdruck des Vierreiche-Schemas, dem die Daniel-Tradenten verpflichtet sind (vgl. H. Gese, in: Alttestamentlicher Glaube und Biblische Theologie, 299ff).

Diese Geschichte von dem 'Menetekel' an der Wand ist vielleicht eine der bekanntesten der Bibel. Immer wieder ist sie zum Deuteschlüssel für eben nicht rechtzeitig wahrgenommene Anzeichen von Zerfall und Katastrophe verstanden worden. So wertet Volker EBERSBACH die plakatierte Forderung eines erneuerten Landes als 'Menetekel', das die Herrschenden in der DDR nicht zu verstehen bereit waren. In gleicher Weise können die Bilder der über die Botschaften der damaligen Bundesrepublik Deutschland in Budapest, Prag und Warschau Fliehenden als 'Menetekel' des Untergangs der DDR verstanden werden. Denn gerade das Gefühl, das offiziell artikuliert wurde, wonach alle, die da gingen, nicht wert seien, dass sie blieben, war ja Ausdruck des nicht Sehen- und nicht Verstehen-Wollens. Ganz andere 'Menetekel' könnten noch genannt werden. Sie würden den Blick weit über die Geschichte Deutschlands hinaus weiten auf die Frage der Zukunft der Menschheit: Die Zerstörung der Mitwelt z.B., die wir zwar alle beklagen, die aber noch nicht entschieden genug zu Veränderungen im Verhalten der Menschheit geführt hat.

Allerdings sei solcher Auslegung dieses alten Textes eine Frage entgegengehalten: Das 'Menetekel' dieser Schrift ist nicht Menschenwerk; vielmehr meldet sich mit ihm der sehende, hörende und wahrnehmende Gott zu Wort. Insofern können vielleicht nicht einfach menschliches Verhalten und seine Folgen diesem 'Menetekel' parallelisiert werden. Zu beachten ist aber doch, dass dieses 'Menetekel' den Tätern die Konsequenzen ihres Fehlverhaltens vor Augen führt. Es gibt sozusagen den Sprachlosen Sprache, weil die Gedemütigten, die Verhöhnten gar nicht gegenwärtig sind bei diesem Fest der Hybris. Das göttliche 'Menetekel' steht also schon in einem Zusammenhang zu irdischen Folgen der Verbrechen der Herrschenden. In unserer Geschichte ist Gott es, der an Stelle der Opfer spricht. Insofern brauchen wir heute nicht auf überirdische Wunder zu warten, sondern wir können durchaus den Protest der Opfer – von Menschen und Natur – als göttliches 'Menetekel' verstehen, das die Fassade der Sicherheit und angeblich unerschütterlichen Macht herunterreisst und die innere Zerstörung erkennbar werden lässt.

4.1.4 Toleranz für den wahren Glauben

Die Geschichte Dan 6*[72] thematisiert erneut die Bewährung der Frommen in Anfechtung und Gefährdung. Dabei wird jetzt ausdrücklich das Schicksal Daniels in den Blick genommen. Er ist hoher Staatsbeamter im medi-

[72] Ältester Bestand sind die VV. 2.3.4*.5a*.bα.6.7*.8-9a.bα.10-12.13a*.b.14-16aα.b.17-21a.bα.γ-δ.22.23a.24a.bα.β.25aα.γ.26.27a.28b.29a.

schen Reich, der ausgesprochen effizient und ehrlich seine Arbeit tut (VV. 3ff). Das führt zur Missgunst der Kollegen, die Daniel auszubooten versuchen. Sie setzen den Hebel bei der Frömmigkeit dieses Mannes an, indem sie dem König eine zeitweilige Kultkonzentration auf sich selbst nahelegen (VV.6ff). Das muss den Juden Daniel in Konflikt bringen! Unsere Erzählung 'ist eines der frühesten Zeugnisse, in dem das Judentum seine religiöse Haltung als sein besonderes Kennzeichen darstellt, und es ist kein Zufall, dass ... [sie] in der Diasporasituation spielt. Denn nur in einer Lage, in der die nicht-religiösen Organisationsformen fast ganz fehlten, tritt die individuelle Beziehung zum Volksgott ... stark hervor ...'[73] Greifbar wird diese individuelle Beziehung, die Daniel zu seinem Gott hat, in seiner Praxis, dreimal am Tage im Obergemach seines Hauses hinter einem Fenster in Richtung auf Jerusalem hin zu beten (V. 11). Diese Praxis zeigt seine Hinwendung zu dem Land, der Stadt und dem Tempel – auch der Tempelruine – über dem der Name Jahwes genannt ist. Solche Praxis entstand in der Diaspora, um die Entscheidung für Jahwe als eigenen Gott erkennbar zu demonstrieren.[74] Deshalb wird Daniel als Übertreter königlicher Anordnungen entlarv- und erfolgreich der Maschinerie von Unrechtsgesetzen unterwerfbar (VV.12.13*.14).

Nun hat diese Geschichte einen ganz eigenen Zug: Der König Darius will selber die Verfolgung des Daniel gar nicht, versucht sie zu verhindern und wird letztlich durch dessen Rettung in seinen eigenen Zielen bestätigt. Es wird also ein hoffnungsvolles Bild von Staatsmacht gezeichnet. Sinnvolle Machtausübung scheint auch in irdischen Staaten möglich. Deshalb ja konnte sich auch Daniel selbst an dieser Machtausübung beteiligen und im Rahmen ihrer Gesetze wirken. Nüchterne Organisation von Staatsgebilden wird hier gerade nicht von vornherein abgelehnt. Es sind erst bestimmte Übergriffe, die zwar als Rechtsordnung kaschiert werden ('Gesetz der Meder und Perser'), aber doch Unrecht darstellen, die Verweigerung notwendig machen. Der oberste Repräsentant dieses Staates, der König, wird als einer gezeichnet, der durch Unbedachtsamkeit und ohne bösen Willen in ein Unrechtssystem hineinschlittert, das untergeordnete Beamte gestalten. Sie sind es, die die Möglichkeit des Bösen, die offensichtlich in allen menschlichen Staaten angelegt ist, vorantreiben.

[73] J. Chr. Lebram, ZBK 23, 81.

[74] Angemerkt sei der Eintrag dieser Praxis in das Tempelweihgebet des Salomo durch junge deuteronomistische – besonders theologisch interessierte – Theologen (DtrTh): 1 Kön 8,29.30.35.38.42.*44.48*. Ich verweise auf meine Habilitationsschrift: Aspekte, 93.108. E. Talstra, Solomon's Prayer, 254f, ordnet 1 Kön. 8,44.48 einem deuteronomistischen Redaktor der Exilszeit zu.

Im Kontrast zu Dan 3 (vgl. die VV. 15b.17f) bringt hier der König die Hoffnung zum Ausdruck, dass der Gott des Daniel auch zu helfen vermöge (VV. 17b.21b*)! Durch dieses Interesse des Königs wird die Einkerkerung in der Löwengrube zu einer Prüfung, wie ja auch schon die Folter in Dan 3 zu verstehen ist. Hier geht es nicht nur darum, dass ein Kollege diffamiert und entmachtet werden soll. Obwohl die Minister mit ihrer Aktion ursprünglich dieses Interesse verfolgen, greifen sie über in den Bereich der Wirksamkeit Gottes, indem sie die religiöse Lebenspraxis des Daniel als Ansatzpunkt für ihre Machenschaften wählen. Die von ihnen gedachte Todesstrafe, die den Daniel auslöschen soll, wird zu einer Prüfungshandlung, die die Wirkmächtigkeit des Gottes Daniels erweisen wird. Das spürt der König. Deshalb begleitet er sogar die Zeit der Einkerkerung mit eigenem Fasten (V. 19). Erneut ist ein Engel der Helfer, der den Daniel in der Gefahr rettet, so dass er am nächsten Morgen vor dem König die Bewahrung bezeugen kann (VV. 22.23a). Dadurch erweist sich von Menschen gesetztes Recht als Unrecht, demgegenüber die formale Übertretung und Nicht-Beachtung im Recht sein lässt, weshalb jetzt die Intriganten zum Tode verurteilt werden können. Trotzdem muss nun in neuer Weise Recht gesetzt werden: Der König lässt ein Gesetz ergehen, das die Anerkenntnis des Gottes des Daniel fordert – 'Zittern' und 'Furcht' sind vor ihm geboten (V. 27a).

Diese Toleranz erkennt die Gottheit des Gottes des Daniel in der Weise an, wie immer schon die Götter anderer Völker geachtet worden waren. Das ist nichts grundsätzlich Neues. Im Mund des Nichtjuden wird der Gott des Daniel in keiner Weise anderen Göttern vorgeordnet. Nur als wirkfähiger Gott wird er anerkannt. Die Erstverfasser konnten offensichtlich mit dieser Zuordnung ihrer Religion im Zusammenhang einer andersreligiösen Umwelt leben. Sie entspricht ganz dem, was schon bisher in den Geschichten deutlich geworden ist: Eigenes religiöses Lebensrecht sei zugestanden, was heisst, dass die Rechtsordnungen in spezifischem Rahmen verbleiben müssen, damit dieses Lebensrecht gewahrt bleiben kann (Dan 5* war hier schon weitergegangen). Insofern hat schon jüdischer Selbsterhaltungswille eine Kraft in sich, die auch für das Umfeld die Geister scheidet, die mit Sicherheit das Unmenschliche, das Menschenverachtende als solches erkennen lässt.

Die hier skizzierte Auslegung hat sogleich auch die beiden entscheidenden Prüfsteine in den Blick gebracht, die in der Vergangenheit in der DDR bestimmend waren und dies sicher auch bleiben: Gesetze müssen nicht von vornherein auch Recht verbürgen. Die Tolerierung der religiösen Praxis lässt den wahren Charakter einer Gesellschaft erkennen. Beides steht in unserer Geschichte in einem Zusammenhang. Rechtssysteme werden nicht prinzipiell angefragt. Ich denke nicht, dass sich eine dauernde Infragestellung aller möglichen gesetzlichen Forderungen auf unseren Text stützen kann. Aber, Rechtsordnungen, die die religiöse Praxis einer Minderheit beschneiden oder unmöglich machen, diese sind in sich Unrecht. Natürlich ist auch hier wieder eine ganze Bandbreite von Interpretationsmöglichkeiten gegeben. Heutzutage würde ich auch sagen, dass dieser Grundsatz für alle Religionen gelten muss, nicht nur für eine besondere. Trotzdem ist es wichtig, dass diese Geschichte das Problem der Rechtmässigkeit von Rechtsordnungen am Zusammenhang der Gewährung religiöser Freiheit – und nur an ihm! – benennt.[75]

[75] Auch zu diesem Text kann der Hinweis gegeben werden, dass sein Bild in der Katakombenmalerei des 3. und 4. Jh. n.Chr. genutzt wird zur Darstellung der Lebenshoffnung trotz und im Tode. Sodann wird die Hypothese vertreten, dass ein leider stark zerstörtes Mosaik der Synagoge von Naaran aus dem 5. Jh. n.Chr. die Rettung Daniels in der Löwengrube zum Thema gehabt haben muss (vgl. H.-P. Stähli, Synagogenkunst, 51).

Ausserdem erwähne ich, dass J.W. von Goethe in seinem Text 'Novelle' vom Oktober 1826 (Werke in Fünf Bänden, Dritter Band, Leipzig 1959, 622-640) angeregt durch Dan 6 eine ganz eigenständige Szene gestaltet, in der ein entlaufener Löwe von seinen Dompteuren friedlich wieder zurückgeholt wird. Dabei gestaltet Goethe die Anregungen des Alten Testaments zu zwei wunderbaren Liedern:

'Aus den Gruben, hier im Graben
Hör ich des Propheten Sang;
Engel schweben ihn zu laben,
Wäre da dem Guten bang?
Löw und Löwin hin und wider,
Schmiegen sich um ihn heran;
Ja, die sanften frommen Lieder
Habens ihnen angetan' und
'Denn der Ewge herrscht auf Erden,
Über Meere herrscht sein Blick;
Löwen sollen Lämmer werden,
und die Welle schwankt zurück.
Blankes Schwert erstarrt im Hiebe,
Glaub und Hoffnung sind erfüllt;
Wundertätig ist die Liebe,
Die sich im Gebet enthüllt' (a.a.O., 639).

4.2 Traum und Visionen

4.2.1 Die drohende Statue

Der älteste Textbestand von Dan 2[76] ist für die Aufnahme in die Danielbibliothek eigens bearbeitet worden und muss deshalb im Zusammenhang der Interpretation der vorausgehenden Texte diskutiert werden. Hiermit ist eine Erzählung entwickelt worden, die auf dem Wege der spannungsreichen Handlung um ein Traumerlebnis eine Hoffnung zum Ausdruck bringt, die weit über eine Lebensexistenz in konkreten politischen Verhältnissen auf der Erde hinausgeht. Zwar noch schemenhaft, gleichwohl unbezweifelbar wird die Hoffnung auf eine göttliche Wendung aller irdischen Lebensexistenz deutlich ausgesprochen. Diese älteste Geschichte von Dan 2 ist der erste, in seinem innersten Wesen als 'apokalyptisch' anzusprechende Text der Danielbibliothek. Indem er gestaltet worden war, sind die Weichen gestellt worden zu dem, was wir 'Apokalyptik' nennen. Gewiss stehen der Text und seine Vorstellungen noch auf der Grenze. Es scheint auch eine nicht apokalyptische Deutung möglich. Doch aber meine ich, dass hier der entscheidende Grat überschritten ist. Die Hoffnung verlagert sich auf eine Wirklichkeit, an der Mitgestaltung prinzipiell nicht mehr möglich ist. Alle menschliche Gestaltungsmöglichkeit vielmehr wird abgewiesen.

Der Traum, den Nebukadnezzar erlebt, stürzt ihn in solche Verunsicherung, dass er eine Sicherheit seiner Deutung will, die ihm nur dann gewährleistet scheint, wenn die Deuter den Traum selbst schon richtig zu raten in der Lage sind. Solchem aus Angst und beginnendem Verstehen geborenen Ansinnen kann die gesamte mantische Wissenschaft Babyloniens nicht genügen: Die erste Szene endet in menschlicher Ausweglosigkeit. Nur eine Richtung für die Lösung gibt es – die Götter, die über die Menschen erhaben sind. Sie allein könnten die königliche Forderung erfüllen (vgl. die VV. 1aß-12). Damit hat diese erste Szene als geheimes Thema des Textes die Frage nach den Göttern und ihrer Macht benannt.

Der erste Schritt der Wende ist die Tatsache, dass sich Daniel, der Angehörige der jüdischen Exulantengruppe, beim Leiter des Hinrichtungskommandos meldet. Er verspricht, die gestellte Aufgabe erfüllen zu können. Der sich anschliessende Dialog mit dem König wendet genauso, wie es schon die Weisen Babylons taten, den Blick vom menschlichen Vermögen

[76] Es handelt sich um die VV. 1aß.b.2-12.24-25.26*.27-28aα.29-37.38b-40a.bα.41aα.42aβ.b.44*.45aβ.b.47-48.

weg auf einen 'Gott in den Himmeln, der Geheimnisse offenbart' (V. 28a). Sowenig Menschen das Geträumte erkennen und deuten können, sowenig – das klingt doch schon an – können Menschen das mit dem Traum Gemeinte selber gestalten. Gott allein ist es, der den Gang der Welt fügt.

Der Traum ist ein Produkt der Sorge um die Zukunft, um das, 'was danach sein wird' (VV. 29a.45aβ), und meint also von Anfang an das Problem des Weges durch die Zeit, der Wechsel und Veränderungen, der Unbeständigkeiten, mit denen alle Mächte kämpfen müssen. Jeder Staat will dauernd bestehen und kämpft von Anfang an gegen alle Erscheinungen der Ablösung durch neue Kräfte oder andere Mächte. Schon der Hinweis auf diese Grundfrage des ganzen Erlebens lässt Daniel als den erscheinen, der den Traum auch richtig wird deuten können. Oder anders gesagt: Schon durch den Hinweis auf dieses entscheidende Problem der Existenz irdischer Mächte zeigen die Verfasser unseres Textes, dass sie eine wirklich weiterführende und lösende Antwort meinen bieten zu können:

Mit dem Bild einer Statue, deren Teile aus verschiedenen Metallen und Materialien gefertigt sind, wird nun ein Geschichtsablauf vorgestellt, der vom Erfolgreichen zum Unbeständigen verläuft. Sowohl der Traumbericht, als auch die Deutung unterscheiden genau fünf Etappen, die durch einen Eingriff von aussen – das sechste Ereignis – beendet und ersetzt werden: V. 32aα hat seine Entsprechung in V. 38b; V. 32aβ in V. 39a; V. 32b in V. 39b; V. 33a in V. 40a; V. 33b in den VV. 41aα.42aβ.b und schliesslich die VV. 34f in V. 44* – der 'Stein', der 'nicht durch Hände' bewegt wurde, wird die ewige Macht Gottes sein. Die Sorge um den Bestand der eigenen Machtstrukturen findet ihre Antwort im Hinweis auf das Reich des 'Gottes der Himmel', das als einziges ewigen Bestand haben wird.[77] Damit werden alle irdischen Erwartungen relativiert, und zwar nicht nur die des Nebukadnezzar, also der erfolgreichen Herrschaftssysteme, sondern wohl auch die der Erzähler selbst und ihrer versteckten Wünsche auf eigene Macht. Allerdings bleibt diese selbstkritische Seite der Aussagen ganz implizit, wird doch die Konsequenz nur ausgezogen auf mögliche 'andere Völker', die die Macht der Gottheit nicht mehr werden nehmen können (V. 44aβ).

Gleichzeitig wird nur eine Herrschaftsform wirklich eindeutig identifiziert: Nebukadnezzar ist 'das Haupt aus Gold' (V. 38b). Damit rückt die von Gott herkommende Wende aller Geschichte in gewisse Ferne. Sie ist für

[77] Lediglich am Rande möchte ich hervorheben, dass in der rabbinischen Literatur dieser Stein auch auf den Messias gedeutet wird (vgl. J. Jeremias, ThWNT IV [1942] 276).

den Mann, der den Traum erlebt haben soll, aus der direkten Betroffenheit hinausgeschoben. Deshalb ehrt der König den, der den Traum aufgehellt hatte, und d.h. alle die Menschen, die den Gott dieses Mannes Daniel glauben. Dabei bringt der Text erneut das Thema zur Sprache, das im Grunde eigentliches Thema des Textes war: 'euer Gott – er ist ein Gott der Götter und Herr der Könige und Offenbarer von Geheimnissen' (V. 47a). In aller Reflexion über den Gang der Geschichte ist es eigentlich und immer die Frage der Gottheit des Gottes Israels, um die gerungen wird. Jetzt geht es nicht mehr nur um Anerkennung und Lebensmöglichkeit des Glaubens. Jetzt geht es um die Vorordnung des eigenen Glaubens, die gleichwohl der Nichtjude so ausdrückt, als würde er von der obersten Gottheit eines Pantheons sprechen. Gemeint aber ist doch, dass Jahwe allein Gott ist.

Über diese Interpretation hinaus seien die denkgeschichtlichen Voraussetzungen des hier verwendeten Bildes kurz erinnert. Reinhard Gregor KRATZ hatte die These formuliert, dass die Grundfassung von Dan 2 'die Ablösung der babylonischen (VV. 31-33.37f) durch die medisch-persische Weltherrschaft (VV.34f.39*.45), und dies als Sukzession dreier Reiche', meine. Erst durch eine spätere Ergänzung seien 'die einzelnen Metalle nachträglich auf einzelne Weltreiche' bezogen und der 'Stein/Berg auf ein eschatologisches Gottesreich' gedeutet worden.[78] Obwohl ich mit Blick auf die literarkritische Analyse dieses Kapitels eigene Wege gegangen bin, müssen gleichwohl die traditionsgeschichtlichen Voraussetzungen erinnert werden. M.E. ist es nur notwendig, den Text Dan 2* an einer anderen Stelle dieser Traditionsgeschichte einzuordnen. Insofern schon in Dan 2* fünf irdische Machtgebilde angenommen werden, auf die die göttliche Herrschaft folgen wird, liegt bereits mit der Erstfassung dieses Kapitels eine eigenständige und jüngere Neugestaltung des Schemas der Abfolge dreier Reiche und auch der Vier-Monarchien-Lehre vor.

Offensichtlich angeregt durch die Abfolge dreier Grossreiche in relativ kurzer Zeit (612 v.Chr. Ablösung des assyrischen Reiches durch das neubabylonische, 539 v.Chr. Ablösung des neubabylonischen Reiches durch das persische) wird ein Drei-Reiche-Schema entwickelt, das zur Legitimierung der persischen Macht dient, also in ihr gipfelt. Dieses Schema wird auch von jüdischen Theologen eigenständig übernommen. Weil aber nun die dritte Macht nach etwa 200jähriger Herrschaft zerschlagen wird, kommt es zur Herausbildung der Vier-Monarchien-Lehre, die auf die hellenistische Herrschaft zielt. Erst mit dem Vordringen der römischen Macht wird das System zu einer Fünferreihe ausgestaltet, einer Form, in der es uns dann aus jünge-

[78] WMANT 63, 62.

rer Zeit vorliegt.[79] In Dan 2* ist natürlich noch nicht diese letzte Gestalt des Geschichtsschemas greifbar. Vielmehr zeigt die eigentümliche Gestalt des fünften Reiches – 'teils stark ... teils zerbrechlich' (V. 42*) –, dass hier auf eigenständige politische Erfahrungen abgehoben wird. Diesen Erfahrungen wird die Hoffnung auf das Eingreifen Gottes gegenübergestellt. Den Verfassern dieses Textes geht es um die Abfolge der neubabylonischen über die medische, persische und hellenistische auf die seleukidische Herrschaft. Sie reflektieren Erfahrungen des ausgehenden 3. Jh. v.Chr.

Schliesslich sei erinnert, dass neben diesen geschichtlichen Erfahrungen, astronomische Erkenntnisse stehen, die die Daniel-Tradenten aus der babylonisch beeinflussten weisheitlichen Arbeit jüdischer Theologen übernehmen. Diese astronomischen Erkenntnisse sind es vor allem, die zum Gedanken der Periodisierung der Geschichte geführt haben.

Ist dem Text mit dieser sehr allgemeinen historischen Zuordnung jegliche aktuelle Bedeutsamkeit abgesprochen? Auch an dieser Stelle soll eine aktualisierende Überlegung versucht werden. Einmal ist eine Aneignung heute vor allem dadurch möglich, dass die Statue als Bild für die innere Instabilität von Machtstrukturen genutzt wird: Eine potent auftretende Macht kann in Wahrheit ein 'Koloss auf tönernen Füssen' sein, dessen Zusammenbruch kurz bevorsteht. Genauso haben im Herbst 1989 viele Demonstrierende die Staatsmacht der DDR verstehen gelernt, so dass sie ihre Angst überwinden konnten. Eine solche Erfahrung ist immer wieder möglich und allen zu wünschen, die in konkreter Auseinandersetzung mit einer Unrechtsmacht stehen. Das eigentliche Aussageziel des Textes wird aber erst dann in Rechnung gestellt, wenn heutige Rezeption die geschichts-

[79] Vgl. zu dieser knappen Skizze R.G. Kratz, a.a.O., 197-225, sowie die Darstellung durch H. Gese, in: Allttestamentlicher Glaube und Biblische Theologie, 299ff. Ausserdem verweise ich auf R.G. Kratz, ZThK 89 (1992) 27: Jahwe habe 'sein "Reich" in Rechtsnachfolge der judäisch-davidischen Könige den persischen ..., zur Bewahrung der Gola in der Zeit des Exils bis zum ... "ersten Jahr des Kyros" zuvor auch schon den babylonischen und "medischen" Königen ... anvertraut... Ihr "Reich" ist das "Reich" Gottes auf Erden, und in ihm hat die Bürger-Tempel-Gemeinde der nachmaligen Provinz Juda ihren staatlich sanktionierten, von der fremden Regierung auch materiell unterhaltenen Ort.' Allerdings sei dieses Konzept gescheitert und durch andere abgelöst worden, eben auch durch das apokalyptische. Dieser Gedankengang wird in der vorliegenden Interpretation keine durchtragende Bedeutung haben. Dies hat einmal seinen Grund darin, dass m.E. schon der Grundtext von Dan 2 auf den Wechsel zum Gottesreich ausgerichtet ist. Zum zweiten wird erst die fünfte Rezension den Gedanken andeuten, dass das 'Reich', das Jojakim besass, anderen Mächten übergeben worden sei (1,1a; s.u.).

theologischen Implikationen aufgreift und diskutiert: Mag der Gedanke hilfreich sein, dass alle irdisch-staatliche Realität einmal abgelöst werde von der Macht Gottes und seiner gerechten Gestaltung von Lebenszusammenhängen? Zuerst sei hier hervorgehoben, dass traditionellerweise das Schema des Danielbuches insofern aufgenommen wird, als dass das neubabylonische Reich der Ansatzpunkt für Abfolgeschemata bleibt. Da wir natürlich schon längst über die geschichtliche Wirklichkeit hinausgekommen sind, die hier als letzte Etappe in den Blick kommt, findet dann eine Verlängerung dieser letzten Etappe statt, so dass es so erscheint, als habe der Text auch eine geschichtstheologische Botschaft für unsere Gegenwart.[80] Diese hermeneutische Lösung ist ausgesprochen unbefriedigend, weil sie ständig im Zwang weitergehender Aktualisation ist. Könnte nicht auch einmal der Versuch gewagt werden, die erste Etappe – das neubabylonische Reich als 'das goldene Haupt' – völlig neu zu bestimmen? Was wäre damit gewonnen?[81]

Wir sind Zeitgenossen der Zerfalls eines Weltreiches – der Sowjetunion, die sich Weihnachten 1991 aufgelöst hat[82] –. Wir erleben am eigenen Schicksal die Unsicherheiten, von denen auch die Apokalyptiker geprägt waren. Denn grosse Hoffnungen in die neuen Möglichkeiten und beginnende Enttäuschungen, ja zunehmende Sorgen um die Entwicklungen in der Zukunft stehen ganz dicht nebeneinander und streiten in uns. Hinzu kommt, dass auch wir in Europa in der kurzen Zeitspanne von 80 Jahren mehrmalige grundstürzende Umwälzungen durchlebt und auch mitgestaltet haben, so dass die Frage nach dem aufkommt, was Bestand haben könnte. Wollten wir auf diese Unsicherheiten die Antwort von Dan 2* anwenden, so können wir in unserem Jahrhundert völlig neu einsetzen und vielleicht die Ord-

[80] Nur als ein Beispiel der Auslegung, die traditionelle Verstehenswege bewahren will, nenne ich J. Cochlovius, in: Lebendige Hoffnung, 111: 'Dies kann nur das Römische Reich mit all seinen Nachfolgestaaten sein. Bis in die Neuzeit hinein gab es immer wieder Ausgeburten dieses Reiches, etwa die Reiche Napoleons und Hitlers.'
[81] Dieser Gedanke führt auf alle Fälle in das grundlegende hermeneutische Problem, ob die Texte von 'Israel' ablösbar sind: Solange der Ansatz bei der neubabylonischen Macht erfolgt, wird der ursprüngliche Adressat dieses Textes – nämlich 'Israel' – ernst genommen. Sobald 'das goldene Haupt' völlig neu bestimmt wird, ist auch der Zusammenhang zu 'Israel' aufgegeben. Bei der Diskussion der Rezension der Danielbibliothek, die Dan 2* und 7* erstmals enthielt, soll der hier deutlich gewordenen Frage grundsätzlich nachgegangen werden (s.u., Exkurs 5).
[82] Hier sei erwähnt, dass die Auslegung von Dan 2* erstmals Mitte Dezember 1991 entworfen wurde, als der Zerfall der Sowjetunion unaufhaltsam geworden war. Der Situationsunterschied zu der in Anm. 1 festgehaltenen Phase der Entwicklung der Sowjetunion sollte m.E. dokumentiert sein!

nung der Jahrhundertwende als das 'goldene Haupt' deuten, auf das dann immer unbeständigere Staatsformen folgen würden.

Bei einem solchen Versuch kommen mir sofort Zweifel. Es wäre einmal die Frage, ob es wirklich gelungen sei, sachgemäss zu interpretieren, die zur Vorsicht mahnte, zum anderen aber auch die Frage nach den Konsequenzen solcher Versuche: Glauben wir wirklich an einen Abbruch irdischer Geschichte im Anschluss an bestimmte Ereignisse? Ist uns dieser Gedanke an einen solchen Abbruch tatsächlich eine Hilfe in der aktuellen Entscheidung und Bewährung?[83]

4.2.2 Die Tier- und die Thron- und Menschensohnvision

Obwohl es möglich ist, die Tiervision und die Thron- und Menschensohnvision voneiander zu differenzieren, soll hier der erste wirkliche Textzusammenhang interpretiert werden, in dem beide Komplexe zu einer Einheit verwoben sind.[84]

In einem weiteren Anlauf gingen die Daniel-Tradenten die Frage nach dem Ziel der Geschichte erneut an.[85] Sie griffen dabei auf persische Traditionen zurück, die sie in hellenistischer Zeit (auch schon vor 200 v.Chr.) zu einem Lied verarbeiteten, das heute in den VV. 9.10.13.14 in Dan 7 greifbar ist. Ausserdem vertieften sie ihre Bemühungen um Schriftauslegung durch die Diskussion von Ez 1. Aus dieser Diskussion entstand ihnen das Bild von vier Tieren. Zugleich verbinden sie ihr Aussageanliegen mit dem Schöpfungshandeln Gottes: Ist es in Gen 1 der 'Geist Gottes', der über den Wassern 'schwebt', so sind es hier die 'vier Winde, die das grosse Meer aufpeitschen'. Aus diesen chaotischen Vorgängen steigen die Tiere hervor. Gleich-

[83] Hier sei schon hingewiesen auf die Implikationen von Seiten unseres naturwissenschaftlichen Welt- und Geschichtsbildes, die die Auseinandersetzung mit der Apokalyptik mit sich bringen: Können wir uns überhaupt einen Abbruch von Geschichte denken?

[84] Vgl. die VV. 2*.3-4.5a*.b.6.7a*.bα.9-10.11b-12.13*.14.15a.16-17.18*.28a.bβ.

[85] Wegen des Personwechsels ab 7,2aβ – von nun an redet Daniel von sich in der ersten Person –, wird gern der Komplex Dan 7-12 von dem Komplex Dan 1-6 abgehoben. Die Auslegung wird aber die enge Verbindung zwischen Dan 2-6 und Dan 7 zeigen, so dass hier kein entscheidender literarischer Einschnitt vermutet werden kann. Soll mit dem Wechsel in die erste Person die Eigenständigkeit der Daniel-Tradenten zum Ausdruck gebracht werden? R.G. Kratz hatte durch seine Analyse einer ältesten Textgestalt von Dan 2 die Möglichkeit geschaffen, die Kap. 1-6 zwanglos zusammen zu sehen (vgl. nur WMANT 63, 69f). Seiner Analyse bin ich aber nicht gefolgt (s.o.).

falls sind die vier Winde Bild der Gesamtheit, der Kräfte von Norden, Süden, Westen und Osten. Ebenso dürfte die Rede von vier Tieren nicht nur die Erfahrung spiegeln, dass die Entwicklung über das Drei-Reiche-Schema hinausgegangen ist, sondern auch Ausdruck der Absicht sein, hiermit das Grundsätzliche der Weltgeschichte zu deuten. Der ursprüngliche Text ist also gar nicht dem Versuch der Nachrechenbarkeit gewidmet. Unabhängig davon, wie lang irdische Weltgeschichte empfunden wird, ist sie im ganzen gegen Gott gerichtet und wird als ganze von Gott her gerichtet und abgelöst werden.

Ähnlich wie in Dan 2* – aber dem dortigen Entwurf gegenüber durchaus eigenständig – repräsentieren die Tiere wieder verschiedene Herrschaftssysteme, nämlich das neubabylonische, das medische, das persische und das hellenistische. Die neubabylonische Herrschaft wird nicht so positiv geschildert wie in 2,32a.38b; ihr wird aber ein menschlicher Kern zugebilligt (vgl. V. 4). Die medische Herrschaft erscheint sehr viel konkreter als in 2,39a; sie ist Inbegriff von Eroberung und Zerstörung (vgl. V. 5). Die persische Herrschaft wird wie in 2,39b als bedeutende Macht gezeichnet (vgl. V. 6). Eigentliches Ziel dieses Teils der Vision aber ist das vierte Tier, das wie in 2,40a.bα als eisern und zerstörend dargestellt wird (vgl. V. 7). Die einzige Hoffnung gegen diese Zerstörung ist die Wendung des Blicks weg von der Erde, hin zum Himmel. Dort beginnt eine Gerichtsszene vor Gott, dem 'Uralten' (V. 9). In diesem Gericht werden alle Tiere in ihrer Macht eingeschränkt, letztlich dieser Macht wieder beraubt, indem die zeitliche Begrenzung ihres Lebens, d.h. ihrer Herrschaftsexistenz hervorgehoben wird (V. 12). Das vierte Tier aber wird ausdrücklich getötet und vernichtet (V. 11b). Nach solcher Entmächtigung und Vernichtung kommt einer 'wie ein Mensch' in's Bild, bewusst entgegengestellt den bisherigen Tiergestaltigen, dem nun alle Macht für immer gegeben wird:

(7,13) 'Und siehe: Mit den Wolken des Himmels
kam er wie ein Mensch.
Und bis zum Uralten gelangte er,
und näherte sich ihm, wurde zu ihm gebracht.
(7,14) Und ihm wurden gegeben die Herrschaft
und die Ehre und die Staatsgewalt.
Und alle Völker, Nationen und Sprachen –
ihm werden sie dienen.
Und seine Staatsmacht ist eine ewige,
die nicht zerstört werden wird.
Und sein Reich eines,
das nicht zugrundegehen wird.'

Die Figur des 'wie ein Mensch' soll hier aus der Einheit dieser ältesten Textfassung heraus gedeutet werden. Damit sei eine mögliche Vorgeschichte nicht ausgeschlossen – wenn sich m.E. auch die Waage der Originalität unseres Textes zuneigt –. Die Gestalt des 'wie ein Mensch' ist aber vor allem aus dem Gegenüber zu den Tieren zu verstehen: Er kontrastiert die Grössen 'wie ein Löwe', 'ähnlich einem Bären' und 'wie ein Panther'. In diesem Zusammenhang und besonders im Kontrast zum vierten Tier, das so schrecklich ist, dass selbst zoologische Parallelen untauglich sind, soll der 'wie ein Mensch' das Menschenfreundliche der kommenden Herrschaft kennzeichnen. Der grundlegende Unterschied zwischen beiden Möglichkeiten wird auch dadurch zum Ausdruck gebracht, dass die Grössen 'wie Tiere' aus dem Meer aufsteigen, der 'wie ein Mensch' aber mit den Wolken des Himmels kommt. Er ist nicht einfach eine himmlische Grösse – eine solche Auslegung trifft m.E. nicht den Kern der Sache –, aber doch eine Grösse, die Zugang zum Himmel hat, wogegen sich die Tiere, obwohl teilweise mit Flügeln ausgestattet, nicht wirklich über die Erde erheben können. Insofern symbolisiert also der 'wie ein Mensch' das Wesen der neuen Macht, die kommen wird. Damit ist aber noch nicht gesagt, wer dann die tatsächlichen Träger dieser neuen Macht in der neuen Welt sein werden.

In einer kurzen Deutung wird das Schicksal der vier Tiere auf vier Weltreiche – in diesem Sinne habe ich schon die Interpretation vorgenommen – (V. 17) und die Gestalt des 'wie ein Mensch' auf die dann anbrechende ewige Herrschaft der 'Heiligen des Höchsten' (V. 18) bezogen. Leider ist diese Deutung nicht wirklich klar. Es bleibt umstritten, wer mit den 'Heiligen des Höchsten' gemeint sei. Trotz aller Probleme[86] bleibe ich dabei, dass hier keine Engelwesen gemeint sind, sondern auf eine von Gott akzeptierte irdische, menschliche Gruppe abgehoben wird: das erwählte Gottesvolk. Ich denke, dass auch die weitere Deutung dieses Begriffs in Dan 7 (vgl. die VV. 21.22.25.27) in diesem Horizont verbleibt, ja ihn noch klarer akzentuiert. Damit ist aber zugleich die Grundaussage des Textes als völlig unmessianisch verstanden. Diese Vision will keine kommende Rettergestalt ansagen, sondern sie symbolisiert den sich vollziehenden Wechsel der Herrschaftssysteme. Deshalb braucht in der Deutung der 'wie ein Mensch' nicht mehr erwähnt zu werden. An seine Stelle treten die Mandatare der Herrschaft Gottes, nämlich die Personen Israels, die die wahrhaft menschliche Macht Gottes in seinem Auftrag gestalten werden.

[86] Grundlegend verweise ich auf K. Koch, EdF 144, 234-239. E. Haag, BETL CVI, 168-171.

Mit der Schlussnotiz, dass der Seher alles 'im Herzen bewahre' (V. 28bβ), schliesst die älteste Textgestalt von Dan 7 und macht damit deutlich, dass die Verfasser ihr Wissen noch nicht der Öffentlichkeit vorstellen wollen. Weil ja diese älteste Textgestalt noch nicht zeitlich eingeordnet ist, entfällt hier die Deutungsmöglichkeit, dass die Verfasser nur an eine Geheimhaltung in der fiktiven historischen Stunde des 'Daniel' gedacht hätten. Vielmehr betrachten sie diesen Text und seine Aussagen als internen Gruppenbesitz, den sie erst einmal nur im eigenen Gruppenrahmen bewahren und weiterhin besprechen.

Auch dieser Text fordert zu einer aktuellen Aneignung heraus. Im Vordergrund soll jetzt nicht die erneute Reflexion der Möglichkeit oder Unmöglichkeit des Denkens eines geschichtlichen Ablaufs stehen, der vom Anbruch einer göttlich legitimierten Macht beendet wird. Besonders herausfordernd ist vielmehr der Realismus mit Blick auf irdische Machtstrukturen und ihr innerstes Wesen. Gerade im Rahmen des Zusammenbruchs eines imperialen Systems, das die Menschlichkeit auf seine Fahnen geschrieben hatte, drängt sich einem die brennende Frage nach Notwendigkeit und Sinn des unmessbaren Leids, das dieses System Menschen angetan hat, auf. Da macht die Vision des Daniel in Dan 7* nichts leichter, nichts verständlicher; sie klärt kein einziges Einzelschicksal, aber sie zwingt zu nötigem Realismus. Viele waren in den Strudel der Verbrechen des jetzt vergehenden Systems gezogen worden, weil sie sich hatten täuschen lassen über das Wesen aller irdischen Macht, weil sie die Propaganda der Menschlichkeit geglaubt hatten. Von Dan 7* her wird für alle Zukunft zu nüchterner Distanz gemahnt. Auch die neuen Systeme und Staaten, die das alte ersetzen, werden die Möglichkeit des Bösen, die Möglichkeit von Verbrechen in sich tragen und immer wieder diesen Möglichkeiten erliegen.

Diesem nüchternen Realismus setzt der Text die Hoffnung auf eine ewige, menschliche Macht entgegen, die gleichwohl nur angedeutet wird. Alles bleibt hier noch in der Schwebe. Soviel wird klar: Menschen werden dieser Macht teilhaftig, werden diese Macht gestalten, die 'heilig' geblieben sind, die sich also wohl – gesagt wird das gleichwohl nicht eindeutig – bewährt haben. Ihre Macht des Segens und des Friedens wird in der Bildhälfte des Textes repräsentiert durch einen 'wie ein Mensch'. Damit wird eine schöne Hoffnung gemalt. Ist sie konkret erlebbar?

Exkurs 3: Ez 1 als Hintergrund

Die Daniel-Tradenten haben vielleicht nicht ausschliesslich aus Ez 1 geschöpft, sondern das dort greifbare Material über Hen 14 vermittelt bekommen.[87] Da zumindest Teile der Henoch-Literatur älter als die Danielbibliothek sind, können sie Brücken für Vorstellungen und Anschauungen gewesen sein. Deshalb dürfen die Texte der Danielbibliothek auch nicht ausschliesslich auf dem Wege des Vergleichs mit jetzt kanonisiert vorliegenden Texten verständlich gemacht werden. Weil aber meine Arbeit nicht vorrangig religionsgeschichtlich interessiert ist, beschränke ich mich auf den Vergleich mit dem biblischen Material.

Solch ein Vergleich zum hier interessierenden Vorstellungshorizont kann aber wieder nur ausschnittsweise erfolgen. Der grösste Teil der textlichen und sachlichen Fragen muss überseite bleiben.[88] In diesem Vergleich soll der Bezug hergestellt werden zu dem Textteil Ez 1,5b-14.23-25, der vielleicht als Nachinterpretation zu bestimmen ist und die Lebewesen nach den Vorbildern vorderasiatischer Ikonographie gestaltet.[89] Damit ist sofort auch die These ausgesprochen, dass den Daniel-Tradenten eine erweiterte Textfassung vermittelt worden ist, die natürlich nicht bis in alle Einzelheiten mit dem heute vorliegenden Text von Ez 1 identisch gewesen sein muss.

Im wesentlichen korrespondieren zwischen Ez 1 und Dan 7* die Vierzahl der Tiere und die Vierzahl der Gesichter, die aber in Ez 1 als Vierzahl auf jedes einzelne Lebewesen bezogen sind (1,6a.10), in Dan 7* dagegen je für sich ein Tier kennzeichnen. Daneben steht die Feststellung, dass die Lebewesen ohne Umwenden in jede Himmelsrichtung gehen konnten (1,12). In jeder einzelnen geschauten Gestalt und deren Bewegung ist also das Ganze der Welt gegenwärtig: 'Aus dem Zentrum des Wettersturms lösen sich die vier kosmischen Winde und erfüllen ... die ganze Erde.'[90] Dieser Gedanke ist in Dan 7* aufgegriffen worden durch den Hinweis auf die 'vier Winde des Himmels' (V. 2), die aber von den Tieren unterschieden werden. Damit wird ein gravierender Unterschied zwischen beiden Texten deutlich:[91]

[87] Vgl. H.S. Kvanvig, StTh 38 (1984) 130.

[88] Vgl. W. Zimmerli, BK XIII/1, 23-30.

[89] Vgl. H.F. Fuhs, NEB 7, 22ff. Original wären danach die VV. 4aα.5a.22a.26-28. Allerdings hat zuletzt D. Vieweger, BEATAJ 6, 50ff, der Unterscheidung verschiedener Redaktionsstufen in Ez 1 widersprochen und die VV. 4-28a – natürlich gegenüber den literarischen Problemen von MT in gereinigter Fassung – als Einheit verstanden (a.a.O., 58).

[90] H.F. Fuhs, a.a.O., 23f. Die Gesichter sind Symbole der Himmelsrichtungen: 'Löwe' – Süden, 'Stier' – Norden, 'Adler' – Osten, 'Mensch' – Westen. Für Einzelheiten vgl. O. Keel, Jahwe-Visionen, 241ff. Interessante ägyptische Parallelen werden dort aufbereitet durch A. Gutbut, a.a.O., 328-353.

[91] Abgesehen davon, dass mit Ez 1 die folgende Beauftragung des Ezechiel legitimiert wird (vgl. D. Vieweger, a.a.O., 86).

In Ez 1 sind die vier Lebewesen (V. 5a) und auch ihre Ausgestaltung (VV.5bff) Teil der Erfahrung der Nähe der Macht des allgegenwärtigen Gottes auch für die Verbannten im babylonischen Exil,[92] In Dan 7* dagegen werden diese Möglichkeiten völlig frei aufgegriffen, um die irdischen Mächte und ihre Zerstörungskraft auszusagen!

Diese Eigenständigkeiten von Dan 7* gegenüber Ez 1 zeigen, dass die Daniel-Tradenten eben nicht nur mit Ez 1 im Gespräch gewesen sind und auch das ihnen vorliegende Material in eigener Verantwortung ausgestaltet haben. Schon hier zeigt sich ihre Souveränität gegenüber den vorausgehenden Traditionen, die sich auch weiterhin bestätigen wird.

4.3 Ein Gebet

Eine eingehende literarische Untersuchung von Dan 9 lehrt, dass in dieses Kapitel von Späteren ein Gebetstext integriert worden ist, der bei dem Vorgang des Eintrages selbst noch erweitert wurde. Der ursprüngliche Text ist vor allem dadurch gekennzeichnet, dass er Gott angeredet hat. Diese Gestalt der Anrede kann leider in der knappen Interpretation kaum bewahrt bleiben, weil sie eine Identifikation mit dem 'ich', bzw. 'wir' des Gebets verlangt hätte, die grundsätzlich diskutiert werden muss.[93]

Das Gebet bringt zu Beginn die 'Grösse' und 'Gefürchtetheit' Gottes zur Sprache, den der Beter mit 'mein Herr' anreden kann (V. 4bα*). Vor dieser Folie wird das Wesen des menschlichen Lebens als 'sündig' und 'gottlos' erkennbar. Der Gebetstext bleibt nicht bei der Formulierung einer allgemeinen Stimmung. Er kennzeichnet diese Sündigkeit genauer als 'Abweichen von deinem Gesetz und deinem Recht' (V. 5). Die nächste Aussage weitet den Blick über die je eigenständigen persönlichen Lebensentscheidungen hinaus auf in der Geschichte wirksam gewordene Verhaltensweisen: Das Volk hat nicht gehört auf 'die Propheten', die sich durch die ganze Geschichte an das Volk und seine verschiedenen Autoritäten gewandt hatten. Diese Propheten werden hier besonders als 'deine Knechte' bezeichnet, denn sie haben in 'deinem Namen' gewirkt (V. 6). Nachdem sowohl eine existentielle, als auch eine geschichtstheologische Deutung ausgesprochen wird, wendet sich der Gebetstext wieder Gott zu: 'Dir kommt

[92] O. Keel, a.a.O., 272. Für die Erfahrung der scheinbaren 'Ortsveränderung' Jahwes in das Exil vgl. D. Vieweger, a.a.O. Der Vergleich des Textes in Ez 1 mit den Vorlagen in Jes 6 und 1 Kön 22, 19-22 kann hier nicht geführt werden. Dazu verweise ich auf D. Vieweger, a.a.O., 67ff.
[93] Ältester Bestandteil sind die VV. 4bα*.5-7.9a.11a.13bβ.15-19.

Gerechtigkeit' zu, während die, die mit diesem Gott verbunden sind, nur 'Scham' empfinden können. Gleichzeitig wird in diesem Zusammenhang (V. 7) die Problemlage der Exilsexistenz, des Lebens in der Diaspora, benannt und als Strafe des Gottes gedeutet, an den sich das Gebet wendet. Hier erkennen die Opfer der Verhältnisse ihren eigenen Anteil an Schuld an. Einzige Hoffnung in dieser ausweglosen Situation, in der ja die Ausgebeuteten sich selbst als verantwortlich verstehen, kann nur der Gott sein, der die Strafe gewirkt hatte. Die Hoffnung auf diesen Gott ist sinnvoll, weil trotz der Haltung des Bestrafens 'Barmherzigkeit' und 'Vergebung' dominieren (V. 9a). Darauf traut der Beter. Aber doch meint er, dass der falsche Charakter des Volkes noch deutlicher benannt werden muss, weshalb er an seine Hoffnungsaussage mit Blick auf Gott noch einmal die Selbsterkenntnis anschliesst: Israel hat 'deine Weisung' 'übertreten' und ist 'abgewichen' vom 'Hören auf deine Stimme' und vom 'Achthaben auf deine Wahrheit' (VV. 11a.13bβ).

Eröffnet mit 'und jetzt' setzt sodann der Beter noch einmal zu einer Folge von Bitten und Bekenntnissen an. Dabei gestaltet er das Grundthema neu. Der Rettungstat Gottes im Exodus und der Grösse seines Namens kontrastiert die Sündigkeit der Gemeinschaft, zu der sich der Beter zugehörig fühlt (V. 15). Sodann behaftet der Beter Gott bei 'deiner Gerechtigkeit' und bittet um Abwendung des 'Zorns'. In diesem Zusammenhang bringt nun der Beter den Problemkreis zur Sprache, der über die allgemeine Situation der Diaspora hinausgeht, auf die der erste Teil des Gebetes zugespitzt war. Jetzt geht es um die Situation 'deiner Stadt Jerusalem' und 'deines heiligen Berges' (V. 16). In dieser allgemeinen Begrifflichkeit zeigt der Text eine besondere Problemlage an, aus der heraus dieses Gebet geschrieben wurde. Diese Problemlage bezeichnet der folgende V. 17 genauer: Es geht um das 'Leuchten deines Angesichts über deinem *verwüsteten* Heiligtum'! Damit führt uns dieses Gebet in die Auseinandersetzung um die Verunmöglichung des Tempelkultes in Jersualem, also in die Situation der Folge der seleukidischen Eroberung Jerusalems 168/167 v.Chr. Diese Begrifflichkeit kann m.E. als Argument dafür genutzt werden, dieses Gebet derselben Schicht der Danielbibliothek zuzuordnen, die dann ausdrücklich von der 'Verwüstung' des Tempels reden wird.[94] Die VV. 18f verstärken die Bitte an Gott, sich seinem Heiligtum wieder zuzuwenden. Dabei bezieht sich der Beter auf den Gedanken, dass der 'Name' Gottes über der Stadt genannt worden sei, also seine Identität eng an Jerusalem gebunden habe (VV. 18aβ.19b). Ausserdem fasst dieser Abschluss die schon das ganze Gebet über konstitutiv gewesene Zuordnung von menschlichem Wesen und göttlichem Wesen in der Weise zusammen, dass sich die Beter auf Gottes

[94] Hierzu verweise ich auf Kap. 5.6.

Erbarmen, nicht aber auf ihre eigene Gerechtigkeit verlassen können (V. 18b) – eine Formulierung von ganz besonderer Kraft.

Dies in traditionell deuteronomistischer Sprache formulierte Gebet[95] behandelt im Grunde zwei Themen: (1) Einmal deutet es politisch-religiöse Unterdrückung als Strafe für eigene Sünden. Nicht ausschliesslich fremde Mächte sind menschenverachtend, zerstörerisch und vergewaltigend, so sehr das wahr bleibt. Gerade auch eigene Entscheidungen und Verhaltensweisen werden als falsch erkannt und damit als Grund für die politische Entwicklung benannt. Diese falschen eigenen Entscheidungen werden als umso verwerflicher deutlich, weil Israel es hätte besser wissen können. Deshalb wird eigens auf die Rolle der Propheten hingewiesen. (2) Sodann macht die Situation der Strafe, unter der die Menschen leben, den eigenen Gott zu einem verborgenen. Obwohl zusätzlich seine Heiligkeit jede Identifizierung mit irdischen Dingen verbietet, kann der Beter die Überzeugung ausdrücken, dass Gott sich von sich aus mit vielem verbunden habe. Vor allem weist die Nähe seines 'Namens' zu Stadt, Tempel und Volk auf Möglichkeiten der Gotteserfahrung. Die Bitte um Abwendung des Zorns ist damit zugleich Bitte um Offenbarung, um einen Machterweis Gottes (vgl. Dan 3*; 6*). Damit entspricht das Gebet der Problemstellung der Danielbibliothek. Es ist gewiss von den Daniel-Tradenten selber verfasst worden. Darauf weist auch die Zuspitzung auf die 'Verwüstung des Tempels'. Wie die anderen Texte der Bibliothek hofft dieses Gebet auf die machtvolle Offenbarung Gottes, benennt aber unmissverständlich den eigenen Anteil an der Katastrophe.

Nicht nur in der Phase des Zerfalls der DDR, eigentlich auch in den Jahren davor ist von uns kaum der Deuteschlüssel der eigenen Schuld an der Situation, in der wir leben mussten, angewendet worden. Gerade in dem zynischen Satz, dass 'jedes Volk die Regierung habe, die es verdiene', ist der Aspekt der eigenen Schuld nicht gegenwärtig, weil er von einem beobachtenden Dritten stammt.[96] Zumindest im Rahmen des Gesprächs über Vertreibung und Umsiedlung von Deutschen aus dem Osten des früheren Deutschland habe ich immer diesen Deuteschlüssel der eigenen Schuld benannt, denn Umsiedlung und Vertreibung waren ausschliesslich Folge des

95 Ich denke, dass im Rahmen dieser Untersuchung der detaillierte Nachweis, dass hier deuteronomistische Sprache vorliegt, unterbleiben kann.

96 'Toute nation a le gouvernement qu'elle mérite.' So hat Graf Joseph de Maistre in einem Brief vom 15./27. August 1811 über neue Gesetze in Russland geurteilt und gemeint, dass das Volk für diese Gesetze noch nicht reif genug sei (vgl. G. Büchmann, Geflügelte Worte, 300).

von Deutschland begonnenen Zweiten Weltkrieges. Die mögliche Deutung der Lebensexistenz in der DDR als Strafe wegen eigener Schuld ist vor allem deshalb nicht gewagt worden, weil – verständlicherweise – der positive und aktive Umgang mit dieser Situation im Vordergrund stand. In den letzten 10 bis 20 Jahren der DDR-Existenz haben wir Christen weniger im Durchstehen einer hoffentlich bald vergehenden Lage unsere Aufgabe gesehen, als vielmehr darin, in dieser Gesellschaftsform – so unglücklich sie auch gestaltet wurde – unseren Platz und unsere Aufgabe zu finden. Diese grundlegende Herausforderung ist aber nie von allen Christen in der DDR einheitlich aufgegriffen worden. Immer hat es solche gegeben, die die von den kommunistischen Machthabern an die Kirchen herangetragenen Anforderungen eindeutiger zurückgewiesen haben als andere. Ob bei den verschiedenen Entscheidungsmöglichkeiten nur ehrenhafte theologische Gründe eine Rolle gespielt haben – wie ich bisher meisthin angenommen habe –, muss noch bis in die Einzelheiten aufgearbeitet werden. Dabei ist auch die Verstrickung vieler Christen in den Unterdrückungsapparat der DDR klar zu erkennen und zu bewältigen.[97] Ein Text wie dieses Gebet lehrt, dass nach Beendigung der sich selbst als 'Sozialismus' bezeichnenden geschichtlichen Phase gerade der Deuteschlüssel der eigenen Schuld als Hilfe genutzt werden sollte. Abgesehen von allen konkreten Fehlern müssen wir uns sagen lassen, dass wir im allgemeinen zu kleingläubig und zu ängstlich gewesen sind. Wir haben zu wenig auf die Stärke Gottes vertraut. Dabei sind wir sicher auch an Menschen schuldig geworden, die uns zu solchem Vertrauen aufrufen wollten – an Prophetinnen und Propheten unserer Tage, die unerkannt im Namen Gottes gelebt und gewirkt haben. Diese und ähnliche Fragen gibt uns das Nachdenken über den Gang der Geschichte heute auf.

[97] Vgl. bei G. Besier, St. Wolf (Hrsg.), 'Pfarrer, Christen und Katholiken', der Versuch einer Wertung auf den Seiten 84-103. Ich denke – und ich rede nur über Besiers eigene Darstellung, seinen Umgang mit den Quellen lasse ich unkommentiert –, dass wir immer gewusst haben, dass unsere Entscheidungen als Christen effektive Wirkungen gehabt haben – auch solche der Stützung des SED-Systems –, ob wir die nun beabsichtigten oder nicht. Natürlich ist es immer noch eine andere Sache, wenn kirchliche Personen ihr Einverständnis zu einer Mitarbeit im System der Staatssicherheit gegeben haben. Die das aus alleiniger Entscheidung heraus taten – etwas anderes sind die im Auftrag konkreter kirchlicher Leitungsgruppen erfolgten Kontakte, die solchen Gruppen gegenüber auch verantwortet wurden –, haben sich mindestens einer Selbsttäuschung über ihre eigenen Möglichkeiten schuldig gemacht – wenn sie denn meinten, auf diesem Wege das System positiv beeinflussen zu können –. Ich denke, dass auch angesichts gutgemeinter Selbsttäuschung disziplinarische Folgen notwendig sind. Gar nicht rede ich über solche, die aktiv Mitmenschen um bestimmter Vorteile willen bespitzelt haben.

5 Die Rezensionen des Danielbuches

Dieser Teil meiner Arbeit wendet sich der eigentlichen Aufgabe zu. Es wurden verschiedene redaktionelle Etappen der Danielbibliothek voneinander unterschieden, d.h. unterschiedliche Fassungen des Danielbuches erkannt. Jetzt muss der Versuch gemacht werden, diese verschiedenen Fassungen in ihrer jeweiligen Eigenart darzustellen und zu interpretieren. M.E. kann die versweise Deutung des biblischen Textes nicht Aufgabe exegetischer Arbeit sein. Vielmehr muss exegetische Interpretation die Gesamtwerke vor Augen führen, die in der jeweiligen Phase der literarischen und theologischen Arbeit geschaffen worden sind. Das soll hier versucht werden.

5.1 'Er ist der lebendige Gott' (6,27)

Das erste wirkliche Danielbuch umfasste die schon behandelten Geschichten in Dan 3*; 4*; 5* und 6*. Als Eröffnung wurde dieser Sammlung eine Einleitung vorangestellt, die heute nur noch in der literarischen Erstgestalt der hebräischen Übersetzung von Dan 1 greifbar ist. Ausserdem haben die Verfasser dieser ersten Fassung des Danielbuches in den Geschichten theologische Ergänzungen vorgenommen, die das theologische Profil des Buches gefördert haben.[98] Gerade in diesen theologischen Aussagen werden wir die Botschaft der Verfasser vermuten können. Eine genaue Datierung dieses Werkes ist nicht möglich. Erst in der dritten Fassung sind die Einträge vorgenommen worden, die in den Zusammenhang des Jahres 194 v.Chr. führen.[99] Alle früheren Rezensionen des Buches müssen natürlich vor die-

[98] Diese Hinzufügungen sind 3,12bβ.14bα.18bα.26aβ.28bγ.29b; 3,31-33; 4,14b.21b.22b.29b.31aβ.b.32*.33aα; 5,18b.20.21.22.aα.b; 6,21bβ.24bγ.27b. 28a.29b. Zu Dan 1 versuche ich keine aramäische Rückübersetzung, weshalb die Textzuordnung hypothetisch bleibt. Es ergibt sich ein Werk folgenden Umfangs:

1,1b.2a*.b.3-4.5aβ.b.6-7.17a.18-19.21;

3,1-6.8a.9aα.b.10-19a.20*.21.23-28a.bγ.29-30;

3,31-33; **4**,1.2*.3-4.5*.7*.8-9.10*.11.12*.13-16bβ.17-20aα.21-23.25-31.32*. 33aα. γ.b.34;

5,1-2.4-6.7a.8-10.11a*.12b.13.14*.15.16b-18.20-24a.25*.26-30; **6**,1;

6,2.3.4*.5a*.bα.6.7*.8-9a.bα.10-12.13a*.b.14-16aα.b.17-23a.24-25aα.γ.26-29.

[99] S.u., Kap. 5.3.

sem Datum verfasst worden sein. Für die erste Fassung schlage ich die Mitte des 3. Jh. v.Chr., also die Zeit um 250 v.Chr. vor.

Zuerst fällt auf, dass die Verfasser ihrer Sammlung von Geschichten einen spezifischen zeitlichen Rahmen geben. Schon mit Hilfe ihrer Einleitung benennen sie die entscheidenden Eckpunkte: Das Geschehen wird eröffnet mit der Eroberung Jerusalems, dem Beginn des Exils, d.h. der Regierung des 'babylonischen Königs Nebukadnezzar' (1,1b.2) und reicht bis in 'das erste Jahr' eines 'Königs Kyros' (1,21). Diese Zeitspanne wird dem Leben der Hauptperson 'Daniel' zugeordnet; sie während dieser Zeit als in königlichem Dienst vorgestellt. Eine genauere Gliederung dieser noch völlig unbestimmten Zeitspanne wird aus den weiteren Notizen erkennbar: Das Geschehen von Dan 3* ereignet sich unter Nebukadnezzar (3,1), genauso das von Dan 4* (3,31; 4,1). Mit Dan 5* werden die Leser in die Regierung eines Belschazzar versetzt (5,1). Dieser Mann wird näher als 'chaldäischer König' bestimmt (5,30) und ihm Nebukadnezzar zugleich als 'sein Vater' zugeordnet (5,2.11a*.13). Damit verbleibt diese Szene in der Grösse 'Babylon'. 6,1 schlägt sodann die Brücke zu einem 'Darius, der Meder', in dessen Machtbereich das Geschehen bis 6,29a eingeordnet wird. 6,29b kann nur als Schlussnotiz des ersten Werkes verstanden werden. Sie bezieht zurück auf 1,21, indem sie Kyros nennt. Neu ist jetzt dessen Charakterisierung als 'der Perser'. Damit ergibt sich ein widerspruchsfreies Zeitsystem, das drei Reiche überspannt – das der Babylonier/Chaldäer, das der Meder und das der Perser. Dieses Zeitsystem wurzelt in der Zeitgenossenschaft mit einer schnellen Abfolge verschiedener Reiche im Vorderen Orient (der rapide Übergang von der assyrischen über die neubabylonische zur persischen Macht) und ist offensichtlich von persischen Ideologen zu einem System ausgebaut worden, das die eigene Vorherrschaft legitimierte.[100] In der Gestalt der Abfolge von der assyrischen Macht haben die jüdischen Theologen das System übernommen und auf die Abfolge von der neubabylonischen über die medische auf die persische Macht umgestaltet.[101] In der Erstfassung des Danielbuches dient es nun aber dazu, die Lebensspanne des 'Daniel' zu kennzeichnen. Seine fiktive Lebenszeit wird als vorbildhaft verstanden, so dass aus ihr Wegweisung und Hilfe für andere Zeiten – nämlich zuerst die, in denen die Verfasser selbst leben – gefunden werden können.

Es ist relativ einfach, einen Gesamteindruck von dieser Erstfassung des Danielbuches zu gewinnen. Grundlegendes Thema ist die Bewährung des

[100] Es muss genügen, wenn ich noch einmal auf R.G. Kratz, WMANT 63, 200ff.222-225, verweise.
[101] S.o., Anm. 71 und die Überlegungen in Kap. 4.2.1.

Glaubens an die Gottheit Jahwe. Zwar wird sie nirgends mit Namen genannt, ist aber doch eigentliches Gegenüber des Nachdenkens. Bedingt durch die Zusammenstellung von vier Geschichten in der Art eines zweiflüglichen Diptychons, dem mit Dan 1* eine Eröffnung vorangestellt ist, erhält die theologische Reflexion eine typische Gestalt. Die verschiedenen Texte entsprechen einander und vertiefen so die theologischen Erkenntnisse. Die theologischen Aussagen sollen deshalb auch bei Beachtung der Tatsache, dass sich jeweils zwei Kapitel ergänzen, formuliert werden.

Zuerst sind hier die beiden 'inneren Flügel' zu nennen. Dan 4* und 5* gehen dem Thema des Wechsels von Staaten und Machtstrukturen nach. Sie halten fest, dass es Gott ist, der Macht nimmt und gibt. Ausschlaggebend für diesen in der Souveränität Gottes wurzelnden Vorgang ist das Verhalten der Herrscher. In Dan 4* kommt es vor dem Hintergrund des Wissens um die ewige Gottesherrschaft (3,33) zu einem Wechsel von Machtstrukturen. Dieser Wechsel ist letztlich nur begründet in der Souveränität Gottes (4,14b.22b.29b). An keiner Stelle wird die Freiheit göttlicher Entscheidung diskutiert oder gar in Frage gestellt. Ja, die Anerkenntnis dieser souveränen Freiheit Gottes ist gerade Grundlage dafür, dass die eigene Macht dann doch Bestand haben kann. Der Verfasser der Erstfassung der Danielbibliothek hat diese Überzeugung direkt ausgesprochen: 'und alle Bewohner der Erde – wie Nichtsgeachtete sind sie! Und [nur] nach seinem Wollen handelt er am Heer des Himmels. Und nicht ist jemand da, der wehren könnte seiner Hand und zu ihm sagen könnte: "Was tust du?"' (4,32). Diesem Vers kommt besonderes Gewicht zu. Hier spricht schon die erste Generation der Daniel-Tradenten eine tiefe Nüchternheit gegenüber menschlichen Möglichkeiten aus. Sie verweigert sich diesen Möglichkeiten nicht, weshalb sie sich mit Daniel und den jüdischen Männern solidarisiert, die ja aktiv in ihrer jeweiligen Gesellschaft arbeiten. Aber sie verbindet mit diesem Engagement keine endgültigen Hoffnungen. Einzig und allein auf Gott ist Verlass. Aber, indem Menschen sich auf Gott verlassen, sind nicht einfach alle ihre Fragen beantwortet. Dieses Sich-Verlassen zeigt sich gerade darin, dass das Unverstehen vor Gott ausgehalten wird. Sicher ist dabei interessant, dass mit dem Hinweis auf das 'Heer des Himmels' sofort abgehoben wird auf das Handeln Gottes in kosmischen Zusammenhängen. Schon in der Erstfassung unserer Bibliothek sind astrale Abläufe im Hintergrund gedacht. Allerdings wird hier nicht die Stetigkeit und Beständigkeit astraler Ordnung betont, sondern vielmehr die souveräne Macht Gottes auch in diesem Bereich. Die Verfasser gewinnen offensichtlich Trost daraus, dass auch die himmlische Welt der Macht Gottes ausgeliefert ist – wie ihre eigene. Ihr vorrangiges Interesse ist nicht die Veränderungslosigkeit sondern der Wandel. Sie sind daran interessiert, dass nicht alles bleibt, wie es ist, sondern dass die Verhältnisse anders, d.h. doch wohl: besser werden. Sie werden in der Zweitfassung der Bibliothek gerade dieses Anliegen noch deutlicher aussprechen.[102] Schon daran ist erkennbar, dass die Danielbibliothek aus der Situation der Gefährdung und der Bedrohung erwachsen ist: Die Hoffnung richtet sich auf den Gott, der Veränderungen bewirken kann. Zugleich erteilen aber die Daniel-Tradenten jeder innerweltlichen Hoffnung eine Absage. D.h., nicht erst spätere Ausgaben dieser Bibliothek setzen sich mit den Möglichkeiten revolutionärer Bewegungen auseinander. Schon in der ersten ist die Überzeugung ausgedrückt, dass angesichts der Macht Gottes auch Aktivitäten der Befreiung nüchtern eingeschätzt werden müssen. Ich denke, dass bei der weiteren Interpretation auf diesen Aspekt besonders zu achten ist.

Im Grunde dient nun Dan 5* dazu, dieselben Überzeugungen noch einmal zum Ausdruck zu bringen. Dies gelingt vor allem dadurch, dass ein ausdrücklicher Rückbezug zu Dan 4* in den Text eingetragen wird: 5,18b.20.21. Damit wird die dort formulierte Erkenntnis, dass nämlich Gott in Wahrheit herrscht und dass er den Menschen Macht gibt, im Rahmen dieser neuen Geschichte wiederholt. Der typische Akzent, den diese Glaubenserkenntnis jetzt erhält, ergibt sich aus der Tatsache, dass die Macht, der diese Wahrheit gesagt werden muss, so pervertiert ist, dass nur ihrer Zerstörung möglich bleibt. Wurde in Dan 4* die Hoffnung auf 'Reformierbarkeit' menschlicher Machtstrukturen ausgesprochen, so erkennen die Daniel-Tradenten mit dieser Geschichte an, dass menschliche Macht auch der Zerstörung anheimgestellt werden muss. Sie wissen, dass es immer rein innerweltliche Wege sein werden, durch die solche Entmachtung und Zerstörung geschieht. Aber sie rufen nicht selbst zur Tat auf. Deshalb wohl sprechen sie nur passivisch davon, dass Belschazzar 'in jener Nacht getötet wurde' (5,30). Ich denke nicht, dass hier Theologen saubere Hände behalten wollen und auf andere hoffen, die die Dreckarbeit schon machen werden. Damit wäre der Sachaussage Unrecht getan. Hier wird vielmehr nicht über konkret politische Schritte zur Beseitigung pervertierter irdischer Macht reflektiert; von Interesse ist, die Hoffnung auf den handelnden Gott zu verkündigen und zu stärken.

Um die beiden 'inneren Flügel' Dan 4* und 5* sind die 'äusseren Flügel' Dan 3* und 6* gelegt. Sie greifen vor allem das Thema des eigenen Aktivismus auf und behandeln es ausdrücklich. In beiden Texten geht es um die Skizze einer Prüfungssituation, in der die Frommen den Glauben an Gott durchhalten sollen. Trotz Anfechtung und Gefährdung des eigenen Lebens

[102] S.u., Kap. 5.2, Dan 2,21.

sollen die Leser bei der Verehrung Gottes bleiben. Beide Geschichten versprechen denen, die glauben, kein leichtes Leben. Sie versprechen aber das Wunder der Bewahrung in äusserster Gefahr. Vor allem auf dem Wege redaktioneller Einfügungen haben die Erstverfasser in Dan 3* den Gedanken ausgesprochen, dass die Verehrung einer Staatsmacht gleichzusetzen ist mit der Verehrung ihrer Götter (3,12bβ.14bβ.18bα.28bγ). Da es keinen anderen Gott neben Jahwe geben kann, ist eine solche Verehrung nicht möglich. Ja, die Treue zum Monotheismus lässt erst gewahr werden, dass die Verehrung des Standbilds in Wahrheit die Versuchung zur Verehrung eines anderen Gottes ist. Hier begegnet uns also einer der frühesten Texte, der die Versuchung zur Untreue dem einzigen Gott gegenüber in scheinbar ganz irdischen Herausforderungen erkennt und herausstellt. Damit wird ein Verstehensschlüssel benannt, der sich auch in der dem Anschein nach säkularen Welt bewährt.[103] Ausgangspuntk für die Erkenntnis, dass es keine anderen Götter neben dem wahren Gott gibt, ist in unserer Geschichte das Vertrauen in seine Fähigkeit zu 'helfen' (3,17f). Diese wichtige Glaubensüberzeugung der jüdischen Männer legen die Erstredaktoren nun auch dem Fremdkönig als Bekenntnis in den Mund. Dabei wenden sie die Intention vom Helfen-Können zum Sein dieses Gottes.[104] Da sie aber das Bekenntnis dem nichtjüdischen König in den Mund legen, schränken sie die Aussage doch auf die Fähigkeit des Befreien-Könnens wieder ein: 'nicht gibt es einen anderen Gott, der befreien kann wie dieser' (3,29b). Ich denke aber, sie meinen, dass es überhaupt keinen anderen Gott neben dem ihren gibt. Zugleich geben sie der Hoffnung Ausdruck, dass auch fremde Staatsmacht lernfähig ist. Sie kann sich selbst diese wichtige Glaubenserkenntnis aneignen (wenn auch in Abschwächungen) und deshalb neue Befehle erteilen (3,28f).

[103] An dieser Stelle verweise ich auf den Grossen Katechismus von Martin Luther. Er schreibt zum ersten Gebot: 'Was heisst ein Gott haben oder was ist Gott? Antwort: Ein Gott heisset das, dazu man sich versehen soll alles Guten und Zuflucht haben in allen Nöten. Also dass ein Gott haben nichts anders ist, denn ihm von Herzen trauen und gläuben... Denn die zwei gehören zuhaufe, Glaube und Gott. Worauf Du nu Dein Herz hängest und verlässest, das ist eigentlich Dein Gott.' ('Quid est unum habere Deum aut quid est Deus. Responsio: Deus est, de cujus bonitate et potentia omnia bona haud dubitanter tibi pollicearis et ad quem quibuslibet adversis rebus atque periculis ingruentibus confugias, ita ut Deum habere nihil aliud sit quam illi ex toto corde fidere et credere... Siquidem haec duo, fides et Deus, una copula conjungenda sunt. Jam in quacunque re animi tui fiduciam et cor fixum habueris, haec haud dubie Deus tuus est.') (Bekenntnisschriften, 560). Ausgehend von der Entscheidungssituation in unserer Geschichte können moderne Herausforderungen als solche Situationen der Bewährung des Glaubens verstanden werden.

[104] Vgl. oben in Kap. 4.1.1 die Diskussion zu 3,17f.

Dan 6* spiegelt nun dieselbe Prüfungs- und Bewährungssituation. Wieder wird dem Repräsentanten der ausländischen Macht die entscheidende Glaubenserkenntnis in den Mund gelegt (6,21bβ.27b.28a). Hier geht es um den 'lebendigen Gott', der wirklich 'helfen' und 'befreien' kann. Noch einmal wird die Erkenntnis aufgegriffen, dass seine Macht hinter der wechselhaften Macht irdischer Staaten in Wahrheit ewig und unvergänglich ist; zugleich aber wird auch der Glaube aufgegriffen, dass Gott in der Lage ist einzugreifen in den Ablauf himmlischer und irdischer Ereignisse: dieser Gott 'tut Zeichen und Wunder im Himmel und auf der Erde' (6,28; vgl. 3,32.33). Auch hier erwächst also aus der Fähigkeit Gottes, gestaltend einzugreifen, die wirkliche Hoffnung; dies nun besonders akzentuiert, weil die Möglichkeit Gottes der Unfähigkeit eines Menschen kontrastiert wird: Der König ist erfolglos in seinem Bemühen, den Daniel 'zu retten' und 'ihn zu befreien' (6,15). Erneut wird hier der Zweifel gegenüber menschlichen Möglichkeiten zum Ausdruck gebracht. Diese Zweifel werden noch zusätzlich vertieft, indem die Staatsmacht als eigentlich wohlwollend geschildert wird. Trotzdem verstrickt sie sich in ihre eigenen Gesetze und Zwänge und illustriert somit, dass nur die Hoffnung auf Gott sinnvoll ist. Nur von ihm her kann Vertrauen in den Ablauf der Welt wachsen, nicht von menschlichen Absichten her. Dies drückt der Verfasser in dem neu hinzugefügten Nebensatz aus, dass Daniel 'seinem Gott vertraut/geglaubt habe' (6,25bγ). Auf diesem Wege wird Daniel in die Nähe des Abraham gerückt, der in einem deuteronomistischen Text der Exilszeit (Gen 15,6) zur Symbolfigur des Gottvertrauens wird.[105] Geht es dort um das Vertrauen zu einer Zusage, die an der Wirklichkeit keinen Anhalt zu haben scheint, so hier um genauso ein Vertrauen, das aller gegenwärtigen Gefährdung widerspricht. Dazu ist Daniel bereit. Dazu ruft der Text die Leser auf. Im Heute der Verfasser ist von allen Frauen und Männern der Glaubensgemeinschaft gerade solcher Glaube gefordert.

Dieses kunstvolle und thematisch wohlkomponierte Diptychon leiten die Erstverfasser nun mit einem Eröffnungstext ein. Auch hier können nicht alle Aspekte von Dan 1* diskutiert werden. Zwei seien aber hervorgeho-

[105] M.E. ist es gesichert, dass Gen 15* von deuteronomistischen Theologen verfasst wurde. Ohne in die Einzeldiskussion einzusteigen, darf ich kurz anmerken: Ich verstehe den ursprünglichen Text von Gen 15 als genau gestaltete Einheit, in der nach der Überschrift (V. 1aα) mit einer ersten Szene das Thema Sohn und Nachkommenschaft behandelt wird (VV. 1aβ-2.4-6) und mit einer zweiten Szene das Thema Landbesitz (VV.7-10.17-18a.bα). Diese Einheit ist dann später noch redaktionell erweitert worden. Als zwei grundlegende Arbeiten gebe ich an E. Blum, WMANT 57, 366-383, und J. Ha, BZAW 181.

ben. Die Einleitung bereitet die Situation der folgenden Geschichten vor, indem sie die Exilierung vor allem auch der 'Geräte des Gotteshauses' (1,2) und d.h. der Identität Israels vermerkt (vgl. dazu Dan 5*), und indem sie die Lebenssituation ihres Helden Daniel verständlich macht, der als einer erscheint, der von der fremden Macht zum Staatsdienst vorbereitet und dann auch dazu angestellt wird. Mit diesem Hinweis, der mit Sicherheit tatsächliche Zugangsmöglichkeiten der exilierten Juden zu Bildung und Wissenschaft ihrer Umwelt zumindest ab persischer Zeit spiegelt, ist Daniel in das Milieu 'plaziert', in dem er dann auch tätig werden kann. Sodann geben die Verfasser schon ein anfängliches Porträt von sich selbst in der Art und Weise, wie sie diesen Daniel kennzeichnen: Wenn ich die äusserlichen Merkmale beiseite lasse, bleiben noch 'einsichtig sein in alle Weisheit, Verständnis haben von Wissen und Meister sein an Kenntnissen' (1,4). Mit diesen Begriffen wird abgehoben auf die mantischen und astronomischen Fähigkeiten, die sich dann im Fortgang des Buches und d.h. bei der weiteren Arbeit der Daniel-Tradenten bewähren werden.[106] Sie befähigen zum Erkennen der wahren Gesetze des Natur- und Geschichtsablaufs und zugleich auch dazu, durch das Vordergründige, das Irdisch-Mächtige hindurchzusehen bis zur eigentlichen Wirklichkeit Gottes. Dazu erhalten diese Weisen von dem Gott her Hilfe, der 'Kenntnis und Einsicht gibt in alle Bücher und Weisheit' (1,17a), also in die Deutung des Gangs der Welt auf der Grundlage heiligen, auch astronomisch-astrologischen Wissens, das selbst schon zu Schriften geronnen ist. Genauso, wie die Daniel-Tradenten ihren Repräsentanten in dieser Anfangsszene zeichnen, arbeiten sie selbst.

Zusammenfassend lassen sich zu dieser Erstgestalt des Danielbuches folgende Erkenntnisse beschreiben: Jede irdische Herrschaft ist zeitlich begrenzt. Jenseits dieser begrenzten irdischen Machtenfaltung herrscht Gott wahrhaftig. Mit seiner unbegrenzten und ewigen Macht überschattet er die irdische Macht. Er tut dies dadurch, dass er aus ungebrochener Souveränität heraus Macht entzieht und übergibt, letzteres vor allem dann, wenn die irdische Macht zugleich ihn und d.h. den wahren Gott zu verehren sucht.[107] Er tut

[106] Vgl. M. Albani, Astronomie, 137.

[107] M. Luther, WA DB 11/2, 383ff: 'Denn ynn diesem kan ein Fürst lernen, Gott furchten vnd vertrawen, Wenn er sihet vnd erkennet, das Gott die frummen Fürsten lieb hat, vnd so gnediglich regiert, gibt yhn alles glück und heil, Widderumb, das er die bösen Fürsten hasset, zorniglich stürtzt vnd wüst mit yhn vmbgehet. Denn hie lernt man, das kein Fürst sich sol auff seine eigen macht odder weisheit verlassen, noch damit trotzen vnd pochen, Denn es steht vnd gehet kein Reich noch regiment, ynn menschlicher krafft odder witze, Sondern Gott ists allein, der es gibt, setzt, helt, regiert, schutzt, erhelt, vnd auch weg nimpt...'

dies auch dadurch, dass er seine treuen Verehrer, die mutig zu ihm halten, in gefährlichem Geschick bewahrt. Solch gefährliches Geschick ist die Folge der Selbstverabsolutierung zeitlich begrenzter irdischer Mächte und Strukturen, wodurch sie unmenschlich werden gegen alle, die den Schein durchschauen, die so als fromme Verehrer des wahren Gottes erkennbar werden.

M.E. sind es zwei Fragen, die dieses theologische Werk heutigem Verstehen stellt. (1) Für alle gesellschaftlichen Systeme bleibt die Gottesverehrung bzw. die Toleranz gegenüber der Gottesverehrung als Mass ihrer Menschlichkeit. Vor allem dadurch, dass der 'real existierende Sozialismus' die Religiosität und Gottesverehrung bekämpfte, hat er an Menschlichkeit verloren. (2) Dann scheint es so, dass die Zuordnung der Demokratiegruppen zur Kirche und zu den Friedensgebeten im Jahr 1989 in der DDR dieses grossartige Bewahrungswunder – dass sich die Gewalt in Grenzen hielt – möglich gemacht hat. Dieses Wunder ist für alle Beteiligten überraschend gekommen. So hat damals ein SED-Genosse in Leipzig gefragt, wie es komme, dass so viele Tausende jeden Montag auf der Strasse warteten, bis die Friedensgebete in den Kirchen zu Ende gegangen seien, um dann erst mit der Demonstration zu beginnen. So sind wir als Kirche in gewisser Weise auch beschämt gewesen, hatten wir doch das Engagement der Demokratiegruppen nur widerstrebend aufgenommen. Wer also versucht, diese Erfahrungen mit Hilfe des biblischen Textes aufzuarbeiten, wird Selbstgerechtigkeit und Selbstsicherheit abweisen und immer die eigenen Entscheidungen neu herausfordern lassen.

Exkurs 4: Die Gestalt des 'Daniel'

Die These, dass die Daniel-Tradition wirklich auf die Erinnerung an einen jüdischen Mann namens Daniel, der im Exil gelebt habe, zurückgehe und dann ausgestaltet worden sei,[108] hat eigentlich keine Nachfolger gefunden. Denn diese These muss dann ja immer noch erklären können, warum und auf welchen Wegen die Ausgestaltung zu dem heute vorliegenden Daniel-Bild erfolgt ist.

Noch einmal sei auf die Argumentation von Hans-Peter MÜLLER verwiesen.[109] Soviel ist deutlich: Der Weisheit eignen auch magisch-mantische

[108] O. Eissfeldt, Einleitung, 710.

[109] S.o., Kap. 2: UF 1 (1969) 79-94: SVT 22 (1972) 268-293. Als weitere wichtige Literatur nenne ich hier nur: H.S. Kvanvig, WMANT 61, 201ff; R.G. Kratz, WMANT 63, 13.133f; O. Loretz, Ugarit, 91; E. Haag, in: Neues Bibel-Lexikon I, 383f.

Aspekte, d.h. sie umfasst eine ganze Fülle von Geistesbeschäftigungen, von denen besonders die Frage nach der Zukunft hier in den Vordergrund tritt. Es scheint so, dass diese Aspekte der Weisheit traditionell verbunden sind mit der Gestalt des 'Daniel', eigentlich 'Dan'el', die uns in Ugarit im AQHT-Epos und dann in Ez 14,14.20; 28,3 entgegentritt. Allerdings fällt auf, dass der alte Beleg aus Ugarit ein Dan'el-Bild zeichnet, das eher an Abraham erinnert: Dan'el, der Vater des Aqht, ist ein Scheich, der in einem ganz unmittelbaren Verhältnis zu seinen Göttern lebt.[110] Besonders deutlich wird dies aus einer Szene, die an Gen 18,1ff erinnert: 'Then, on the seventh day: Whereupon Dan'el, the Rapian, ... Took his elevated seat in the forgate, ... (As) he judges the case of the widowed, (As) he adjudicates the case of the orphaned; Lifting his gaze, he beheld: At (a distance of) a thousand SIDDU ... The walk of Koshar he did perceive, He perceived the pack of Hasis. ... Whereupon Dan'el, the Rapian, ... Did call aloud his wife: "Hearken, Lady Dnty: Prepare a lambkin from the flock, For the palette of Koshar-Hasis, For the appetite of Hyn, the artisan. Serve up food and drink for the god, Minister to him with honour; ..." Lady Dnty hearkend; She prepared a lambkin from the flock, For the palette of Koshar-Hasis, For the appetite of Hyn, the artisan. Thereafter did Koshar-Hasis arrive, In the hand(s) of Dan'el he placed a bow, On his knees he laid an arc.'[111] Offensichtlich haben jüdische Theologen diese Figur aus der kulturellen Tradition des Vorderen Orients übernommen und eigenständig zur Daniel-Figur ausgestaltet. Besonders interessant sind hier die Belege in Ezechiel. Sie zeigen vor allem, dass der Name 'Dan'el' kommentarlos in einem Argumentationszusammenhang aufgegriffen werden konnte. D.h., er war für die Hörer in Verbindung mit der intendierten Prägung selbstverständlich bekannt. Daraus lässt sich schliessen, dass er zum allgemeinen Kulturgut der Zeit gehörte, also nicht israelitischer Herkunft war, aber von den Juden aktiv rezipiert worden ist! In Ez 14,12-22a.23b[112] geht es in vier Anläufen (VV. 13f.15f.17f.19f) immer wieder um den Erweis, dass in jedem Falle ein Land um seiner Sünde willen zerstört werden wird. Auch wenn einzelne gerechte Menschen in ihm wären, würden sie nicht das Land, sondern nur sich selbst retten. Hier tritt uns also das Denkschema entgegen, das auch Gen 19 bestimmt: aus einer Katastrophe wird der einzelne Gerechte gerettet. In Ez 14 wird das Problem – da ja Lot nicht als Beispielfigur zur Verfügung steht: es geht hier nicht um Sodom – an 'Noach, Dan'el und

110 B. Margalit, BZAW 182, 490.

111 A.a.O., 148f (aus Akt 2, Szene 1, 1.17:V).

112 Für die Bestimmung des originalen Textes aus der Exilszeit vgl. W. Zimmerli, BK XIII/1, 318f.

Ijob' illustriert,[113] die so als exemplarische Gerechte erkennbar werden.[114] In Gen 18,22b-33a dagegen wird die Überzeugung zum Ausdruck gebracht, dass eine Gruppe von Gerechten – also mindestens zehn Personen – eine sündige Gemeinschaft zu retten vermögen. Sodann zeigt das Gerichtswort gegen Tyrus in Ez 28,1-10, dass dieser 'Dan'el' auch als exemplarischer Weiser galt, weil dem angeklagten König vorgeworfen wird, dass er sich für klüger als 'Dan'el' hält (V. 3).[115] Auch bei dieser Stelle fällt auf, dass eine eigenständige Argumentation nicht notwendig ist. Den Hörern leuchtet dieser knappe Hinweis offensichtlich ein. Der traditionelle Hintergrund muss also lebendig gewesen sein. Aus beiden Befunden ist nun geschlussfolgert worden, dass die Daniel-Tradenten bewusst an diese Tradition angeknüpft haben, so für ihr sachliches Anliegen das Vorwissen mit Blick auf Weisheit und Gerechtigkeit in Anspruch nehmen konnten und von dieser Basis aus ganz eigenständig ihre Daniel-Gestalt profiliert hätten.

Widersprochen worden ist dieser Schlussfolgerung vor allem durch Herbert SCHMID.[116] Er meint, dass der Daniel der Danielbibliothek nichts mit der Gestalt in Ezechiel oder in Ugarit zu tun habe. Vielmehr können nur aus der Geschichte der Danielbibliothek wechselnde Prägungen dieser Gestalt nachgezeichnet werden. Diese verschiedenen Aspekte gehen dabei weit über das hinaus, was als traditionell bestimmbar ist. Nun meine ich, dass beide Positionen nicht unvereinbar sein müssen. Ich füge bewusst erst im Anschluss an die Erstfassung des Danielbuches die Frage nach der Gestalt des Daniel an. Schon in dieser Erstfassung ist das Daniel-Bild keineswegs einheitlich, ganz zu schweigen davon, dass es total der Tradition entspräche. Es verbinden sich in diesem Bild priesterliche, königliche (Dan 1*), weisheitlich-geistbegabte (Dan 4*; 5*) und konfessorische Züge (Dan 6* [Dan 3*]). Trotzdem ist es durchaus denkbar, dass der Grund dafür, dass ein so komplexes Bild entworfen werden kann, in der Existenz einer alten Tradition liegt, an die angeknüpft werden konnte. Diese Tradition war so

[113] Auf sie wird hier auch Bezug genommen, weil nach Meinung des Propheten in der überschaubaren Geschichte Israels keine Gerechten erkennbar sind (H.F. Fuhs, NEB 7, 77). Insofern setzt sich dieser Text kritisch mit Jer 15,1-3 auseinander, der Mose und Samuel als Fürbitter benennt.

[114] Für Dan'el verweise ich auf den im obigen Zitat festgehaltenen richterlichen Einsatz für Witwe und Waisen!

[115] W. Zimmerli, BK XIII/2, 670, versucht, die Brücke vom 'gerechten' Dan'el zum 'weisen' Dan'el zu schlagen, indem er an das biblische Salomo-Bild erinnert, das auch beide Züge verbindet.

[116] Jud 22 (1971) 192-220.

vital, dass aus ihr nicht nur das Daniel-Bild der Erstfassung des Danielbuches entwickelt wurde, sondern im Rahmen der nächsten Etappen der Danielbibliothek noch weitere Akzente eingefügt werden konnten.[117]

5.2 'Er ändert Zeiten und Fristen' (2,21)

Diese zweite Rezension des Danielbuches umfasste die erste Textfassung zusammen mit den Grundtexten von Dan 2*; 7*. Allerdings haben die Verfasser den Text der hinzugefügten Kapitel noch etwas erweitert.[118] Auch für diese Rezension ist eine absolute Datierung nicht möglich. Sie sei aber um 200 v.Chr. eingeordnet.

Der buchinterne Zeitrahmen der Erstfassung wird nun ausdrücklich aufgegriffen und beibehalten. Die in 2,1aα gegebene Datierung in die 'Herrschaft des Nebukadnezzar' schliesst logisch an den Einsatz des Geschehens mit der Exilierung unter Nebukadnezzar in 1,1b an. Dem Geschehen in der Zeit des Nebukadnezzar wird also nur noch ein weiteres Ereignis angefügt (vgl. Dan 2*; 3*; 4*). Allerdings ergibt sich aus der Einordnung in das 'zweite Jahr des Nebukadnezzar' eine Spannung zu den Angaben in 1,5.18: Dort dauert die Ausbildung der jüdischen Männer drei Jahre. Wenn sie also im ersten Jahr des Nebukadnezzar – und ein anderer Rückschluss ist nicht möglich – deportiert worden waren, befinden sie sich während des Traumerlebnisses des Königs noch in der Ausbildung, und so wäre Daniel nicht zur Deutung in der Lage.[119] Da sonst keinerlei Jahresangaben

[117] Vgl. auch J. Day, VT 30 (1980) 183f: 'In conclusion, then, it may be argued that the evidence still supports the equation of the Ezekielian Daniel with the Ugaritic Daniel, ... for the figure of Daniel ... has clearly been integrated into the Israelite Yahwistic tradition.'

[118] In Dan 2* wurden hinzugefügt: VV. 1aα (mit der Datierung auf das 'zwölfte Jahr'). 13-23.26 ('dessen Name Beltschazzar'). 49. Dan 7* wurde erweitert durch die VV. 1aα.β.bα.2a ('Schauung in der Nacht').7a ('Schauung der Nacht'). 13a ('Schauung der Nacht').28bα. Diese neue Fassung der Danielbibliothek hat nun folgenden Umfang:

1,1b.2a*.b.3-4.5aβ.b.6-7.17a.18-19.21;

2,1-28aα.29-37.38b-40a.bα.41aα.42aβ.b.44*.45aβ.b.47-49;

3,1-6.8a.9aα.b.10-19a.20*.21.23-28a.bγ.29-30;

3,31-33; **4**,1.2*.3-4.5*.7*.8-9.10*.11.12*.13-16bβ.17-20aα.21-23.25-31.32*.33aα.γ.b.34;

5,1-2.4-6.7a.8-10.11a*.12b.13.14*.15.16b-18.20-24a.25*.26-30; **6**,1;

6,2.3.4*.5a*.bα.6.7*.8-9a.bα.10-12.13a*.b.14-16aα.b.17-23a.24-25aα.γ.26-29;

7,1aα.β.bα.2-4.5a*.b.6-7bα.9-10.11b-15a.16-17.18*.28.

für Ereignisse in der Regierungszeit des Nebukadnezzar gemacht werden, wäre die Annahme, dass in 2,1aα ursprünglich eine 'zwölf' gestanden habe, eine mögliche Lösung. Dies umso mehr, als die Datierung ja erst mit dieser Rezension hergestellt worden ist! Deshalb befriedigt es nicht, die Spannung zu belassen und sie aus der ursprünglichen Selbständigkeit von Dan 2* gegenüber Dan 1* zu erklären. In Dan 5* und 6* werden keine Veränderungen vorgenommen, so dass auch jetzt das Geschehen über Belschazzar bis Darius reicht und ausblickt auf Kyros. Auffällig ist nur, dass Dan 7* zurückdatiert wird in das 'erste Jahr des Belschazzar' (7,1aα). Allerdings widerspricht diese Zuordnung nicht dem Gesamtschema der Danielbibliothek. Es wird lediglich deutlich gemacht, dass die Erkenntnis der unaufhaltsamen Verschlechterung der Welt schon *vor* dem gotteslästerlichen Festmahl des Belschazzar gewonnen worden sei. Die Redaktoren der Zweitfassung des Danielbuches entsprechen der diptychonartigen Gliederung ihrer Vorlage und fügen diese Vision nicht zwischen Dan 4* und 5* ein, sondern bieten sie als grossartigen Schlusstext ihres Werkes.[120]

Natürlich muss jetzt nicht noch einmal eine Interpretation von Dan 2* und 7* erfolgen. Die schon bei der Untersuchung der selbständigen Texte dieser Kapitel herausgearbeiteten Intentionen sind weiterhin gültig. Sie sollen ja gerade durch die Integration der Texte in die Danielbibliothek im neuen Zusammenhang aufbewahrt werden. Dieser neue Zusammenhang aber führt zu eigenständigen Gewichtungen. Nun ist um die Geschichten um das schwierige und wechselnde, aber doch letztlich hoffnungsvolle 'Glück' mit irdischen Staatsformen ein Rahmen gelegt, der ganz und gar die Hoffnung über die Welt hinausträgt. Alle Hoffnungen auf innerweltliche Möglichkeiten werden so zerschlagen. Es bleibt nur die Feststellung, dass die Welt und ihre Institutionen einer wachsenden Perversion unterworfen

[119] M.E. entfällt zur Lösung des Problems der Hinweis auf Dan 1,1a, weil im jetzigen Textbestand noch gar nicht an das 'dritte Jahr des Jojakim' angeknüpft wird (gegen R.G. Kratz, WMANT 63, 57). Die konstruierte Herleitung aus einer Parallelität zwischen 7,1aα und 2,1aα verstehe ich nicht (ebd. und 45).

[120] Zur Frage, inwieweit die Stellung der Kap. 7 und 8 zwischen den Kap. 4 und 5 im Kölner Papyrus 967, also in einem Zeugen der griechischen Textfassung des Buches, originaler ist als die heutige Situation in MT, verweise ich jetzt nur auf J. Lust, BETL CVI, 39-53, der die Ordnung der Septuaginta für ursprünglicher hält. Er muß dazu aber eine eigenständige vormakkabäische Sammlung von Texten postulieren, die bei der Übersetzung zur Septuaginta benutzt worden sei. M.E. lässt MT aber eine selbständige Literaturgeschichte erkennen, die für sich nachgezeichnet werden kann. Für sie wird der Ort von Dan 7* als das Ergebnis einer bewussten Entscheidung verständlich.

seien. Menschliche Staats- und Machtsysteme stehen in einer ständigen Abfolge aufeinander. Eine 'ewige' Machterhaltung gibt es nicht. Das hatte schon die Erstfassung des Danielbuches festgestellt. Mit Hilfe von Dan 2* und 7* wird in Gestalt verschiedener Systeme darüber hinaus eingeschärft: Die menschlichen Staats- und Machtsysteme verändern sich auch absolut sowohl in ihrer Gestalt, als auch in ihrem Wesen. Sie werden immer grausamer und unmenschlicher, immer wertloser und instabiler. Die Daniel-Tradenten bringen jetzt die Erfahrung zum Ausdruck, dass jede Hoffnung auf Staatsysteme letztlich enttäuscht werden wird. Hatten sie schon in der Erstfassung Zweifel geäussert, so ist ihnen jetzt jeglicher Optimismus zerschlagen.

Wenn erwogen wird, diese zweite Rezension der Danielbibliothek um 200 v.Chr. zu datieren, dann sollte es eigentlich gelingen, aus damals aktuellen Entwicklungen heraus einen solchen Bewusstseinswandel verständlich zu machen, der zur Produktion der Einzeltexte Dan 2* und 7* und dann eben der zweiten Rezension geführt hat. Allerdings ist die Analyse dieser Zeit nicht ganz einfach. Sie ist der Höhepunkt der Regierung des Seleukidenkönigs Antiochos III., des Grossen (223-187 v.Chr.), der in ihr die Vorherrschaft über das palästinische Gebiet und damit über Juda erringt. Ein bei Flavius JOSEPHUS in den 'Altertümern' XII 3,3 zitiertes Privileg für Jerusalem aus der Zeit nach 198 v.Chr. legt nahe, dass damals die positiven Erwartungen in staatliche Massnahmen hätten gestärkt werden müssen: 'Da die Juden uns sogleich nach Betreten ihres Landes ihren rühmlichen Eifer bewiesen, uns bei unserer Ankunft in ihrer Stadt glänzend empfingen und uns mit dem Senat an der Spitze entgegenkamen, auch dem Heere und den Elefanten reichliche Lebensmittel lieferten und bei der Gefangennahme der ägyptischen Besatzung auf der Burg mithalfen, halten wir es unsererseits für richtig, ihnen ihre Hilfe anzuerkennen, das heisst: ihre durch die Kriegsereignisse zerstörte Stadt wiederherzustellen und den verstreuten Bewohnern das Zusammenwohnen in der Stadt zu ermöglichen. ... Alle Angehörigen des Volkes sollen nach den väterlichen Gesetzen leben. Der Senat, die Priester, die Tempelschreiber und die Tempelsänger sollen von dem, was sie an Kopfsteuer zu zahlen haben, und von der Kranz- und Salzsteuer befreit sein.'[121] Allerdings ist dieser Text ausgesprochen umstritten,[122] lässt aber auf alle Fälle die tiefen Zerrüttungen und sozialen Zerstörungen dieser Zeit erkennbar werden. Die Daniel-Tradenten, die die zweite Rezension des Werkes verantworteten, standen wohl eher 'an der Seite

[121] Zitiert nach S. Herrmann, Geschichte, 422f.

[122] Vielleicht sind zwei Erlasse ineinander geschrieben (a.a.O.). Vgl. auch Th. Fischer, Seleukiden, 3-7. J. Chr. Lebram, ZBK 23, 27, hält den Text für unecht.

der Opfer einer zerstörerischen politischen Herrschaft' und versuchten, durch einen 'neuen theologischen Entwurf eine ... Zukunftsperspektive zu geben', die weit über politische Gestaltungsmöglichkeiten hinausgeht.[123]

Jetzt erwarten die Daniel-Tradenten allein von Gott den Wechsel, der ihnen gleichwohl unausweichlich scheint. 'Nicht von menschlicher Hand' wird das Neue kommen (2,34). Durch die Zerstörung, durch das Gericht hindurch (7,10.11b.12) wird die wahrhaft menschliche Macht anbrechen (7,13f). Erst diese neue Welt wird wirklich beständig sein (2,44*). Damit ist in diesem Zusammenhang eine neue Beständigkeit und Ewigkeit im Vergleich zu der gemeint, die der Macht Gottes angesichts unbeständiger irdischer Staatssysteme ohnehin zukam: Diese neue Beständigkeit ist nicht mehr verborgen, nicht mehr die tiefere Dimension hinter dem irdischen Leben. Sie ist eine Beständigkeit, die von allen geschaut und erlebt wird. Genaueres sagt dazu der Text nur insofern, als er diese ewige Macht den 'Heiligen des Höchsten' übergeben sein lässt (7,18*). Mit diesem Begriff kommt der innere Kern der Gerechten Israels in den Blick. Die Daniel-Tradenten denken an eine dauernde Herrschaft frommer Juden in ihrer Welt, in Juda. Die Menschen, deren Leid und Tod, deren Ausbeutung und Vergewaltigung die Enttäuschung in alle menschliche Macht ausgelöst und zur Hoffnung allein auf Gott geführt hatte, werden hier als 'inneres Zentrum' der neuen Machtstruktur gedacht. Diese apokalyptische Wirklichkeit ist also eine partikular-konzentrierte. Entgegen den gewohnten Erwartungen, wonach bei Gott alle Unterschiede aufgehoben werden, hält unser Text fest: In der jenseitigen Welt Gottes werden die wahren Unterschiede im irdischen Leben – die wahren, nicht die von Macht und Ohnmacht in der Gesellschaft – nicht aufgehoben, sondern im Gegenteil in Kraft gesetzt. Jetzt sind die gerechten Juden die Mandatsträger der Herrschaft Gottes. Damit ist nicht gesagt, dass jene allein zu dieser Welt gehören würden. Überhaupt ist ja hier nicht von denen die Rede, die die Macht Gottes erleben und erfahren werden. Es ist nur die Rede von denen, die sie verwalten: die Gerechten Israels werden die wahrhaft menschliche Welt im Auftrag Gottes, der sie heraufführen wird, verwalten und gestalten. Ich denke, diese Vision sollte nicht vorzeitig disqualifiziert werden. Denn hier wird die Macht erhofft für die bisherigen Opfer, für die Verfolgten und Gepeinigten. Als 'Heilige des Höchsten' können sicher zu allererst – im Sinne des Inhalts der zweiten Rezension der Danielbibliothek – 'Daniel, Hananja, Mischael und Asarja' genannt werden (1,6). Diejenigen, die in grausigen

[123] R. Albertz, SBS 131, 184. Allerdings sei zugegeben, dass R. Albertz das Anliegen des 'aramäischen Danielbuches' durchaus als Eröffnung einer *politischen* Zukunftsperspektive verstehen kann.

Prüfungen bestanden haben, werden jetzt nicht Rache üben, sondern dem Frieden dienen!

Sodann sei hervorgehoben, dass die Verfasser dieser zweiten Fassung in Dan 2* ein Gebet eingetragen haben, das sowohl theologische Anliegen, als auch Eigeninteressen, d.h. Anliegen des rechten Verständnisses dieser Gruppe, zum Ausdruck bringt:[124]

(2,20aβ) 'Es sei der Name Gottes gesegnet von Ewigkeit zu Ewigkeit.
Denn Weisheit und Stärke sind ihm eigen.
Und er ändert Zeiten und Fristen;
(2,21) er setzt Könige ab, und er setzt Könige ein.
Er gibt Weisheit den Weisen und Kenntnis
denen, die Einsicht gewinnen;
(2,22) er offenbart tiefe und verborgene Dinge;
er weiss, was in der Finsternis ist.
Und Licht wohnt bei ihm.
(2,23) Dich, Gott meiner Väter, preise und lobe
ich, denn Weisheit und Stärke hast du mir
gegeben.'

Dieser kunstvoll aufgebaute Gebetstext[125] proklamiert die Macht Gottes. Er gibt dem Glauben Sprache, indem er Begriffe der astronomisch-astrologischen Arbeit aufgreift: Zeiträume und Zeitpunkte der Gestirnabläufe sind in der Hand des Gottes der Juden. Dabei ist der Text sogleich interessiert am Eingriff Gottes in die Abläufe der Welt. So bewirkt Gott die Abfolge verschiedener Herrschaftsstrukturen und greift ein in die zugemessenen Zeiträume, die diese Machtsysteme nutzen können. Mit dieser Aussage entspricht das Gebet ganz dem Bild, das uns in Dan 3-6* entgegentritt. Der neue Zusammenhang aber, in dem diese Überzeugung zur Sprache gebracht wird, zeigt, dass die aufeinander abfolgenden Systeme auf die neue Welt Gottes zulaufen. Das Wissen sowohl um dieses Abfolgen, als auch um die Wende zur Welt Gottes hin sind Weisheit, Kenntnis, Einsicht in tiefe und verborgene Dinge. Mit diesen Thesen zeichnen die Daniel-Tradenten ein Bild von sich selbst – sie glauben, etwas von Gottes Macht erhalten zu haben (V. 23aβ entspricht V. 20b!); sie glauben sich eingeweiht in die Geheimnisse Gottes. Mit diesem Anspruch werden sie sich auch weiterhin äussern.

[124] Dieses Gebet ist Bestandteil des Einschubs der VV. 13-23, der zu Dan 1* vermittelt und Dan 2* besser im neuen Zusammenhang verankert. Er schafft aber innerhalb von Dan 2* besondere Spannungen.
[125] S.u., Kap. 7.2.

Sie beschreiben den Weg, auf dem ihnen von Gott her solche Geheimnisse aufgeschlossen werden, als 'nächtliche Schauungen' (vgl. die eingefügten Akzente in 2,19; 7,2a.7a.13a). Mit dieser Kennzeichnung, die auf Schauungen konzentriert, die ja wohl Träumen sehr ähnlich sind, wird auf mantische Erlebnisse abgehoben. Die Daniel-Tradenten denken nicht nur in schulischen Gruppen nach – das tun sie auch –, sie nutzen offensichtlich Traumerlebnisse und die Diskussion ihrer Deutungen. Ich möchte jetzt keine psychologische Erklärung versuchen – hierzu fehlt mir die Qualifikation[126] –, sondern nur den Hinweis geben, dass wir m.E. damit rechnen müssen, dass die Verfasser nicht lediglich Theologie nach 'logischen' Grundsätzen weiterentwickelt haben. Vielmehr spielt das ihnen geheimnisvoll zukommende Wissen eine grosse Rolle. Der Vorgang, wie ihnen dieses Wissen zukam, kann wohl nur noch teilweise erklärt werden. Die gesamte Rekonstruktion des Werdegangs der Danielbibliothek als Ergebnis eines langen Diskussionsganges ist in sich ein Versuch, dieses geheimnisvolle Zukommen von Wissen aufzuhellen. Ausserdem fällt auf, dass die Daniel-Tradenten immer wieder eine tiefe Beunruhigung und Verunsicherung durch dieses Wissen empfinden (7,28bα).[127] Auch diese Betonung der Beunruhigung ist m.E. wiederum ein Hinweis darauf, dass die theologische Arbeit der Daniel-Tradenten von einer letztlich nicht mehr aufhellbaren tiefen, inneren Betroffenheit angetrieben wurde.

Zusammenfassend lässt sich kurz festhalten: Die zweite Rezension der Danielbibliothek trägt vor allem die negative Erfahrung mit Staatsmacht ein, weshalb alle Hoffnungen auf irdische Mächte als trügerisch entlarvt werden. Ihnen gegenüber lohnt es sich nur, auf Gott die Hoffnung zu setzen. Dieser wird eine neue Herrschaft heraufführen, die erstmals wahrhaft menschliche Züge haben wird. Die Daniel-Tradenten skizzieren dieses Bild, indem sie sowohl durch den Traum von der Statue, als auch in der Vision von den Tieren der Gliederung der Weltgeschichte in eine Abfolge von menschlichen Machtsystemen Ausdruck geben. Zwar ist die Verkündigung der Trostbotschaft, dass die gute göttliche Herrschaft bald anbreche, das eigentliche Ziel ihrer Texte, aber doch legen sie zugleich den Grund für die Gliederung der Weltgeschichte in Epochen.

Vor allem dieser Ansatz der Unterscheidung von Epochen in der Weltgeschichte hat von nun an weitergewirkt. Er hat durchaus eine bedeutende

[126] Ich verweise auf A. Resch, Traum, der traumpsychologische Deutungen diskutiert (zu Dan 2 und 4 vgl. a.a.O., 117ff. 123ff).

[127] In 4,16 wird auch Daniel von dieser Beunruhigung erfasst. In 4,2; 5,6.9.10 sind es die fremden Mächte, die die Erfahrung der Beunruhigung machen.

heuristische Funktion, um das uferlose historische Material zu gliedern und zu ordnen. Es muss aber sehr fraglich bleiben, wie dieses System sich immer mehr verschlechternder Epochen auf aktuelle geschichtliche Entwicklungen übertragen werden kann. Besonders brennend wird die Berechtigung des in der Danielbibliothek erkennbar werdenden Realismus, ja Pessimismus mit Blick auf irdische Möglichkeiten angesichts der Tatsache, dass wir im Gebiet der früheren DDR von einer Diktatur zu einer Demokratie gewechselt sind. Sollten da nicht Hoffnungen auf neue politische Möglichkeiten (vgl. Dan 6*) auch theologisch begründbar sein? Allerdings darf nicht vorschnell von theologischen Positionen her idealisiert werden. Immer ist der nötige Realismus aufzubringen, den die Daniel-Tradenten gerade zu erkennen geben.

Exkurs 5: Möglichkeiten der Hermeneutik

M.E. verlangt der Versuch, apokalyptische Texte aus der Religionsgeschichte Israels heute im Rahmen der Kirche auszulegen, eine ganz eigenständige Reflexion,[128] sind sie doch Zeugen des Herantastens an ein Ende, das so nicht gekommen ist. Ich sehe vor allem zwei Fragenkreise.

(1) Die in der Danielbibliothek greifbare Endzeithoffnung ist aus konkreten Situationen und Herausforderungen erwachsen und versucht, auf sie zu antworten. Ihr Ziel ist es, die Ängste und Sorgen der jüdischen Frommen um die Wende vom 3. zum 2. Jh. v.Chr. aufzunehmen und zu überwinden. Haben diese Texte überhaupt eine Wahrheit, die auch jenseits der ursprünglichen Zeit Gültigkeit besitzt? Sind also alle folgenden Problemsituationen in den Aussagen dieser Texte schon geheimnisvoll gegenwärtig, können also die Antworten dieser Texte auf andere Situationen übertragen werden, oder sind diese Texte so zeitgebunden, dass sie für andere Zeiten und Situationen als irrelevant gelten müssen? Um die Chancen der Aktualisierbarkeit zu reflektieren, greife ich hier die Frage auf, die ich schon formuliert hatte: Können die Texte so verstanden werden, als zielten sie auf ganz neue aktuelle Situationen, sind sie also von jeder Generation verlängerbar auf die eigenen Fragen hin? Oder ist es gar möglich, die Texte völlig aus dem ursprünglichen Zusammenhang zu lösen und auf ganz neue Herausforderungen anzuwenden?

[128] Für den weitgefächerten Bereich der Hermeneutik alttestamentlicher Texte verweise ich jetzt nur auf meinen Aufsatz im Amtsblatt der Ev.-Luth. Landeskirche Sachsens, 1989, B25-B31.

Nun meine ich zuerst, dass entgegen der gewohnten Verknüpfung alttestamentlicher Texte mit jeder menschlichen Fragesituation, einer Verknüpfung, die auf 'anthropologische Konstanz' zwischen den Menschen von damals und von heute vertraut,[129] auch betont werden muss, dass vieles im Alten Testament erst einmal nicht anderen gilt, sondern Israel zugehört und Israel meint. Das ist ganz offensichtlich bei einer apokalyptischen Hoffnung wie der, die die Repräsentanten des frommen Israel als Mandatsträger der Macht Gottes benennt. Es wird daran ausserdem erkennbar, dass die Offenbarungen, die in konkreten historischen Situationen den Ansatzpunkt haben, nicht einfach auswechselbar sind. Die Berechtigung dieser Erwägung zeigt sich auch darin, dass zur Deutung der Herbstereignisse des Jahres 1989 in Leipzig gerade nicht die apokalyptischen Visionen beigezogen worden waren (ausgenommen Dan 2*, das aber auch nur verstanden wird als Bild für die innere Situation der damaligen Gesellschaft, nicht als Bild für die geschichtliche Abfolge von Systemen), sondern die Geschichten über die Bewährung in bedrohlicher gesellschaftlicher Situation. Diese Geschichten waren leicht abzukoppeln von der Situation der Juden unter hellenistisch-seleukidischer Herrschaft – dies auch dadurch erleichert, weil sie selbst ihre geschichtliche Situation unter der Gestalt ganz anderer Herrschaftssysteme reflektieren! – und anzuwenden auf neue Herausforderungen im Zusammenhang des Zusammenbruchs des sowjetischen Imperiums. Die apokalytpischen Systeme dagegen sperren sich gegen solche Versuche, und sie wurden deshalb beiseite gelassen. Sie nötigen vielmehr zur ernsthaften Reflexion der ursprünglichen Situationsbindung. In der Auslegungstradition hat diese Herausforderung zur Praxis der Prolongation geführt: Die ursprüngliche Situation wird anerkannt und gewürdigt, aber die letzte Epoche des geschichtlichen Ablaufs wird mit der eigenen identifiziert, als habe 'Daniel' diese eigene Lage vorausgesehen. Dieser Weg wurde von Anfang an beschritten, schon in der ersten Phase wirklicher Bedeutsamkeit des Danielbuches sowohl für jüdische, als auch für christliche Kreise: Die Danielbibliothek wurde so verstanden, als habe sie die Ereignisse des Römischen Reiches vorhergesagt und so auch zugleich theologisch gedeutet.[130] Indem aber auch Nichtjuden diese Auslegung vornehmen, übertragen sie die Grösse Israel auf eine andere Grösse, nämlich auf sich selbst, und vermögen diese andere Grösse, d.h. sich selbst, in der in den Texten angedeuteten Situation Israels wiederzuerkennen. Nun gibt es m.E. nur einen hermeneutischen Schlüssel, der erkennen hilft, welche andere Grösse sich mit der Grösse Israel gleichzusetzen vermag: Es ist nicht möglich, dass ein anderes Volk an die

[129] Ich verweise auf meinen Aufsatz in ThLZ 109 (1984) 170.

[130] Hier verweise ich nur auf K. Koch, in: Mitte der Schrift?,209ff.

Stelle Israels tritt – also das deutsche Volk.[131] Es ist m.E. nur möglich, dass die internationale Gemeinschaft der Kirche sich erkühnt, die religiösen Traditionen Israels auf sich zu beziehen. Was im Alten Testament als Hoffnung Israels hörbar wird, bleibt Hoffnung Israels. Daneben wagen wir es zu hoffen, dass auch wir als Christen der Herrlichkeit Gottes teilhaftig werden, dass auch aus unserem nichtjüdischen Kreis 'Heilige des Höchstens' hervorgehen. Eine solche Hoffnung ist aber nicht aus der Zeitabfolge von depravierenden Herrschaftssystemen ableitbar. Sie ist dagegen das Ergebnis des mutigen Einstiegs in diese Hoffnungsbilder: Wir als Christen beziehen sie auf uns und hoffen, 'Zeitgenossen' der menschlichen Herrschaft Gottes zu werden. Damit verliert diese Hoffnung ihren zeitlichen Zusammenhang. Sie bleibt zeitlos gültig neben allen aktuellen politischen Erfahrungen.

(2) Sodann nötigt diese Hoffnung auf die Herrschaft Gottes, die alle irdischen Machtsysteme beenden würde, eine Reflexion mit Blick auf die heutige Weltsicht ab. Erlaubt eigentlich das naturwissenschaftliche Wissen von der Welt die Hoffnung auf den Gang der Geschichte hin zu einer neuartigen Herrschaft Gottes, die zwar die Bilder für den Zeitablauf ablöst – die Statue, die Abfolge von Tieren –, aber doch wie eine weitere Zeitetappe wirkt? Sofort ist deutlich, dass diese Aufgabe die konkrete Gestalt des Schöpfungsglaubens auf den Plan ruft und mit einbezieht. Nun ist eine umfassende Darstellung des Problems hier nicht möglich. Deshalb sollen wenigstens einige Aspekte benannt werden.

Eingesetzt werden kann mit der Erkenntnis, dass das gesamte Universum mit all' seinen Formen und Lebensmöglichkeiten heute als ein in sich geschichtliches Phänomen verstanden wird. Deshalb ist die 'Evolution' grundlegendes Paradigma für das Verstehen aller Lebens- und Weltphänomene.[132] Dies gilt vor allem für die Formen des Lebens auf der Erde, deren evolutives Ziel die Menschen nur scheinbar sein mögen. Nichts schliesst den Gedanken aus, dass die Evolution des Lebens über uns hinaus gehen oder nach einer möglichen grösseren Katastrophe zu neuen Lebensformen

[131] Das genannte Volk ist ein zufälliges Beispiel. Es ist ausgeschlossen, dass ein nichtjüdisches Volk eventuelle Gedanken der Selbstvorordnung Israels vor anderen Völkern auf sich bezieht – die aber bei genauer Lektüre der religiösen Tradition Israels mögliche selbstüberhebliche Aspekte verlieren! – und etwa vom Alten Testament her eine Politik einer wie auch immer gearteten 'Apartheid' gegen andere begründet. Alle Beispiele solcher Hermeneutik sind Beispiele grundsätzlich falschen Umgangs mit der Bibel.

[132] An dieser Stelle verweise ich nur auf F. Wilhelm, Der Gang der Evolution.

führen wird.[133] Also schon die Vorstellung von der Evolution des Lebens wird keine Anhaltspunkte dafür finden, dass sie gerade mit uns zu ihrem Ziel gekommen sei und jenseits von uns lediglich ihr Ende – was heisst hier 'Ende'? – möglich wäre. Noch viel mehr wird das Wissen von der Evolution des Kosmos gerade nicht auf einen Abschluss schliessen lassen, der beschreibbar wäre als 'Stein, nicht durch Hände bewegt'. Es ist richtig, dass das gegenwärtige Weltverständnis einen Anfang von Raum und Zeit denkt. Beobachtbare physikalische Fakten – Einzelheiten interessieren in unserem Zusammenhang nicht – lassen sich durch die Annahme einer 'Geburt des Weltalls in Form einer Explosion, eines Urknalls' verstehen. 'Der Urknall stellt gewissermassen den Anfang von Raum, Zeit und Materie dar.'[134] Wenn ich davon ausgehe, dass alle Erscheinungen des Weltalls Kinder dieser Geschichte sind deren Anfang die Physik weitgehend erforschen kann, dann muss ich für sie auch ein jeweiliges Ende denken. 'Es ist vor allem ein dynamisches Bild, das die moderne Physik und Astrophysik von unserem Universum entworfen haben. Der Kosmos hat eine eigene Geschichte. ... Wir müssen uns damit abfinden, dass es im Universum keine absolut dauerhaften Strukturen gibt. Alles ist ständig im Fluss, alle Strukturen lösen sich letztlich auf.'[135] Das aber heisst, dass auch das Sonnensystem, dessen Teil die Erde ist, also die Grundlage unseres Lebens, vergehen wird. Astrophysikalisch kann auf Grund unserer Kenntnisse über die Geschichte der Sterne dieses Ende relativ genau bezeichnet werden: Nach etwa 5 Milliarden Jahren wird sich unsere Sonne zu einem 'Roten Riesen' verwandeln und sich dabei über die Erdumlaufbahn aufblähen.[136] In diesem Prozess dürfte die Erde und alles, was dann noch auf ihr lebt, verdampfen. Dieses

[133] Die Tatsache, dass es immer wieder Phasen des Massenaussterbens von Arten gegeben hat, nach denen das Leben den Planeten und je eigene ökologische Nischen zurückgewonnen hat, könnte zu einer sehr zurückhaltenden Deutung dieser grandiosen Geschichte des Lebens führen: 'Je älter ich werde, desto mehr fühle ich mich zu der Philosophie des Taoismus hingezogen... *Tao* ist das chinesische Wort für "Weg". Wie es im Taoismus gebraucht wird, bedeutet es "Weg", "Prinzip", "Wahrheit". Diese Wahrheit jedoch ist verborgener als das, was der Westen unter "Wahrheit" versteht, und was doch nur "Übereinstimmung mit den Tatsachen" bedeutet. ... Ich bin nicht so anmassend zu behaupten, ich kenne den *Tao* der Evolution. ... Die Korintherbriefe verraten nichts über den Dienst der Dinosaurier an dieser Welt, obwohl ich es zu schätzen weiss, dass meine Existenz damit zu begründen ist, dass sie zu ihrer Zeit zugrunde gingen. Es muss ein *Tao* in der Evolution sein. Doch wenn wir darüber sprechen könnten, wäre es kein wirklicher *Tao*' (K.J. Hsü, Die letzten Jahre, 246f).

[134] H. Fritzsch, in: Der Gang der Evolution, 26.

[135] A.a.O., 27.

[136] Vgl. nur K. Lanius, Mikrokosmos, 210-216.

Ende jedweden irdischen Lebens wäre aber nicht identisch mit dem Ende des Kosmos! Denkbare Intelligenzen auf einem Planeten eines anderen Sterns werden dann an ihrem Nachthimmel durch gute Teleskope die Veränderung unseres Sterns wahrnehmen aber nichts spüren von unserem Untergang!

Sowohl mit Blick auf die biologische Evolution, als auch mit Blick auf die kosmische Evolution ist naturwissenschaftlich kein Ereignispunkt zu benennen, der identifizierbar wäre mit dem erhoffen Kommen des 'Steines, nicht durch Hände bewegt' oder des 'wie ein Mensch'. Ist damit solche Hoffnung disqualifiziert? Sicher in dem Sinne, dass sich hier Hoffnung auf ein zeitliches Ereignis ausspricht. Insofern die Zeit selbst Teil des Kosmos ist, biblisch gesagt: Teil des Schöpferwerkes Gottes, kann sich unsere Hoffnung nicht auf einen historisch angebbaren Zeitpunkt richten. Dieser wäre in jedem Fall – egal wohin bei Nichterfüllung umdatiert wird – ein Punkt in der geschaffenen Zeit. Unsere Hoffnung muss sich über die Schöpfung hinaus auf den Schöpfer, auf Gott richten. Diese Erkenntnis enthält aber zugleich ein kritisches Potential gegenüber den apokalyptischen Texten selbst. Dieses Potential wird bei der gesamten weiteren Arbeit wirksam werden: 'An dieser Stelle aber verdient es die Apokalyptik besser verstanden zu werden, als sie sich bisweilen selbst versteht. Endzeitberechnungen, die vom Apokalyptiker selbst als Fahrplan der Weltgeschichte gelesen oder aufgestellt werden, sind ein Selbstmissverständnis apokalyptischer Naherwartung. Sie drücken in zeitlichen Kategorien die Nähe des Endes aus, welche primär gar nicht zeitlich zu verstehen ist. Nahe ist das Ende nicht im Sinne des grammatischen Zeitbegriffs, sondern im Sinne von stetiger Anwesenheit, letzter Dringlichkeit und Unausweichlichkeit. Nah ist das Ende als katastrophische Qualität der gegenwärtig erfahrbaren Welt. Nah ist es als die katastrophische Tiefendimension der Wirklichkeit. Nah ist das Ende, weil es den Apokalyptiker in allem und jedem andrängt und bedrängt, das je auf seine Weise Anteil an der Katastrophalität der Welt und damit am Weltende hat.'[137]

Aus diesen Überlegungen muss m.E. die Konsequenz gezogen werden, dass die erhoffte Gottesherrschaft nicht als weitere geschichtliche Etappe denkbar ist. Insofern braucht bei der Auslegung auch mit Blick auf die historische Abfolge nicht beim Schicksal Israels eingesetzt zu werden. Von diesem Verstehen als stetiger Anwesenheit der Welt Gottes her ist der eigene Eintrag in die alten Hoffnungen Israels möglich! Wir können als Ge-

137 U.H.J. Körtner, Weltangst, 301f. Ders., ThZ 45 (1989) 52, fast wörtlich identisch!

meinschaft, die sich die Traditionen Israels aneignet – ohne sie dabei Israel zu enteignen –, die Bilder dieser Tradition verwenden, um die eigene Hoffnung auf das ewige Leben auszusprechen. Solches ewige Leben beginnt mit dem Eintreten in die Herrschaft Gottes. Der Wechsel zur Herrschaft Gottes kann nun aber nur als absoluter Abbruch der uns bekannten Raum-Zeit-Kategorien gepredigt werden, als ein Abbruch, der auf jede einzelne Person in ihrem biologischen Tod zukommt: Mein Tod wird der Moment des 'Endes' für mich sein – jetzt sei der später von den Daniel-Tradenten eingeführte Begriff schon aufgegriffen –. Denkbar, d.h. auch vor dem Hintergrund unseres modernen Weltwissens verantwortbar ist nur die Vorstellung des 'Endes' in diesem Moment des Todes. Ein anderes 'Ende' wird es nicht geben.[138]

Allerdings scheint diese Auslegung zwar der Notwendigkeit zu entsprechen, die Glaubenshoffnung bei Berücksichtigung naturwissenschaftlicher Kenntnisse auszusprechen, zugleich aber der Gefahr der Individualisierung des Heils zu erliegen.[139] Ist da ein Ausweg möglich? Ich sehe ihn vor allem in der Hoffnung auf die Rolle der 'Heiligen des Höchsten' in der Welt Gottes (7,18*). So sehr ich daran festhalte, dass der persönliche Tod die Stunde des 'Endes' für jede Person ist, so sehr muss nun auch gelten, dass das Individualistische nur dieser Weg, diese Stunde ist. In der Welt Gottes aber werden wir einer Gemeinschaft inkorporiert, ja einer 'neuen Schöpfung'. Diese Welt Gottes wird also viel entscheidender von Gemeinschaft und Beziehungen geprägt sein, als es schon die ist, in der wir jetzt leben.

[138] Diese Aussage ist natürlich eine grundlegende Kritik an fast der gesamten bisherigen Auslegungstradition der Danielbibliothek seit dem Kommentar des Hieronymus. Sie ist insofern auch eine Kritik an Luthers Auslegung, der gerade für ihn aktuelle Entwicklungen als im Danielbuch angezeigt versteht und sich selbst direkt vor dem 'Ende' der Geschichte wähnt: 'Die welt leufft vnd eilet so trefflich seer zu yhrem ende, da mir offt starcke gedancken einfallen, als solte der Jungste tag, ehe daher brechen, denn wir die heilige schrifft gar aus verdeutschen kundten... Es ist alles aus vnd erfullet, Das Romisch Reich ist am ende, Der Türck auffs hohest komen, die pracht des Bapstumbs fellet dahin, vnd knacket die welt an allen enden fast, als wolt sie schier brechen vnd fallen...' (M. Luther, WA DB 11/2, 381). Die hier versuchte kritische Auslegung scheint mit den Interessen der Eschatologie des 'hellenistischen Judentums' zusammenzustimmen und könnte von dorther profiliert werden (vgl. nur N. Walter, ThLZ 110 [1985] 335).

[139] Dankend erwähne ich die Diskussion zu meinem diesbezüglichen Vortrag am 26.3.1992 in Mondo Migliore während der Fourth European Conference on Science and Theology.

5.3 'Und sie verleumdeten die Juden' (3,8b)

Mit diesem Arbeitsgang wird nicht einfach die dritte Rezension der Danielbibliothek nachgezeichnet. Vielmehr nehme ich jetzt die Ergebnisse länger währender Arbeit am Textmaterial zusammen. Dabei ist die Voraussetzung meines Vorgehens die Tatsache, dass die kritische Untersuchung des literarischen Bestandes m.E. zur Annahme gestalterischer Bearbeitungen zwingt.[140] Der einzige Weg, diese Bearbeitungsvorgänge absolut in die Redaktionsgeschichte der Danielbibliothek einzuordnen, besteht darin, aus der relativen Position in der jeweilig rekonstruierten Literargeschichte des Textes Schlussfolgerungen zu ziehen. Wenn jetzt im wesentlichen diese Arbeit zusammengefasst wird, heisst das nicht, dass sie ab der vierten Rezension aufgehört habe. Bei den weiteren Rezensionen werde ich die gestalterischen Bearbeitungen vermerken, die eindeutig mit solchen späteren Texten im Zusammenhang stehen oder sie erweitern. Aber natürlich ist für den Kern des Danielbuches nicht eindeutig bestimmbar, wann jeweils die gestalterische Bearbeitung vorgenommen wurde. Deshalb muss eine solche Zusammenfassung genügen.[141]

Als wichtigste formale Frage muss nun geklärt werden, warum diese gestalterische Bearbeitung als dritte Etappe der Geschichte der Danielbibliothek behandelt wird. Den Ausschlag gibt dabei die Situation in Dan 2,40ff. Ich schlage vor, den schwierigen Charakter dieser Verse als das Ergebnis einer

140 Vgl. die ähnliche Rekonstruktion von Zusätzen, 'die allem Anschein nach nur eine die Einzelaussage ergänzende Funktion besitzen' (E. Haag, SBS 110, 47). Ich verweise auf die Argumentationsschritte in Kap. 7 dieser Publikation.

141 In Dan 2* wurden hinzugefügt die VV. 38a.40bβ.41aβ.b.42a ('die Füße').45aα und dann noch die VV. 41a.42a (jeweils 'und die Zehen').43. In Dan 3* wurden eingefügt die VV. 7.8b.9aß.19b.22.28bα.ß Bezüglich Dan 4* fasse ich zusammen: VV. 6.16bγ.20aß.b.24. In Dan 5* wurden eingefügt: VV. 3*.7b, Ergänzungen in den VV. 11.12a*.14 ('und ausserordentliche Weisheit') und V. 24b, dann noch weitere Zufügungen in V. 12 und die VV. 16a.19. Sodann mache ich für Dan 6* namhaft: VV. 4.5a ('die Satrapen'). 5bß.7 ('die Satrapen').9bß.16aß.23b. 25aß.δ.b. Im Ergebnis dieser Bearbeitungsprozesse ergibt sich folgender Umfang der Danielbibliothek:

1,1b.2a*.b.3-4.5aß.b.6-7.17a.18-19.21;
2,1-28aα.29-43.44*.45.47-49;
3,1-19.20*.21-30;
3,31-33; **4**,1.2*.3-4.5*.6.7*.8-9.10*.11.12*.13-31.32*.33*.34;
5,1-2.3*.4-10.11*.12-24.25*.26-30; **6**,1;
6,2-12.13a*.b.14-29;
7,1aα.ß.bα.2-4.5a*.b.6-7bα.9-10.11b-15a.16-17.18*.28.

mehretappigen Erweiterung zu verstehen. Die älteste Textfassung lautete: '(40) Und das vierte Herrschaftssystem wird hart sein wie Eisen in dem Masse, wie Eisen alles zermalmt und vernichtet. (41) Und dass du gesehen hast die Füsse (42) teils aus Eisen, teils aus Ton [heisst:] Teils wird das Herrschaftssystem hart sein und teils wird es zerbrechlich sein'. Dieser Text wurde zuerst erweitert durch eine eigenständige Reflexion des ambivalenten Charakters dieses Herrschaftssystems. Er lautete dann: '(40) Und das vierte Herrschaftssytem wird hart sein wie Eisen in dem Masse, wie Eisen alles zermalmt und vernichtet. *Wahrlich wie Eisen, das zertrümmert alle diese, so zermalmt und zertrümmert es.* (41) Und dass du gesehen hast die Füsse *teils aus Töpferton, teils aus Eisen [heisst:] Ein geteiltes Herrschaftssystem wird es sein, auch von der Härte des Eisens ist in ihm, wie du ja Eisen gesehen hast, vermischt in lehmigem Ton.* (42) *Die Füsse* teils aus Eisen, teils aus Ton [heisst:] Teils wird das Herrschafssystem hart sein und teils wird es zerbrechlich sein'. Hier wird also die Erfahrung des Zerbrechlichen und auch Gewalttätigen der hellenistischen Herrschaft genauer dargestellt. Offensichtlich musste diese Einsicht gegenüber kritischen und zweifelnden Rückfragen deutlicher bestärkt werden. Wir müssen m.E. mit einer aktuellen Einsichtigkeit dieser Formulierungen rechnen, die uns heute nicht mehr selbstverständlich zugänglich ist. Die letzte Etappe dieses Textzusammenhangs hat dann nochmal neue Fragen und aktuelle Herausforderungen aufgegriffen. Jetzt lautete der Text: '(40) Und das vierte Herrschaftssystem wird hart sein wie Eisen in dem Masse, wie Eisen alles zermalmt und vernichtet. Wahrlich wie Eisen, das zertrümmert alle diese, so zermalmt und zertrümmert es. (41) Und dass du gesehen hast die Füsse *und die Zehen* teils aus Töpferton, teils aus Eisen [heisst:] Ein geteiltes Herrschaftssystem wird es sein, auch von der Härte des Eisens ist in ihm, wie du ja Eisen gesehen hast, vermischt in lehmigem Ton. (42) *Und die Zehen der* Füsse teils aus Eisen teils aus Ton [heisst:] Teils wird das Herrschaftssystem hart sein und teils wird es zerbrechlich sein. (43) *Wie du gesehen hast Eisen vermischt in lehmigem Ton [heisst:] Vermischend sind sie sich durch menschlichen Samen, nicht aber bleiben zusammenhängend diese mit jenen, wie sich Eisen nicht vermischt mit Ton.*' Dieser letzte Zusatz nimmt Bezug auf historische Zusammenhänge. Ich ordne ihn weiterhin dem Eheversuch des Jahres 194 v.Chr. zu.[142] Damit ist endlich ein absolutes historisches Datum benannt, *nach* dem unser Text erarbeitet worden sein muss. Schliesslich formuliere ich in diesem Zusammenhang die Hypothese, dass der Hinweis

[142] Wenn der Text als 'pauschale Charakterisierung im Sinne von 11,4ff' verstanden wird (R.G. Kratz, WMANT 63, 35, Anm. 100), würde der Zusatz sehr in die Nähe dieses relativ jungen Textes gerückt. Ich denke, dass Dan 10*; 11*; 12* Themen wieder aufgreift, die schon vorher angesprochen worden waren.

auf die 'Endzeit' (V. 28aβ.b) erst zusammen mit der diesbezüglichen Bearbeitung von Dan 7* und der Hinzufügung von Dan 8* in den Text gekommen ist, also im Rahmen der vierten Fassung der Danielbibliothek. Damals mag V. 44aα an die jetzt vorausgehende Textgestalt angeglichen worden sein. Somit liegt also ein zeitlicher Rahmen vor, in den die darstellenden Bearbeitungen eingeordnet werden sollen.

Zuerst fällt auf, dass keine neuen Akzentuierungen mit Blick auf das **Datierungssystem** des Buches vorgenommen werden. Das entwickelte System wird beibehalten.

Sodann sei hervorgehoben, dass auf dem Wege dieser Bearbeitungen das Thema der **rechtlichen Schuld** im Text ausdrücklich behandelt wird. Damit wird erwiesen, dass die Frommen, obwohl sie rechtlich einwandfrei erlassene Gesetze übertreten, nicht schuldig sind. Die Anzeigen, die gegen sie vorgebracht werden, sind deshalb eigentlich Verleumdungen. Indem dies für möglich gehalten wird, wird der Gedanke ausgesprochen, dass es Gesetze geben kann, die trotz staatsrechtlicher Sanktionierung in sich Unrecht sind. So wird in 3,8b die Anklage der drei jüdischen Männer als Verleumdung bezeichnet und in 3,28bβ die Tatsache, dass sie königliche Gesetze übertreten haben, positiv vermerkt, denn sie haben sich nicht an Unrechtsbestimmungen gehalten. Die mögliche Spannung zwischen beiden Aussagen – immerhin wird die Übertretung von Gesetzen vermerkt, wogegen der Begriff Verleumdung darauf hindeutet, dass sich die drei jüdischen Männer jeder Bestimmung gegenüber korrekt verhalten hätten – kann aufgelöst werden: In 3,8b reden die jüdischen Erzähler selbst und sprechen aus ihrem Verständnis der Sachlage heraus. In 3,28bβ dagegen kommt der in sein System eingebundene König zu Wort, der zuerst die Übertretung seines Systems wahrnimmt. In gleichem Sinne wird auf den Text von Dan 6* ein Interpretationsnetz gelegt: 6,5bβ betont, dass eben gerade keine Nachlässigkeit bei Daniel zu finden war. 6,9bβ nimmt den Hinweis auf das 'Gesetz der Meder und Perser', das zwingend ist, vorweg (vgl. V. 13) und verschärft so die Problemlage. 6,25aβ erneuert auch mit Blick auf die Situation dieser Geschichte den Gedanken der Verleumdung – hier durch die fremden Minister vorgebracht. 6,23b schliesslich thematisiert ausdrücklich die Korrelation zwischen dem Gehorsam vor der staatlichen Autorität und vor Gott. Indem die Redaktoren behaupten, dass Daniel vor Gott rein geblieben sei und auch gegenüber dem König kein Verbrechen begangen habe, formulieren sie die These, dass die Übertretung unrechter Gesetze nicht nur gegenüber Gott als rechtes Verhalten deutlich wird, sondern dass dies sogar entgegen der Selbsteinsicht der fremden Staatsmacht ihr gegenüber rechtmässig ist.

Abgesehen davon, dass diese Rechtsdiskussion als Illustration der inneren Zerbrechlichkeit und Instabilität der Staatsmacht verstanden werden kann, beschreibt sie präzise Erfahrungen, die die Kirchen in der DDR mit der damaligen Staatsmacht gemacht haben. Es gab durchaus einen Diskussionsstrang, auf dem die Kirchen dem Staat deutlich zu machen versuchten, dass seine eigenen Gesetze Unrecht seien und deshalb letztlich zur Schwächung der DDR beitrügen. In dem Masse, indem sich Menschen nicht an diese Bestimmungen hielten, aber doch als aktive Mitbürgerinnen und Mitbürger in der DDR blieben, hätten sie in Wahrheit die Gesellschaft gestärkt und nicht geschwächt, wie verunsicherte Staatsvertreter immer argwöhnten. Dieser Konflikt wurde offenkundig an der Auseinandersetzung um die Aufnäher 'Schwerter zu Pflugscharen' Anfang der 80iger Jahre, als der Staat durch dümmliche Überreaktionen überhaupt erst eine spannungsreiche Stimmung geschaffen hatte. Genauso liesse sich dieser Konflikt an der Auseinandersetzung um die Freizügigkeit von Büchern, Zeitschriften und Zeitungen darstellen. Noch im März 1988 war die Einforderung westlicher Zeitungen und Zeitschriften für den freien Verkauf in der DDR Ausdruck der mutigen Bereitschaft, an Tabus zu rütteln.[143] Solche Freizügigkeit wurde von kirchlicher Seite angemahnt, weil der Eindruck bestand, dass durch den freien Kauf westlicher Zeitungen Kritikpotential abgefangen und Menschen zum Bleiben in der DDR bewegt werden könnten. Bis zuletzt hat der Staat – vielleicht auf Grund besserer Einsicht in seine eigene Schwäche, die Vertretern der Kirche verschlossen geblieben ist – in ängstlicher Reserviertheit keinerlei Veränderungen zugelassen. Erst als er selbst verschwand, wurden die Dinge anders.

[143] Ich erinnere an die Liste von Gravamina, die Landesbischof Dr. Leich also schon 1988 (!), nämlich im Gespräch am 3. März, gegenüber dem damaligen Staatsratsvorsitzenden Erich Honecker vorgetragen hatte: 'Eine öffentlich festgestellte Begründungspflicht in Antragsverfahren jeder Art, die das persönliche Leben des Bürgers betreffen, wäre ein Schritt nach vorn. Die Offenlegung des Verfahrens und der Kriterien bei Besuchsreisen wäre ein Schritt nach vorn. Der frühzeitige Versuch der Reintegration von Antragstellern auf Ausbürgerung im Sinne des Dialogs und bei dessen Scheitern die Angabe einer Mindestwartezeit bis zur Ausbürgerung würden Enttäuschungserlebnisse und deren Weitergabe einschränken. ... Das Angebot einiger als seriös geltender Zeitungen westlicher Herkunft in unseren Zeitungsverkaufsstellen würde zu einer differenzierten Beurteilung der Medienlandschaft beitragen' (Schnellinformation des Sekretariates des Bundes der Evangelischen Kirchen in der DDR, 3. März 1988, 4). Wenn man diesen Text sechs Jahre später wieder liest, wird einem erschreckend bewusst, unter welch' schwierigen Bedingungen damals für die Wahrheit eingestanden werden musste!

Sodann weist diese Frage auf das grundsätzliche Problem der Rechtmässigkeit gesetzlicher Regelungen. Dies bleibt weiterhin auch in demokratischen Staatssystemen bestehen. Indem Gesetze durch Mehrheitsbeschlüsse im Parlament erlassen werden, kann immer eine Minderheit ihre eigenen Interessen als übergangen und damit das im Ergebnis vorliegende Gesetz als Unrecht verstehen. Zur angeschnittenen Frage geben diese Bearbeitungen des Danielbuches durch die Zuordnung zu vorliegenden Geschichten recht klare Eckpunkte: Zu wirklichem Unrecht werden Gesetze dann, wenn sie Menschen zwingen, gegen den von ihnen geglaubten Willen Gottes zu handeln. Gleichwohl ist eine solche Bestimmung problematischer, als das auf den ersten Blick deutlich wird. Sie macht nämlich sensibel für die Situation von Menschen aus anderem Kulturbereich, die in einem neuen Land heimisch werden wollen. Ich frage nur: Wieweit müssen die Gesetze dieses Gastlandes die Interessen der Gäste berücksichtigen?[144]

Dann hebe ich Eintragungen der **Eskalation der Gewalt** in die Texte hervor. Sicher zeigt sich daran, dass die fremde Macht, unter der die Juden als Unterdrückte und Ausgebeutete lebten, als immer bedrohlicher empfunden wurde. Ich nenne jetzt nur Beispiele: Das siebenfache Heizen und den Tod der Folterknechte (3,19b.22); die Wiederholung der Visionsschilderung (4,20aβ.b.); den besonderen Bericht über das Hereinbringen der Gefässe und die Versprechung von Lohn auch für die Weisen Babylons (5,3.7b); die Einbeziehung der Satrapen in die Handlung und der Hinweis auf die besondere Eile der Minister (6,4.5a.7.25aδ.b und 6,16aβ).

Besonders wesentlich ist die **Auffüllung des Daniel-Bildes**. Damit verstärken die Daniel-Tradenten ihr Selbstporträt und spiegeln so die Erhöhung ihres Selbstbewusstseins. Zuerst verweise ich hier auf 4,6, womit zu Dan 2* vermittelt und der Gedanke der Grundschicht aufgegriffen wird, dass in Daniel der 'Geist der heiligen Götter' sei. Darüber hinaus wird aber Daniel ausdrücklich als 'Oberster der Magier' (vgl. 5,11) bezeichnet und hervorgehoben, dass ihm Geheimnisse keine Mühe bereiten würden. 5,11f ist wieder ein Text, der zwei Bearbeitungen erkennen lässt. Die Grundschicht redete noch vom 'Geist der heiligen Götter': '(11a) Es gibt einen Mann in deinem Staatssystem, in dem ist der Geist der heiligen Götter. Und in den Tagen deines Vaters wurden Erleuchtung und Einsicht in ihm gefunden. (12b) Nun soll gerufen werden Daniel, und die Deutung wird er anzeigen.' Die erste Bearbeitung fügte wichtige Akzente hinzu: '(11a) Es gibt einen Mann in deinem Staatssystem, in dem ist der Geist der heiligen Götter.

144 Hier sei verwiesen darauf, dass sich schon Gerichte mit der Teilnahme von islamischen Mädchen am Schwimmunterricht in deutschen Schulen beschäftigt haben.

Und in den Tagen deines Vaters wurden Erleuchtung und Einsicht *und Weisheit wie die Weisheit von Göttern* in ihm gefunden. (11b) *Und der König Nebukadnezzar, dein Vater, hat ihm zum Obersten der Magier, Zauberer, Chaldäer, Entscheider bestellt,* (12a) *weil ein grosser Geist und Kenntnis und Einsicht und das Anzeigen von Rätselhaftem in ihm gefunden wurden.* (12b) Nun soll gerufen werden Daniel, und die Deutung wird er anzeigen.' In die zweite Hälfte dieses Textes sind dann noch weitere Akzente eingetragen worden: '(11) Es gibt einen Mann in deinem Staatssystem, in dem ist der Geist der heiligen Götter. Und in den Tagen deines Vaters wurden Erleuchtung und Einsicht und Weisheit wie die Weisheit von Göttern in ihm gefunden. Und der König Nebukadnezzar, dein Vater, hat ihm zum Obersten der Magier, Zauberer, Chaldäer, Entscheider bestellt, (12) weil ein grosser Geist und Kenntnis und Einsicht - *das Deuten von Träumen* - und das Anzeigen von Rätselhaftem - *und das Auflösen von Knoten* - in ihm gefunden wurden - *nämlich in Daniel, dem der König den Namen Beltschazzar gegeben hatte* -. Nun soll gerufen werden Daniel, und die Deutung wird er anzeigen.' Offensichtlich von der Hand des letzten Bearbeiters ist auch der Hinweis in 5,16a: 'Ich habe von dir gehört, dass du es vermagst, Deutungen zu deuten und Knoten aufzulösen.' Mit all' diesen Hinweisen, die nur noch zum Teil in ihrer tatsächlichen Sachaussage verständlich sind, zeichnen sich die Daniel-Tradenten in das Bild magisch-mantischer Weiser ein, die zugleich astronomisch-astrologische Fähigkeiten besitzen. Durch diese Selbstdarstellung behaupten sich diese jüdischen Weisen gegenüber der Umwelt: Sie fühlen sich wirklich auf der Höhe der Zeit. Zugleich legitimieren sie ihre theologischen Einsichten gegenüber den Zeitgenossen: Die hier vorgetragene Theologie ist glaubwürdig und verlässlich. Natürlich birgt solche Argumentation Gefahren in sich. Indem die Juden hier ihre Umwelt zu übertrumpfen versuchen, haben sie zugleich wichtige Denkstrukturen dieser Umwelt übernommen. Aber das ist vielleicht immer das Los derer, die nicht abgeschottet leben. Auch die Daniel-Tradenten waren bereit, sich auf das schwierige Feld der aktiven Auseinandersetzung mit dem Denken ihrer Zeit zu begeben.

Diese Selbstdarstellung lässt die gedankliche Auseinandersetzung assoziieren, in der Theologie immer betrieben werden muss. Einmal setzen sich verschiedene theologische Positionen miteinander auseinander. Das ist auch damals schon so gewesen. Sodann befindet sich theologisches Bemühen immer in der Auseinandersetzung nach aussen, mit den Denk- und Glaubenswegen der Umwelt. Hier wird nun ausdrücklich vermerkt, dass das eigene Theologisieren einen höheren Stellenwert habe, als wissenschaftlich-religiöse Geistesarbeit der Nichtjuden. Natürlich kann dieser Weg der Daniel-Tradenten nur mit Vorsicht übernommen werden, weil sich heute zumindest die 'exakten Wissenschaftler' unter unseren Gesprächspartnern weithin von den Gesprächspartnern der Daniel-Tradenten unterscheiden. Aber sicher wäre es reizvoll, auf gewisse Ähnlichkeiten im erkenntsnistheoretischen Bereich hinzuweisen. Das kann aber nicht mehr Aufgabe dieser Studie sein.

Letzlich wird das **Nebukadnezzar-Bild** in überraschender Weise akzentuiert: Nebukadnezzar wird zum Herrn aller Menschen und Tiere (2,38a). Seine Macht reiche bis an die Enden der Erde (4,19 – diese Aussage liegt auf der Linie des Traumes). Ihm wird die Macht über alle Völker zuerkannt, die sogar einschliesst, dass er – gleich Gott – ganz nach seinem Willen töten und leben lassen, erhöhen und erniedrigen könne (5,19). Mit diesen Hinweisen wird die Macht dieses Königs so ausgestaltet, dass sie tatsächlich zum Bild einer umfassenden Gefährdung werden kann. Die fremde Staatsmacht bekommt eine Herrschaft überlassen – zumindest zeitweise – die so etwas ist, wie die Teilhabe an der Macht Gottes. Solche Erkenntnis ist erschreckend und ernüchternd zugleich. Die Daniel-Tradenten warnen trotz allen Wissens von der zeitlichen Begrenzung solcher Macht vor ihrer Unterschätzung. Wir Menschen sollen die Möglichkeiten irdischer Macht richtig einschätzen: Sie kann tatsächlich dem Leben Chancen geben, aber auch Biographien verbiegen, in die Mitwelt von Natur und Tieren hinausgreifen in bewahrender, aber auch zerstörerischer Art. Vielleicht ein letztes Korrektiv gegen dieses grosse und erschreckende Bild bauen Redaktoren ein, indem sie 4,24 hervorheben: gesellschaftliche Gerechtigkeit und Schutz und Fürsorge für die Randexistenzen der Gesellschaft sind die Schlüssel für Beständigkeit politischer Macht. Ganz realitätsbezogen wird hier die Erfahrung Israels in den grossen Entwurf der von der Gottesherrschaft beendeten irdischen Machtgestaltung eingebracht. Letztlich entscheidet sich alles an der gerechten Gestaltung der gesellschaftlichen Zusammenhänge – bei Arbeit, sozialer Sicherheit, Altersversorgung, Gesundheitsfürsorge usw. Das Engagement auf diesen Gebieten ist ein wahrhaft sinnvolles.

Exkurs 6: Nebukadnezzar der Weltenherrscher

Ein interessanter Hintergrund kann für die hier belegte Deutung des Nebukadnezzar beigebracht werden: In Jer 27,5ff und 28,14b wird Nebukadnezzar als Herr der Welt und auch der Tiere gezeichnet. Diese Herrschaft ist ihm dort von Jahwe gegeben und wird zeitlich auf drei Generationen begrenzt (Jer 27,7). Allerdings ist mit dieser Nachzeichnung des gegenwärtigen Textbestandes in Jer 27 und 28 noch wenig gewonnen. Eindeutig ist der Text dieser Kapitel gewachsen. Es ist sicher, dass das Datierungssystem, das im masoretischen Text vorliegt (vgl. 25,1; 27,1; 28,1) und in der Fassung der Septuaginta fehlt, jung ist und die berichteten Ereignisse einer spezifischen Abfolge einordnet. Ausserdem kann festgehalten werden, dass die Notiz in Jer 28,14b, die auch in der Septuaginta fehlt, von 27,5f hier eingetragen wurde.[145] Deshalb muss sich das Interesse auf Jer 27 konzentrieren, wo junge Redaktoren in Erweiterung eines alten Kerns[146] die neuen Aussagen entwickelt haben. Waren das wirklich Deuteronomisten?[147] Für den Text der VV. 5b-7 will eine Zuordnung nicht leicht fallen. Hier ist eigenständig und neu gedacht worden. Das Bild vom 'Joch' für die Tiere als Diener der Menschen wird hier angewendet auf Völker in ihrem Verhältnis zum Grosskönig: Deshalb wird von Nebukadnezzar im Sinne der Bildhälfte vom Herrn der Tiere geredet und im Sinne der Sachhälfte vom Herrn der Völker. Beides aber kann nur ausgesagt werden, weil der König als Beauftragter Gottes verstanden wird.[148] Ich frage, ob diese Anschauungen wirklich weit in die Vorgeschichte zu Dan 2 zurückreichen. Vielleicht ist Jer 27,5b-7 nur ein weiterer Beleg für Überlegungen, die uns am plastischsten in Dan 2* entgegentreten.

5.4 'Denn der Zeit des Endes gilt die Schauung' (8,17b)

Dieser Teil meiner Untersuchung nimmt wieder eine wirkliche Rezension des Danielbuches in den Blick. Die Daniel-Tradenten haben jetzt durch Hinzufügungen und Veränderungen ihrem Werk einen durchaus neuartigen Charakter verliehen.[149] Zuerst aber sei festgehalten, dass sie alle Verän-

[145] A. Schenker, RB 89 (1982) 511ff.

[146] Chr. Schneider, Krisis, 51ff, hält die VV. 2f.(4.)11 für ursprünglich und die VV. 5-10 für eine deuteronomistische Redaktion.

[147] Nur für die VV. 5a.8 lassen sich Belege beibringen, vgl. W. Thiel, WMANT 52, 7.

[148] A. Schenker, a.a.O., 505ff.

[149] Ich ordne dieser Rezension die bedeutenden apokalyptischen Akzente zu. Deshalb sind als Hinzufügungen zu nennen: Für Dan 2* die VV. 28aβ.b.44 (in der heutigen Gestalt).46; in Dan 4* der Zusatz in V. 33 ('und die Ehre meiner Herrschaft und meine Herrlichkeit und mein Glanz kehrten auf mich zurück') und die Eintragungen in den VV. 2.7.10 ('Schauungen meines Kopfes'). In Dan 7* wurde jetzt die Aktualisierung vorgenommen: VV. 7bβ.8.11a.19-27. Ausserdem ordne ich hier ein: VV. 1aγ.bβ. 15b. Sodann wurde die Grundgestalt von Dan 8 zusammen mit ihrer ersten Bearbeitung angefügt: VV. 1.2aβ.bβ.3-8a.b*.9.10a.b*.12b.15-17.20-22.23aα.b.24aα.δ.25aγ-b.26b.27. Schliesslich wurde in Dan 1 der 'Zusatz über die Weisheit eingetragen: VV. 17b.20. Damit ergibt sich folgendes Bild:

1,1b.2a*.b.3-4.5aβ.b.6-7.17-21;

2,1-49;

derungen im Rahmen des schon entwickelten Datierungssystems vornehmen. Die neuen Ereignisse werden eingezeichnet in die Spanne von der Exilierung bis zur Perserzeit. Dies gelingt dadurch, dass die angefügte Vision in Dan 8* dem Schema eingepasst wird: V. 1a datiert die Vision in das 'dritte Jahr der Herrschaft des Belschazzar', ordnet dieses neue Erlebnis also zeitlich dem von Dan 7* nach und damit logisch dem von Dan 5 vor. Um ausdrücklich an den Spannungsbogen bis zum Ende dieses Königs anzuknüpfen, wird in 8,27aβ der Dienst des Daniel bei Belschazzar nochmals vermerkt. Von diesem Zeitrahmen her muss nun auch der Auftrag zum 'Verschliessen', zum 'Geheimhalten' der Schauung verstanden werden (V. 26bα). Mit der Begründung, dass noch eine lange Zeit vergehen werde (V. 26bβ), überbrücken die Daniel-Tradenten den Zeitraum zwischen ihrer Gegenwart und dem Zeitpunkt, dem sie diese Vision zuordnen. Sie selbst und ihre Leser sollen sich aber durchaus in der Zeit wissen, für die diese Erkenntnisse formuliert sind!

Mit dem Zusatz von Dan 8* wird nun aber die hebräische Sprache in die Danielbibliothek eingeführt. Auf diesem Wege haben die Daniel-Tradenten ihr Werk dezidiert als heiliges Buch erweisen wollen, also den Anspruch vorgetragen, wirklich gültige Glaubenseinsichten zu formulieren. Um diesem Anliegen Nachdruck zu verleihen, haben sie zugleich die Einleitung 1,1b-2,4a* ins Hebräische übersetzt und so ihr Werk hebräisch gerahmt. Ausserdem haben sie aber auch an den Kap. 2-7* gearbeitet und für sie die aramäische Sprachgestalt beibehalten. Offensichtlich war ihnen das überkommene Material so wichtig, dass sie es nicht vollständig ins Hebräisch übersetzen wollten.

Mit dieser Redaktion wollen die Verfasser zu den Problemen ihrer eigenen Zeit vordringen und zugleich die Einsicht in den Charakter dieser Zeit schärfen: Sie lassen erkennen, dass es ihnen um die Regierungszeit des Seleukiden Antiochos IV. Epiphanes geht (175-164 v.Chr.), und sie deuten diese Zeit als Schwelle zur 'Endzeit'.

Diesem Anliegen dient zuerst der hinzugefügte Text Dan 8*. Er führt den Lesern bekanntes politisches Geschehen vor Augen, das als eines gedeutet

3,1-19.20*.21-30;
3,31-33; **4**,1-4.5*.6-11.12*.13-31.32*.33-34;
5,1-2.3*.4-10.11*.12-24.25*.26-30; **6**,1;
6,2-12.13a*.b.14-29;
7,1-4.5a*.b.6-17.18*.19-28.
8,1.2aβ.bβ.3-8a.b*.9.10a.b*.12b.15-17.20-22.23aα.b.24aα.δ.25aγ-b.26b.27.

wird, das auf das 'Ende' zulaufe. Mit dem grundstürzenden Machtkampf zwischen der medisch-persischen Weltmacht und dem hellenistischen Eroberer Alexander setzt die Darstellung ein: Der unbezwingbare 'Widder' wird von einem 'Ziegenbock' 'von Westen her' niedergeworfen und ersetzt (VV. 7b.8a.20.21). Damit wird die Auseinandersetzung des ausgehenden 4. Jh. v.Chr. als Neueinsatz der Weltgeschichte aufgegriffen und den Lesern bewusst gemacht: von nun an geschieht wirklich Wesentliches. Dieses Wesentliche ist die weitere Geschichte der Macht in diesem neuen Weltreich, nämlich ihre Aufteilung (VV. 8b*.22), und dann die Entwicklung eines der Teile dieses Reiches, nämlich des Antiochos IV. Epiphanes und seiner Massnahmen mit Blick auf Juda (VV. 9.10*.12b.23aα.b.24aα.δ. 25aγ-b). Die in Visionsschilderung und Deutung begegnende Begrifflichkeit muss die Grundlage abgeben für eine Rückfrage nach dem damals Geschehenen: Dieser König entfaltet Aktivitäten 'in Richtung auf die Herrlichkeit', d.h. er plustert seine Macht auf 'bis zum Heer des Himmels' und wirft welche von diesem Heer zu Boden und 'zertritt sie', d.h. er 'wirft die Wahrheit zur Erde'.[150] Alle diese Handlungen stehen unter dem Zeichen des Gelingens (V. 12bβ). Andere Begriffe verwendet die älteste Textgestalt der Deutung: Sie setzt ein mit der Deutung des einzelnen 'Horns' als eines besonderen Königs, dessen Handlungen gelingen werden. Seine Machenschaften werden ab V. 25aγ beschrieben als innere Überheblichkeit, als Verderben von Vielen, als sich Hinstellen gegen den 'Fürsten der Fürsten'. Merkwürdigerweise ist das hier Gesagte eigentlich nicht eindeutiger und klarer, als die schon in der Visionsschilderung gegebenen Hinweise. Wenn nach den Fakten gefragt wird, auf die hier angespielt werden soll, muss zuerst beachtet werden, dass keine historische Darstellung sondern dagegen die Deutung historischer Vorgänge vorliegt. Der hier empfundene Angriff auf die innerste Identität derer, die da reden, muss einen ganz realitätsbezogenen politischen oder militärischen Schritt zum Hintergrund haben! Zudem ist zu erinnern, dass die vor allem an Hand der Hinweise in Dan 11 versuchte Rekonstruktion historischen Geschehens[151] Ereignisse meint, die erst noch kommen werden. Dan 8* reflektiert die Herausforderungen einer früheren historischen Stunde! Deshalb ist m.E. nur eine Schlussfolgerung möglich: Dan 8* verarbeitet den ersten Angriff auf Juda und Jerusalem und die Plünderung des Tempels – der 'Herrlichkeit'! –, muss also Ende 169 v.Chr. entstanden sein. Dieser Angriff und sein Erfolg haben eine der produktivsten Phasen für die Geschichte der Da-

[150] Ich deute also den Text der VV. 9.10*.12b so, dass nicht nur einander abfolgende Handlungen beschrieben werden, sondern mit dem Beginn von V. 10* und von V. 12b durchaus schon eine Deutung des vorher Beschriebenen erfolgt.

[151] S.o., Kap. 3.

nielbibliothek eröffnet. In den folgenden wenigen Jahren des wechselvollen Geschicks von Juda unter Antiochos IV. geben die Daniel-Tradenten ihrer Bibliothek die endgültig apokalyptische Gestalt. Nur ganz zaghaft benennen sie in der Zeit der ersten Konfrontation mit der äussersten Eskalation der Gefahr ihre Hoffnung: Die Zeit der Krisis ist zugleich 'Zeit des Endes' (V. 17), und der Verbrecher 'wird durch Nicht-Hand zerbrochen' (V. 25bβ). Damit lehnen sie die Hoffnung auf irdische Entwicklungen ab. Keine neue Herrschaftsform vermag ihnen Zuversicht zu geben. Auch eine von ihnen möglicherweise begonnene Revolution hat eigentlich keine Bedeutung. Nur von Gott her, im Harren auf das Wunder wird die Wende kommen. Damit entsprechen die Daniel-Tradenten den Überzeugungen, die sie schon in Dan 2* und 7* zum Ausdruck gebracht haben. Sie bewähren sie nur angesichts neuer und besonders herausfordernder Gewalt.

Im Sinne dieser aktuellen Herausforderungen haben die Daniel-Tradenten auch Dan 7* überarbeitet. Jetzt nehmen sie nicht mehr wie in Dan 8* die räumliche Aufteilung der hellenistischen Herrschaft in den Blick, sondern deren Generationenfolge. Deshalb reden sie – vielleicht beeinflusst durch Sach 2,1f – von 'zehn Hörnern' (V. 7bβ). Sofort aber geht es ihnen auch hier um das 'andere, kleine Horn', das sich von den bisherigen Herrschern unterscheidet. Insofern ist es gar nicht so wichtig, ob die Zehnzahl der hellenistischen Herrscher vor Antiochos IV. Epiphanes korrekt ist,[152] wichtig ist vielmehr, dass auch hier auf diesen Antiochos IV. zugespitzt wird: Er stellt eine neue Etappe der Bedrohung dar (VV. 8bβ.11a.20b). Im Vergleich zu Dan 8* wird nun deutlicher, worum es überhaupt geht: Dieser Antiochos kämpft gegen die 'Heiligen' – die Redaktoren knüpfen hier bewusst an die Terminologie ihrer Vorlage an (vgl. 7,18*) – und vermag zu obsiegen (V. 21). Das ist dasselbe wie das Niederwerfen einiger des 'Himmelsheeres' und der Juden in Juda und Jerusalem. Der fremde König siegt, es gelingt ihm, was er plante. Er ist tatsächlich nach Jerusalem vorgedrungen und hat den Tempel geplündert. Das ist die Wirklichkeit. Wie gehen aber nun die Daniel-Tradenten mit dieser Wirklichkeit um? Sie versuchen, deren eigentliche Wahrheit zu verstehen. Dabei knüpfen sie noch einmal an bei den historischen Entwicklungen, die diese Wirklichkeit vorbereitet haben (VV.

[152] Man hat mit Akribie versucht, diese Hörner als hellenistische Könige zu identifizieren: Alexander der Grosse (336-323), Seleukos I. Nikator (312-281), Antiochos I. Soter (281-261), Antiochos II. Theos (261-246), Seleukos II. Kallinikos (246-226), Seleukos III. Keraunos (246-226), Antiochos III., der Grosse (223-187), Seleukos IV. Philopator (187-175), Demetrios I. Soter (176) (?), Antiochos (?), sowie Antiochos IV. Epiphanes (175-164) als elftes, 'kleines Horn'.

23f) und benennen dann Charakteristika ihrer Zeit: In Wahrheit lästert dieser König den einzigen und höchsten Gott. Indem er Juden besiegt und tötet, vernichtet er die, die sich zu diesem Gott halten. Ja, er wird alle kalendarischen Ordnungen ändern, die den Kultus regeln und dem religiösen Leben Gestalt geben. Antiochos greift nach dem, was Gottes ist. Aber seine Herrschaft wird nicht ewig währen, seine Zeit ist begrenzt, so wie die Macht aller bisherigen Herrschafssysteme auch begrenzt war. Natürlich wissen die Daniel-Tradenten nicht, wie lange diese Herrschaft dauern wird. Sie schreiben ja auch nicht vom Erlebnis dieses Endes her, sondern sie hoffen brennend darauf. Deshalb drücken sie ihre Hoffnung geheimnisvoll und verklausuliert aus: 'eine Zeit und Zeiten und ein/e Teil/Hälfte einer Zeit' (V. 25b). Zu dieser Formulierung ist erst einmal zu ergänzen, dass in 4QDan[a] der zweite Begriff ohne 'und' angeschlossen wird,[153] was das rätselhafte Nebeneinander der Begriffe unterstreicht: 'eine Zeit, Zeiten und ein/e Teil/Hälfte einer Zeit'. Vielleicht entwickelten sie diese Formel einfach dadurch, dass sie das Kennzeichnende der bisherigen, auf das Ende zulaufenden Geschichte gebündelt in der Regierungszeit des Antiochos annahmen: Seine Herrschaft wiederholt die Abfolge der babylonischen über die medisch-persische auf die hellenistische Herrschaft und kommt damit zu ihrem Ziel.[154] Man kann auch sagen, dass die Daniel-Tradenten mit dieser Formulierung die Vollständigkeit dieser Zeitspanne kennzeichnen: 'Diese eschatologische Leidenszeit wird eine ganze Zeitenheit dauern (es heisst nicht 'Jahr', und man denkt nicht an ein Kalenderjahr ...); und diese Zeit wird zur Mehrheit ausgedehnt (es heisst nicht 'zwei Zeiten', sondern es soll die Mehrheit an sich zum Ausdruck gebracht werden ...); und diese Zeit wird zur Teilzeit zusammengezogen (es heisst nicht 'ein halbes Jahr', sondern 'Teil von Zeit' ...). Diese Formulierung will also nicht einfach den Termin von 3 1/2 Jahren angeben, sondern ein Urbild von Zeit im Sinne von Einheit, Ausdehnung und Verkürzung gesetzmässig formulieren.'[155] Deshalb darf m.E. die Formulierung nicht auf dreieinhalb Zeiten und dann sogar dreieinhalb Jahre gedeutet werden.[156] Diese Formulierung ist

[153] E. Ulrich, BASOR 268 (1987) 33: '... it is not *waw* ..., since there is a space before the *'ayin* and no protrusion to the left for the head of *waw*.'

[154] Vgl. hierzu die Hypothese von E. Haag in BETL CVI, 174f. Weitere Gesichtspunkte faßt E. Haag zusammen in TThZ 101 (1992) 65-68. Ich hatte eine Anknüpfung an die Dreischrittaussage von 5,25 vorgeschlagen (BETL CVI, 480ff). 'p[e]lag' heißt sowohl 'Hälfte' als auch 'Teil'.

[155] H. Gese, in: Ernten, was man sät, 405. Allerdings sei angemerkt, dass H. Gese dann doch zu dem Verständnis von 3 1/2 Jahren hinübervermittelt. Dies kann er schon deshalb tun, weil er diesen Text später, nämlich in das Jahr 167 v.Chr., einordnet. Hierin folge ich ihm nicht.

ein erster Versuch der Orientierung in der geschichtlichen Zeit. Sehr viel deutlicher als in Dan 8* sprechen die Daniel-Tradenten jetzt aber über das 'Ende': Gemäss dem Bild von Dan 7* wird Antiochos durch ein 'Gericht' entmachtet und die freiwerdende Macht für immer dem 'Volk der Heiligen des Höchsten' übergeben (VV. 26f). Sie bestätigen die schon mit 7,18 ausgedrückte Überzeugung, dass die wahrhaft Frommen Israels die Verwalter der friedvollen Macht Gottes sein werden. Jetzt fügen sie dieser Überzeugung – als grandiosem Widerspruch zur politischen und militärischen Wirklichkeit in der Stunde äusserster Bedrohung Judas, in der sie schreiben – die Vision an, dass die Machtstrukturen der Welt in Wahrheit der Macht Gottes, die von den bewährten Juden ausgeübt werden wird, dienen und gehorchen werden.

In Dan 2* haben dieselben Redaktoren den Gedanken des 'Endes' aller Geschichte eingetragen. Verarbeitete zuerst der Traum des Königs die Frage nach dem Bestand irdischer Macht und nach ihren geschichtlichen Wechselfällen (2,29), so tragen die Daniel-Tradenten jetzt das Problem des Endes aller Geschichte in diesen Text ein: Nebukadnezzar wolle wissen, 'was am Ende der Tage geschehe' (2,28aβ), also dann, wenn die Gottesherrschaft direkt Gestalt gewinnt. Das ist natürlich nicht die Frage und Hoffnung des fremden Königs. Sein Interesse kann sich gar nicht auf das Ende richten, sondern meint vielmehr den Bestand des 'status quo' – wie wir zu sagen pflegen –, also der tatsächlichen Machtverhältnisse in der Geschichte. Hier wird vielmehr die Hoffnung der Unterdrückten und Beherrschten erkennbar. Nur sie haben durch das Ende der Geschichte etwas zu gewinnen. Für sie ist der Zeitpunkt 'am Ende der Tage' Inbegriff von Hoffnung und Erwartung.

Sodann sei dieser Redaktion eine sehr merkwürdige Passage zugeordnet: In 2,46 wird geschildert, dass Nebukadnezzar den Daniel wie eine Gottheit verehrt habe. Es fällt schwer, diese Aussage richtig zu verstehen. Spiegelt sie eine in jüdischer Volksfrömmigkeit aufkommende Heroenverehrung? Oder ist sie mittelbarer Hinweis auf die Verehrung des Gottes des Daniel, die der fremde Herrscher nicht korrekt vorzunehmen versteht?[157] M.E. ist es undenkbar, dass die Daniel-Tradenten, denen es ja so um die korrekte Gottesverehrung geht, fast göttliche Verehrung von Menschen positiv aufgreifen. Es bleibt damit nur das Verständnis dieser Szene als irrtümliche Form

[156] Ich halte fest: Der zweite Begriff muß als Plural verstanden und sollte nicht zu einem Dual umgedeutet werden (vgl. mein Aufsatz in BETL CVI, 482). Die Verfasser wollen 'präzises Rechnen' gerade verhindern (J.-Chr. Lebram, ZBK 23, 87).
[157] Vgl. nur J.-Chr. Lebram, ZBK 23, 57f.

der Verehrung des wahren Gottes! Zwar verhält sich der fremde König falsch, aber er ist doch nicht weit von der Wahrheit. Natürlich rücken sich die Daniel-Tradenten mit dieser Notiz ein wenig in eine Mittlerrolle zwischen Gläubige und Gott. Das wird auch dadurch erkennbar, dass sie noch einmal das Erlebnis von 'Schauungen', die 'der Kopf auf dem Lager' hatte (2,28b), betonen. In diesen Zusammenhang gehören auch die Hinzufügungen in Dan 4* und Dan 7*, die die Erlebnisfähigkeit besonders akzentuieren: Sowohl das Erlebnis des Nebukadnezzar, als auch das des Daniel wird noch zusätzlich als 'Schauung seines Kopfes (auf seinem Lager)' bezeichnet (4,2.7.10; 7,1aγ.bβ.15b). Damit wird wieder die Bedeutung von traumhaften und visionären Erlebnissen für die Wahrheitsfindung hervorgehoben.

Wenn diese Fassung des Danielbuches hermeneutisch reflektiert werden soll, dann wird es der Gedanke des 'Endes' im Anschluss an konkrete politische und militärische Ereignisse sein, der zur Auseinandersetzung herausfordert, und der, dass die Welt Gottes die Bewährten Israels in ihrem Zentrum habe. Schon die Überlegungen in Exkurs 5 haben grundlegende Reserven gegenüber der Hoffnung auf ein absolutes Ende der geschichtlichen Abläufe zur Sprache gebracht. Von diesen Reserven muss hier ausgegangen werden: Ich denke nicht, dass wir das Ende des Geschichtsablaufs in der Weise verkündigen können, wie es hier geschieht. Ich vermag nicht an ein historisch greifbares und beschreibbares Ende der Geschichte zu glauben, nach dem es von Gott her weitergeht. Ich glaube, dass jedes auf dieser Erde gelebte Leben, d.h. jedes in dem von uns wahrnehmbaren Teil der Wirklichkeit gelebte Leben mit seinem Tod in die ganz andere Dimension Gottes eintritt, in der alles eigentlich sein wird. Mein Hoffen auf die Welt Gottes, auf das 'Ende', auf das 'Ende der Tage' – eine Formulierung, die ich umsprechen darf: auf das Ende *meiner* Tage! – richtet sich auf die liebende Aufnahme durch Gott, der mir Gastfreundschaft gewähren wird, wenn ich aus dieser Wanderschaft zu ihm komme. In diesen Sätzen schwingt natürlich sehr viel mehr als das, was das Danielbuch anbietet. Sie wehren sich vor allem dagegen, konkrete politische oder natürliche Entwicklungen zu werten als die Ereignisse, die einem Ende genau vorausgingen. Ich denke, dass gerade das brennende Anliegen der Daniel-Tradenten, die die vierte Rezension ihres Werkes verfassten – dass nämlich Eroberung und Plünderung des Heiligtums Gottes im Jahre 169 v.Chr. die Schwellenereignisse zur Welt Gottes seien –, nur im Widerspruch aufgenommen werden kann. Würde es zustimmend aufgenommen, müsste die Suche nach ähnlichen Ereignissen und Entwicklungen beginnen, müssten konkrete Versprechungen gewagt werden, dass die Welt Gottes anbräche nach gerade erlebbaren Veränderungen. Wer will solches tun?

Auch jetzt bietet der Text schon selbst die Hilfe vor engführender Individualisierung. Eine Gemeinschaft ist es, die die Welt Gottes erlebt: Die Bewährten Israels erhalten das Mandat der Macht Gottes. Aber diese Aussage kann nicht konkret gefüllt werden, indem wir zu sagen wagten: Diese werden es sein, oder jene. Nur kritisch kann ich alle Versuche solcher Identifikation bewerten, die im Laufe der Kirchengeschichte vorgetragen worden sind. Auch die Daniel-Tradenten werden weiter darüber ringen, wer diese 'Heiligen' sind. Indem sie aber zugleich jede innerweltlich-menschliche Aktion zur Durchsetzung der Macht Gottes ablehnen, verhindern sie eine Identifikation, die sozusagen 'Kampfgefährten' benennt. Im Grunde bleiben die Daniel-Tradenten hier ganz verhalten. Sie sehen die Opfer im jüdischen Volk. Um dieser Opfer der unrechten Welt willen entwerfen sie ihre Texte. Die Opfer also müssen auch aufgehoben werden in der Gnade Gottes. So sagen sie – das ist ihre wesentliche Antwort –: Die Opfer bekommen das Mandat Gottes. Mehr sagen sie nicht. Mehr dürfen auch wir nicht vorgeben zu wissen. Es bleibt nur die grundlegende Identifikation, dass es nämlich Opfer des jüdischen Volkes sein werden, die das Mandat erhalten. Ich denke, dass dies nie wegdiskutiert werden darf. Niemand – auch die christliche Kirche nicht – darf sich schlankweg an diese Stelle setzen. Nur die Hoffnung können wir aussprechen, dass Gott als seine 'Heiligen' auch Menschen aus anderen Völkern erkennen wird.

Diese hermeneutischen Überlegungen haben weit von der Situation im Herbst 1989 in der DDR weggeführt. Ich denke, das muss so sein. Denn hier werden Erfahrungen verarbeitet, die grundstürzender waren als das, was wir vor vier Jahren erlebt haben. Das aber heisst, dass die Danielbibliothek Wahrheiten bereithält, die uns aus unserem deutschen und europäischen Erlebnisbereich hinausweisen auf grössere Krisen. Bevor auf diesem Weg der Interpretation weitergeschritten werden kann, muss noch ein Einzelproblem kurz thematisiert werden.

Exkurs 7: Die Deutepersonen

Dieser Exkurs will nur eine kurze Skizze bieten. Eine ausführliche Darstellung ist nicht notwendig, weil der Hinweis auf eine neue Abhandlung zum Thema möglich ist: Hansgünter REICHELT hat gerade jüngst das hier interessierende Material zusammengestellt und interpretiert.[158] Dabei fasst er den knappen forschungsgeschichtlichen Überblick etwas ernüchternd zusammen: 'Insgesamt wird der angelus interpres als ein für die nachexilische Zeit und insbesondere für die jüdisch-apokalyptische Literatur besonderes

[158] Angelus Interpres-Texte.

Charakteristikum und als typisch für die Engel-Vorstellungen dieser Zeit oft erwähnt, doch über das bisher Gesagte hinaus lässt sich aus der Forschungsliteratur über die Gestalt des angelus interpres nicht viel mehr in Erfahrung bringen.'[159] Die Textbasis ist differenziert und weitgefächert. Eine systematisch gestaltete Vorstellung lässt sich nicht erheben. Insofern sind generalisierende Aussagen wenig ratsam. Die Vielfalt der Auffassungen wird schon daran deutlich, dass die Figur einer 'Deuteperson' in nicht immer ganz zu klärenden Bezügen zu anderen Botenpersonen steht. Dies gilt für das Material in der Danielbibliothek, soll aber zuerst am Material in Sacharja gezeigt werden.

Neben Ez 40-48 – das jetzt bewusst überseite bleiben soll – spielen die Befunde in Sach 1ff eine grosse Rolle. Bevor ich einige Beobachtungen zusammenstellen kann, muss aber eine grundsätzliche Reflexion vorangestellt werden: Welche Textgestalt werden die Daniel-Tradenten vor sich gehabt haben? Diese Frage ist besonders deshalb entscheidend, weil die moderne Exegese für Sach 1,7ff zahlreiche Eingriffe empfiehlt (vgl. nur die Hinweise in BHS), um zu einer älteren Textfassung vorzudringen. Ist anzunehmen, dass die Daniel-Tradenten eine solche ältere Fassung vor sich gehabt hatten, in der vielleicht mehr Klarheit über die Personen herrschte, die dem Propheten gegenüberstanden? Für die nächste Rezension der Danielbibliothek wird die Vorstellung der 'siebzig Jahre' in Sach 1,12 eine Grundlage für eigenes Nachdenken sein. Haben die Daniel-Tradenten diesen Vers mit dem Hinweis auf den 'Boten Jahwes' gelesen oder ohne ihn? Die Komplexität der Vorstellungen in der Danielbibliothek selbst lässt eigentlich wahrscheinlich erscheinen, dass die Daniel-Tradenten eine solche Vielfalt schon vorgefunden haben. Deshalb setzte ich für diesen kurzen Vergleich die Textgestalt des masoretischen Texts voraus.

Schon im ersten Nachtgesicht des Sacharja sind viele Dimensionen feststellbar: 1,8 – der Prophet sieht eine Reitergestalt; 1,9 – der Prophet wendet sich an eine nicht besonders eingeführte Deuteperson ('der Bote, der mit mir redete'); 1,10 – die Gestalt 'zwischen den Myrthen', die nach V. 8 die Reitergestalt ist, gibt eine Deutung; 1,11 – die Gestalt 'zwischen den Myrthen', die jetzt der 'Bote Jahwes' ist, wird von den Pferden angesprochen; der 'Bote Jahwes' leistet Fürbitte; 1,13ff – jetzt wird die 'klassische' Situation deutlich: Jahwe spricht mit der Deuteperson und erst diese übermittelt dem Propheten das Gesagte. Auf diese so skizzierte Deuteperson wird in den folgenden Nachtgesichten Bezug genommen: 2,2; 4,1.5.11.12.13.14; 5,2.5f.10f; 6,4f. Sehr oft geschieht dies ohne direkte Spezifikation, so dass

[159] A.a.O., 7f.

auch offen bleiben kann, wer gemeint ist (vgl. 4,11ff). Auch weiterhin bleibt diese Deuteperson zugeordnet zu anderen Personen, die der Prophet wahrnimmt: 2,5.8; 3,1.6. Der vieldimensionale Bezug in Sacharja zwingt also dazu, genau nach Erscheinungsbild, Wirkungsweise und Funktion der Deuteperson zu fragen.

In derselben Weise lohnt sich das für den Befund in der Danielbibliothek. In der zweiten Rezension wird Daniel vorgestellt, als wende er sich an eine Person des göttlichen 'Hofstaats'. Diese Person wird nicht direkt als Deuteperson gekennzeichnet, gleichwohl erfüllt sie die Bitte des Visionärs (vgl. 7,16). Hier kann noch nicht wirklich davon gesprochen werden, dass die Daniel-Tradenten eine Deuteperson einsetzten. Sie binden lediglich die beabsichtigte Botschaft an eine 'himmlische' Person, die also für die Wahrheit des Gesagten einsteht. Erst in der vierten Rezension ist eine durchdachte Vorstellung von einer Deuteperson belegt. Allerdings wird diese Person sofort in etwas schillernder Weise eingeführt, indem ein Menschengestaltiger – im Unterschied zu den bisher geschauten Tieren – den Gabriel ruft, der diese Deuteperson sein wird (vgl. 8,15-17). Dieser führt dann die Deutung aus.

Auch weiterhin werden die Daniel-Tradenten bei Gabriel als Deuteperson bleiben. In 9,21 (in der fünften Rezension) ist es Gabriel, der die unerhört neuen Einsichten in die Bedeutung der Schrift vermittelt. Dabei spielen die Redaktoren ausdrücklich auf 8,16 an. Auch im grossen Textkomplex 10-12* erhält Gabriel die Aufgabe der Deuteperson: So in 10,5-14, in 10,18-20; 11,1f und in 12,5ff. Bei der letzten Erwähnung führen die Daniel-Tradenten noch zwei andere Gestalten ein, die sich an Gabriel wenden (zu 12,6 vgl. 10,5ff). Schliesslich kennen sie auch die Gestalt des Michael, die andere Aufgaben hat (10,15ff). Die Deuteperson ist also in ein Beziehungsgeflecht zu anderen 'himmlischen' Personen eingebunden. Ein letzter 'Pinselstrich' wird erkennbar im Hinweis 8,13, wo miteinander redende 'Heilige' die Sachaussage formulieren.

Traditionellerweise werden solche Boten- oder Engelsvorstellungen, so auch die einer Deuteperson, hergeleitet aus dem Gedanken der Transzendenz Gottes. Weil Gott immer distanzierter von den irdischen Gegebenheiten vorgestellt wird, müssen interpretierende 'himmlische' Personen die Brükke schlagen. Vergleicht man diesen Gedanken mit dem Grundproblem der Verborgenheit Gottes, das schon in 3,17f deutlich wurde, und der Art, wie dort mit diesem Problem umgegangen wird, werden sich Zweifel einstellen: Nimmt der Gedanke der Transzendenz und Distanz Gottes wirklich zutreffend die Problemlage der damaligen Theologen auf? Ich denke, dass ihr hauptsächliches Problem die Legitimation völlig neuer theologischer Gedanken gewesen ist. Alle diese 'himmlischen' Gestalten dienen der Begründung der neuen Wahrheiten. Sie werden 'bemüht', um den Leserinnen und Lesern deutlich zu machen, dass das Gesagte wirklich göttliche Wahrheit ist.

5.5 'Von der Zahl der Jahre ... siebzig Jahre' (9,2b)

Die jetzt ins Auge zu fassende fünfte Rezension des Danielbuches ist durch ein ganz eigenständiges Profil bestimmt. Dessen Interpretation wirft auch eine Fülle von neuartigen Fragen auf. Dabei muss deutlich sein: Der vorgelegte Versuch der Auseinandersetzung kann weder alle Lösungsversuche auflisten – das ist ja auch sonst nicht Ziel diese Buches –, noch alle Fragen selbst überzeugend beantworten. Gleichwohl sollen neue Gesichtspunkte für die Interpretation ins Gespräch gebracht werden. Vielleicht ist damit ein Betrag zum besseren Verstehen zu leisten.

Wesentliches Anliegen dieser Fassung der Danielbibliothek ist der Versuch, die geheimnisvolle Aussage über die Dauer der Terrorherrschaft in 7,25 zu interpretieren und verständlich zu machen. Die Daniel-Tradenten haben dies getan, indem sie den Gedanken der absoluten Gegliedertheit der Geschichte im Sinne eines zeitlich zu bestimmenden Grundrhythmus – der im Vergleich zur bisherigen Gestalt des Datierungssystems völlig neu ist! – in den Text eintragen.[160] Natürlich vertreten die bisher schon angefügten apokalyptischen Zusätze die Überzeugung, dass die Geschichte gegliedert sei. Aber erst jetzt wird ein festliegender Rhythmus behauptet, demgegenüber man sich fügen kann, um so Geborgenheit zu gewinnen: Die Daniel-Tradenten glauben zu wissen, an welchem Moment des absolut geordneten Zeitablaufs sie sich befinden!

[160] M.E. hat diese Redaktion 1,1a eingefügt. Ich ordne ausserdem dieser Hand die Erweiterung von Dan 1 um die Speisepraxis zu (1,5aα.8-16). In Dan 7* ordne ich dieser Redaktion zu: V. 18 ('bis zum Olam und'). Wesentlicher Zusatz ist die Anfügung von Dan 9*, verknüpft mit dem Zusammenhang durch V. 1a: 9,1a. 2aβ.b.3.21-27bα. Die Danielbibliothek hat jetzt folgenden Umfang:
1,1.2a*.b.3-21;
2,1-49;
3,1-19.20*.21-30;
3,31-33; **4**,1-4.5*.6-11.12*.13-31.32*.33-34;
5,1-2.3*.4-10.11*.12-24.25*.26-30; **6**,1;
6,2-12.13a*.b.14-29;
7,1-4.5a*.b.6-28.
8,1.2aβ.bβ.3-8a.b*.9.10a.b*.12b.15-17.20-22.23aα.b.24aα.δ.25aγ-b.26b.27.
9,1a.2aβ.b.3.21-27bα.

Sie scheinen dabei auszugehen vom Gedanken einer geordneten Raum-Zeit-Wirklichkeit, dem 'Olam' (vgl. den Zusatz in 7,18[161]), die – so wissen wir aus dem 'Astronomischen Buch' der Henochbibliothek – durch den Gestirnzyklus strukturiert wird.[162] Nun ist aber diese aus den Gestirnzyklen erkennbare Struktur nicht zufällig, sie lässt vielmehr die Siebenzahl, d.h. für jüdische Theologen eine Sabbatstruktur erkennen. Zuerst und eigentlich gilt diese Struktur für die Dauer des aus babylonischen Anregungen entwickelten 364-tägigen Jahres, dessen Summe an Tagen nämlich durch die Zahl 7 teilbar ist.[163] Sodann übertragen die jüdischen Theologen diese Entdeckung auf die Dauer der gesamten Raum-Zeit-Wirklichkeit, der 'Weltzeit'.[164] Diese 'Weltzeit' selbst ist in 'Siebenheiten' gegliedert, also in Zeiteinheiten, die zueinander in Siebenerverhältnissen stehen: 'Die Zehn-Wochen-Apokalypse ... gliedert analog Dan $9_{24\text{-}27}$ die Geschichte der Menschheit bzw. den von Gott geschaffenen *ᶜalam* in zehn *sabuᶜin* zu je 490 Jahren. ... "Henoch" erweist sich als derjenige, der die Sabbatstruktur aller Geschichte am konsequentesten zu Ende verficht.'[165] Die biblischen Voraussetzungen für solche Schemata sind offensichtlich die in Lev 25 begegnenden Systeme des Sabbatjahres und des Jobeljahres, wonach dem Land in jedem siebenten Jahr Ruhe gegeben und in dem Jahr, das auf das siebente Ruhejahr folgt, also dem 50. Jahr, eine umfassende Restitution in allen wirtschaftlichen Bereichen durchgeführt werden soll.[166] Diese Rhyth-

[161] Hier sei nur festgehalten, dass in 3,33; 4,31; 6,27 – Stellen, die die Daniel-Tradenten schon formuliert hatten –, die Herrschaft Gottes für alle Raum-Zeit-Wirklichkeiten als eigentlich mächtig behauptet wird. Sodann hatten die Daniel-Tradenten schon mit 2,44; 7,14.18*.27 die Überzeugung ausgesprochen, dass die eigentliche, kommende Gottesherrschaft eine neue, ungebrochene Raum-Zeit-Wirklichkeit sein wird, ein neuer 'Olam'. Diesen Gedanken verstärken sie durch ihren Eintrag in 7,18.

[162] Hier übernehme ich Forschungsergebnisse von M. Albani, Astronomie, 95, die zum genannten 'Astronomischen Buch' der Henochbibliothek erarbeitet wurden.

[163] An dieser Stelle kann nicht im Einzelnen nachgewiesen werden, wie dies gelang. Es muss der Hinweis genügen, dass die babylonischen Materialien, die den jüdischen Theologen vorlagen (M. Albani diskutiert ausführlich die babylonische Serie 'Pflugstern' = MUL.APIN, a.a.O., 161-216) offensichtlich auf eine Jahreslänge von 364 Tagen hinweisen, die ihrerseits durch 7 teilbar ist. Dadurch war ein 'ewiger Kalender' von 364 Tagen herstellbar, der eine genaue Sabbatheiligung ermöglichte (M. Albani, a.a.O., 245; vgl. auch ders., Mitteilungen und Beiträge 4, 21-23).

[164] K. Koch, ZAW 95 (1983) 403-429, hat diesen Vorgang für die 'Zehn-Wochen-Apokalypse' des Henoch-Buches erhellt.

[165] K. Koch, a.a.O., 429.

[166] Für Einzelheiten verweise ich auf meine kleine Studie in Mitteilungen und Beiträge 3, 1-22, und in kürzerer Fassung in Caritas 93 (1992) 114-121.

men sind ja noch nicht so gemeint, dass sie eine nachrechenbare Gliederung der 'Weltzeit' böten. Genau so werden sie aber jetzt verwendet. Dabei wird zurückgegriffen auf Jer 25,11f; 29,10; Sach 1,12; 7,5; 2 Chr 36,20f. Vor allem in 2 Chr 36,20f wird die Verbindung zur Sabbatvorstellung deutlich, weil hier behauptet wird, dass die 70 Jahre der Deportation nötig gewesen seien, um die vorher übertretenen Sabbate für das Land nachzuholen. Von hier her verstehen die Daniel-Tradenten die aus Jer 25 und 29 übernommenen, die 'Weltzeit' gliedernden 'Bauelemente' nicht mehr als Jahre, sondern als Siebenheiten. Ihrer Meinung nach in Einklang mit der im Jeremiabuch vorgelegten These der 'Siebzig Jahre' (9,2) wird nun von 70 Siebenheiten gesprochen (9,24): Diese Zeitspanne stellt die Gesamtzeit der überschauten Geschichte dar! Nun wird gewöhnlich diese Zeiteinheit als ein Abschnitt von 70 Sabbatjahren, anders gesagt: von 70 Jahrwochen, d.h. von 490 Jahren verstanden. Vielleicht muss aber sowohl die Tatsache ernst genommen werden, dass hier ein maskuliner Plural von 'Siebent' begegnet, als auch die, dass ab 9,24 der Begriff 'Jahr' überhaupt nicht mehr verwendet wird. Wollen die Daniel-Tradenten also gar nicht von Jahren reden?

In einem zweiten Schritt muss nun die genauere Gestalt dieser Gesamtzeit geklärt werden. Sie setzt ein im 'dritten Jahr des Jojakim' (1,1a). Damit geben sich die Daniel-Tradenten als abhängig erkennbar von dem System in 2 Chr 36 und der Datierung des Textes in Jer 25,1.[167] Beide Quellen werden also von den Daniel-Tradenten verbunden[168] und auf diesem Wege für das Jahr 606/5 v.Chr. ein babylonischer Feldzug gegen Jerusalem postuliert, der die Königsherrschaft des Jojakim und den Kult beendet habe. Damit wird indirekt auf die persische Eroberung des neubabylonischen Reiches 539/38 v.Chr. als möglichem Heilsbeginn hingewiesen: 'Der vom Danieleingang als entscheidend herausgestellte Feldzug von 607/6, der die Eigenständigkeit von Königtum und Kult in Jerusalem beseitigt, findet 70 Jahre vor dem Kyrosedikt und damit der Exilswende von 538/7 v.Chr. statt!'[169] Mit den Hinzufügungen in Dan 9 wird aber diese mögliche Schlussfolgerung sogleich korrigiert: Hoffnungen, die mit den Möglichkeiten von Rückkehr und Wiederaufbau in Jerusalem/Juda verknüpft wurden,

[167] Vgl. hierzu R.G. Kratz, WMANT 63, 38, Anm. 107 und 108, und V. Huonder, Theologische Berichte 5, 45.
[168] R.G. Kratz, a.a.O., 263.
[169] K. Koch, in: Mitte der Schrift?, 189. Die leichten Unterschiede bei der Angabe der Jahreszahlen betreffen nicht das Prinzip des Konzepts. Zugleich ist mit diesem Hinweis festgehalten, dass alle Versuche, die Historizität der Angaben von Dan 1,1a zu erweisen, verfehlt sind (s.u., 7.1.).

werden mit den neuen Zeitsystemen wachgehalten für die eigene bevorstehende Zukunft des – wie wir sagen müssen – 2. Jh. v.Chr.[170] D.h., dieses System nimmt die Zeitspanne der Unterdrückung, d.h. der Exilsexistenz, und des Neuanfangs ins Auge. Ziel der Aussage ist es also, das nahe Ende dieser Sühnezeit für Israel, die auch die Rückkehr mit umfasst, einleuchtend zu machen. Im Sinne des vorliegenden Datierungssystems ihrer Bibliothek haben die Daniel-Tradenten das Erlebnis der Schriftexegese *vor* der Zeit des Kyros (1,21; 6,29; vgl. 10,1) und *nach* der Zeit des neubabylonischen Reiches eingeordnet. Es blieb dann nur die Herrschaftszeit eines medischen Königs (6,1), der dieses Erlebnis jetzt auch zugeordnet wird (9,1a). Dan 9* will sich also in die Zeit von Dan 6 einfügen. Wie gliedern nun die Daniel-Tradenten den von ihnen überschauten Zeitraum von 70 Siebenheiten? Dazu muss 9,24-27bα befragt werden:[171]

(9,24) 'Siebzig Siebenheiten sind verhängt
über dein Volk und über deine heilige Stadt,
um zu beenden die Sünde
und um voll zu machen die Sünde
und um zu sühnen die Schuld
und um zu bringen ewig währende Gerechtigkeit
und um zu bestätigen Gesicht und Prophetie
und um zu salben das heiligst Heilige.
(9,25) Und erkenne und wisse:
Vom Ausgehen des Wortes,
dass zurückgeführt und aufgebaut werden solle
Jerusalem
bis zu einem gesalbten Fürsten –
sieben Siebenheiten.
Und zweiundsechzig Siebenheiten lang
kehrt sie zurück und wird wiedererbaut
Platz und Graben
unter dem Druck der Zeiten.

170 'Da nach meiner Meinung Dan 1,1 wie 9,1f. das wörtliche Verständnis von Jer 25 voraussetzen, kann es sich, eine Einheitlichkeit der Danielredaktion vorausgesetzt, nicht einfach um ein Entweder-Oder von 70 und 490 Jahren, sondern nur um ein Sowohl – als auch handeln' (K. Koch, a.a.O., 196).

171 Für Einzelheiten s.u., 7.9.

(9,26) Und nach den[172] zweiundsechzig Siebenheiten
wird beseitigt ein Gesalbter
und nichts bleibt ihm.
Die Stadt aber und das Heiligtum –
vernichtet wird es von einem Fürsten.
Und es kommt das Ende in der Flut.
Und bis zum Ende ist Krieg,
vorherbestimmte Verwüstung.
(9,27) Aber doch erweist sich als stark der
Bund der Vielen –
eine Siebenheit lang.
Und zur Hälfte der[173] Siebenheit
wird ein Ende bereitet dem Schlachtopfer
und dem Speiseopfer.'

Es werden erst 'sieben Siebenheiten' benannt, dann 'zweiundsechzig Siebenheiten' und zuletzt 'eine Siebenheit', während derer Halbzeit eine besondere Eskalation stattfindet.[174] Der Text listet also nur 69 1/2 Siebenheiten auf. Damit entspricht er aber prinzipiell der Angabe von 7,25, die er interpretieren will: Er benennt erst eine Zeiteinheit ('sieben Siebenheiten'), dann die Mehrzahl von Zeiteinheiten ('zweiundsechzig Siebenheiten') und schliesslich die Hälfte einer Zeiteinheit ('eine Siebenheit', bzw. deren Hälfte).[175] Was können wir mit diesen Angaben anfangen? Trotz der oben ausgesprochenen Zweifel ist natürlich eine Übertragung auf die Geschichte nur mit Hilfe von Jahresberechnungen möglich. Die Daniel-Tradenten wählen ja jetzt auch ein konkretes Jahr als Anknüpfungspunkt, das 'dritte des Jojakim', also 606/605 v.Chr. Ausserdem geben sie konkrete Hinweise, die verstehbar sind. So spielt V. 25a auf Kyros an, der im Sinne der Kyroslieder des Deuterojesaja als 'Gesalbter' bezeichnet wird. Er hat das Exil beendet, womit der Text hier wirklich im Jahr 539/538 v.Chr. sein will. Dieser erste Abschnitt von sieben Siebenheiten würde zu einer sinn-

[172] Der Artikel stellt sicher, dass hier auf die schon genannten 'zweiundsechzig Siebenheiten' zurückbezogen wird.

[173] Der Artikel zeigt wieder, dass auf die schon genannte 'eine Siebenheit' zurückbezogen wird. Die genannte 'Hälfte der Siebenheit' ist also Bestandteil der 'einen Siebenheit'.

[174] Zu anderen Aufteilungsversuchen, die m.E. alle nicht genau auf den Text Rücksicht nehmen, vgl. K. Koch, EdF 144, 149ff.

[175] Natürlich ist 'eine Siebenheit' nicht genau die Halfte von 'sieben Siebenheiten'. Aber die Tatsache, dass 'p^{e}lag' (7,25) auch den Bedeutungsinhalt 'Teil' hat, macht die vorgeführte Argumentation wahrscheinlich.

vollen Zahl führen, nämlich zu 49 Jahren, was die Dauer des Exils – gerechnet ab 587/586 v.Chr., nicht aber ab 606/605 v.Chr. – genau beschreiben würde. Das Exil hat also wirklich einen Jobelzusammenhang lang gedauert; die Rückkehr in die Heimat kann demzufolge als Restitution begriffen werden. Ebenfalls ist der Sinn der Zweiundsechzig Siebenheiten erkannt worden: Sie umreissen mit ihren 434 Jahren die Zeit der Herrschaft der judäischen Könige nach der deuteronomistischen Chronologie, die jetzt büssend wiederholt werden muss.[176] Diese Periode endet mit einem wieder eindeutig benennbaren Ereignis, nämlich der Ermordung des Hohenpriesters Onias III. im Sommer 170 v.Chr., wodurch die Genealogie der legitimen Hohenpriester abgebrochen ist (V. 26a). Sodann nennt V. 26b nach dieser Periode einen anderen 'Fürsten', der die Stadt und das Heiligtum vernichtet. Diese Notiz weist natürlich auf Antiochos IV. Epiphanes und will in die Zeit ab 169 v.Chr. eingeordnet sein. Das letzte Zeitsiebent, in dessen Hälfte sich die Daniel-Tradenten befinden, könnte dann durchaus noch weitere sieben Jahre meinen. Allerdings führt die Berechnung bei Anwendung des Gedankens, hier seien Jahresspannen gemeint, zu fehlerhaften Ergebnissen:

Wir müssen die Jahresspannen von 49 Jahren, 434 Jahren und von 3 1/2-7 Jahren unterbringen. Wir haben zugleich die festen Daten 606/605, 539/538, 170 und 169 v.Chr. Lassen sich diese Zahlen zusammenfügen? Beginnend bei 606/605 v.Chr. ergeben sich die Etappen: 557/556 v.Chr., 123/122 v.Chr. und 119/118-116/115 v.Chr. Beginnend bei 587/586 v.Chr. würden die Zahlen lauten: 538/537 v.Chr., 104/103 v.Chr. und 100/99-97/96 v.Chr. Diese Zahlen könnten mit Irrtumsspannen unserem Wissen vom Ablauf der Geschichte angepasst werden, werden aber damit nicht sinnvoller. Vielmehr ist zur Kenntnis zu nehmen, dass die hier angebotenen Jahresspannen und Jahreszahlen nicht zusammenpassen. Je länger ich über diesen 'Dismal Swamp of O.T. criticism' nachdenke,[177] desto mehr habe ich den Eindruck, dass gerade *nicht* nachgerechnet werden *darf*. Denn die Daniel-Tradenten verbinden hier historische Kenntnisse mit 'theologischer' Datierung, indem sie eine *'systematische Verknüpfung profetischer Weissagungen'* erstellen![178] Deshalb sind ihre Berechnungen in gewissen Koordinaten richtig, dies aber auch nur partiell, und passen die verschiedenen Koordinatensysteme nicht zusammen. Wichtig ist, dass sie ihren Text mit dem Hinweis auf die Beendigung der allgemeinen Opferpraxis schliessen (V. 27bα). Unabhängig von ihrem Berechnungsschema

[176] K. Koch, VT 28 (1978) 439; A. Laato, ZAW 102 (1990) 224.
[177] J. A. Montgomery, ICC, 400.
[178] K. Koch, in: Mitte der Schrift?, 198, mit noch weiteren Belegen.

zeigen sie damit, dass sie sich in einer Zeit befinden, in der der Tempelkult zumindest nach ihrem Verständnis nicht mehr ordentlich vollzogen wird. Sie reden aber noch nicht von der 'Verwüstung' des Heiligtums. Die Einrichtung der Kultmöglichkeit für syrische Soldaten steht also noch bevor.

Hieran schliesst sich organisch die Frage nach einer möglichst exakten historischen Einordnung dieser Rezension der Danielbibliothek an. War für die vierte Rezension die Einordnung nach der ersten Eroberung Jerusalems 169 v.Chr. erwogen worden und muss für die folgende Rezension die Zuordnung in den Zusammenhang der Veränderungen im Tempelbereich 167 v.Chr. geltend gemacht werden, so bleibt für diese fünfte Rezension die Zeit um den zweiten Angriff auf Jerusalem 168 v.Chr. als historischer Ansatzpunkt. Da sie schon von einer Beendigung des Kults spricht, muss zumindest eine Entwicklung vorausgesetzt werden, der die Daniel-Tradenten widersprechen. Könnte dabei an die Wiedereinsetzung des hellenistisch gesonnenen Hohenpriesters Menelaos gedacht werden?

Dass den Daniel-Tradenten die ungeheuerliche Neuheit ihrer Deutung bewusst war, zeigt sich daran, dass sie ihre Erkenntnisse nicht selbst verantworten. Wie in 8,16 wird Gabriel eingeschoben, der die Einsichten von Gott her mitteilt (9,21). Damit geben die Verfasser zu erkennen, dass sie um die göttliche Legitimation ihrer Anschauungen ringen. Sie wollen erweisen, dass es nicht Menschenwerk und -meinung ist, was sie verkündigen, sondern wirklich teilhaftig werden lässt am Geheimnis Gottes.[179]

Schliesslich sei hervorgehoben, dass erst jetzt die Entscheidungssituation, in der sich die jüdische Gemeinschaft befindet, durch den Eintrag des Themas spezieller Reinheit mit der Szene um die königlichen Speisen in Dan 1 (vgl. 1,5aα.8-16) besonders zugespitzt im Text benannt wird. Damit wird ein Reinheitsideal zur Sprache gebracht, das sonst auch nur aus Schriften des 2. Jhr. v.Chr. bekannt ist '... (Tobit, Judith, Jubiläen, 2. Makkabäer). Weder Jojachin noch Nehemia noch Esther haben Anlass gesehen, die ihnen vom heidnischen König aufgetischten Speisen und Getränke zu verschmähen.'[180] Mit dieser Radikalisierung wird schon die entscheidende Bekenntnisfrage, die die Daniel-Tradenten in ihrer historischen Stunde bewegte, klar ausgesprochen: So wie die jüdischen Männer in der gedachten Situation am neubabylonischen Hof den möglichen Verzehr von Fleisch, das bei einem Opfer für andere Götter abgefallen war, abweisen und so

[179] Zu dieser Argumentation vgl. oben, Exkurs 7.

[180] A.S. van der Woude, BETL CVI, 10. Vgl. auch die Erwägungen durch K. Koch, BK XXII/1, 60.

ihre Treue zum einzigen Gott Jahwe unter Beweis stellen,[181] sollen auch die Leser dieses Werkes in ihrer Zeit allen Herausforderungen zur Verleugnung Jahwes standhaft widerstehen. Und wie die jüdischen Männer am neubabylonischen Hof in wunderbarer Weise bewahrt und sogar über ihre fremdreligiösen Partner erhoben wurden, so werden auch – das ist doch wohl die Hoffnung der Verfasser – die Juden in damaligen 'Heute' bei gleicher Treue ebenfalls von Gott bewahrt und gefördert werden.

Aus der Fülle von Themen, die diese Rezension der Daniel-Bibliothek aufgibt, sei jetzt nur der Gedanke herausgegriffen, dass die Weltzeit in sich fest gegliedert und bemessen sei. Ist zu ihm eine andere Haltung möglich als die, ihn als absurd abzulehnen? Die im Exkurs zu Fragen der Hermeneutik formulierten Entscheidungen verbieten jedenfalls, die Suche nach einer zeitlich beschreibbaren Wende zur Welt Gottes zu beginnen. D.h., dass schon die Fragestellung, die die Daniel-Tradenten bewegt hat, kritisch zu bewerten ist. Sodann ist in Frage zu stellen, ob aus der inneren Gesetzmässigkeit der Zyklen der Gestirne – eine Überzeugung, die vielleicht hinter den Formulierungen in Dan 9 steht – eine Strukturiertheit der menschlichen Geschichte ableitbar ist.

Gewiss bestimmen die Rhythmen der Gestirne auch die Lebensrhythmen auf der Erde. Ich will auch zugeben, dass das Rhythmen sind, die über ein einzelnes Jahr hinausreichen (das zeigt sich schon an der Notwendigkeit von Schaltungen/Interkalationen). Ob aber Jahrhunderte menschlicher Geschichte in ein Zeitschema eingefügt werden können, wage ich doch zu bezweifeln. Hier sind aus 'zufälligen' Berührungen zwischen astronomischen Beobachtungen (vgl. die Zahl 7 als mögliche Strukturgrösse für den Ablauf eines Jahres), theologischen Rhythmusinteressen (vgl. das Jobeljahr) und tatsächlich geschehenen historischen Abfolgen (vgl. die Länge des Exils) Gesetzmässigkeiten konstruiert worden, die sich dann aber doch nicht zu einem überzeugenden System haben zusammenfügen lassen. Dieses ganze System soll ja nun nichts anderes tun, als den Glauben in die göttliche Weltmacht zu stärken. Dieser Glaube aber braucht nicht notwendig ein ihn stützendes System, das vielleicht aus der Astronomie entwickelt ist. Ich denke, dass auch die Verkündigung heute nicht versuchen sollte, solche Systeme zu entwickeln. Dies wäre ausserdem für Menschen, die in der DDR gelebt haben, ausgesprochen suspekt, weil die kommunistischen Ideologen selbst Systeme der Gesetzmässigkeit der Geschichte propagierten. Solche Systeme sollten erweisen, dass die gesamte Menschheitsgeschichte kein anderes Ziel gehabt hätte, als auf die Gesellschaftsform hinzulaufen, die in

[181] Vgl. R.G. Kratz, WMANT 63, 145.

der damaligen Sowjetunion und der DDR verwirklicht wurde. M.E. sind solche Versuche, die mir schon immer lächerlich vorgekommen sind, endgültig ad absurdum geführt. Natürlich hat das nur zur Folge, dass wir heute aus dem Ablauf der Geschichte selbst keinerlei Hoffnung mehr zu gewinnen vermögen. In der jeweiligen Gegenwart ist nichts anderes möglich, als so vernünftig wie möglich die für alle beste Form der Gesellschaft zu gestalten und zu hoffen, dass Gott geheimnisvoll das Gute unterstützt.

5.6 'Bis zum Fürsten des Heeres ist er gross geworden' (8,11a)

Reagierend auf erneute Herausforderungen der Bedrohung erweitern die Daniel-Tradenten ihr Werk zu einer sechsten Fassung.[182] Dabei fällt zuerst auf, dass sie den bisher gelegten Datierungsrahmen überschreiten: Hatte 1,21 die Wirksamkeit des Daniel bis zum 'ersten Jahr des Königs Kyros' bemessen (vgl. auch 6,29), so datieren sie die jetzt berichteten Erlebnisse in dessen drittes Regierungsjahr (10,1).[183] Wie ist das zu bewerten? Natürlich wird damit ein gewisser Widerspruch deutlich. Zu allererst aber wird der Wille zum Ausdruck gebracht, die Danielbibliothek weiterzuschreiben. Auch wenn der mit 1,21 gelegte Rahmen des Wartens verstrichen ist, muss weiter durchgehalten werden. Offensichtlich verstehen die Daniel-Tradenten das Erlebte, das sie zu dieser neuen Rezension ihres Werkes herausgefordert hatte, als so grundstürzend, dass sie den Übertritt in eine neue Periode andeuten. Allerdings bleiben sie dabei, dass die Zeit des Wartens auf

[182] Dieser Rezension ordne ich die zweite Bearbeitung von Dan 8* zu: VV. 2aα.γ.bα.11a.bα.18-19.24aγ; in Dan 9*: VV. 4-7.9-20.27bβ; den Grundbestand und die erste Bearbeitung in Dan 10: VV. 1-4bα. 5-8aβ.b.9a.bβ.10-20, wozu als Einheit hinzugehört der Grundtext von Dan 11: VV. 1-12.13*.14-23.24*.25-36.37*.38-45,sowie der Grundtext von Dan 12: VV. 5-10.13. Die sechste Rezension der Danielbibliothek hat also folgenden Umfang:

1,1.2a*.b.3-21;
2,1-49;
3,1-19.20*.21-30;
3,31-33; **4**,1-4.5*.6-11.12*.13-31.32*.33-34;
5,1-2.3*.4-10.11*.12-24.25*.26-30; **6**,1;
6,2-12.13a*.b.14-29;
7,1-4.5a*.b.6-28.
8,1-8a.b*.9.10a.b*.11a.bα.12b.15-22.23aα.b.24aα.γ.δ.25aγ-b.26b.27.
9,1a.2aβ.b.3-7.9-27.
10,1-4bα.5-8aβ.b.9a.bβ.10-20; **11**,1-12.13*.14-23.24*.25-36.37*.38-45; **12**,5-10.13.

[183] 11,1 ist keine eigenständige Datierung, sondern Teil der erlebten Audition (s.u., Kap. 7.10).

die grosse Wende prinzipiell so strukturiert ist, wie sie es schon ausgesagt hatten (vgl. 12,7, das 7,25 und 9,24-27bα bestätigt).

Die Hinzufüfungen machen deutlich, dass sich jetzt die Daniel-Tradenten mit der endgültigen Verunmöglichung des Tempelkultes auseinandersetzen. Sie führen damit fort, was schon am Ende der fünften Rezension angemerkt worden war (9,27bα). Nun aber müssen sie auf Veränderungen im Tempelbereich hinweisen, die sie als 'Verwüstung' deuten (8,11a.bα; 9,17.27bβ; 11,31.36). In diesem Zusammenhang betonen die Verfasser, dass die neuen Herausforderungen vielfältige Verunsicherungen für die Juden und besonders die Frommen unter ihnen bedeuten (11,32-35; 12,7.10). Ausserdem reflektieren die Daniel-Tradenten den schon in 9,24 und durch den Deuteschlüssel der 'Siebzig Siebenheiten' angesprochenen Gedanken der eigenen Schuld (vgl. 8,19; die Erweiterungen in Dan 9). Damit sind die entscheidenden Themen dieser Fassung der Danielbibliothek benannt, denen nachgegangen werden soll.

Durch die Einfügung des auf die konkrete Situation hin verfassten Gebets in Dan 9* und kurze Hinweise in Dan 8* und 11* wird der Gedanke des eigenen Anteils an der schwierigen Lage, **der Gedanke von Schuld und Sünde** in der Danielbibliothek ausführlich entwickelt. Dies gelingt zuerst einmal dadurch, dass die Leidenszeit des jüdischen Volkes durch die himmlische Deuteperson Gabriel als 'Zorn' bezeichnet wird (8,19; 11,36). Mit dieser kleinen Bemerkung wird dem Leiden des Volkes alles Anonyme und Schicksalhafte genommen. Hinter den Leidenserfahrungen steht vielmehr eine Person, die erregt ist, die durch das Verhalten der Juden zu solchen Entscheidungen getrieben worden ist. Damit ist Gott entschieden aus der Erfahrung der Verborgenheit herausgeholt. Die Daniel-Tradenten übernehmen die Lektion der deuteronomistischen Theologen und behaften ihr Volk bei seiner eigenen Verantwortung. Es geht nicht nur darum, im Widerspruch zur Erfahrung des verborgenen Gottes den Glauben durchzuhalten (vgl. Dan 3), es geht auch darum, diesen Erlebnisbereich – der den Eindruck des Verborgenheit Gottes vermittelt – als Folge eigenen Fehlverhaltens zu verstehen und anzunehmen. Indem dem Glaubenssatz, das Erlebte sei Erscheinungsform des Zornes Gottes, zugestimmt wird, können Menschen zu einer Veränderung ihres Lebens getrieben werden. Natürlich werden Menschen, die sich diesem Gedankenkreis öffnen, sofort fragen, was genau gefordert sei. Das haben auch die Daniel-Tradenten getan. Ergebnis ihres Nachdenkens ist das in 9,4ff enthaltene Gebet und seine Verankerung im Textzusammenhang. Sie stellen einander entgegen die Analyse der Sündhaftigkeit des Volkes und den Glauben an die Treue Gottes. Noch einmal wird unterstrichen, dass das Volk auf die 'Stimme Gottes' nicht gehört habe, und d.h. dass es nicht gelebt habe nach 'der Weisung Gottes', die durch die Propheten weitergegeben worden sei (V. 10). Das Zentrum der Aussagen liegt jetzt in 9,12.13.14: Das Böse, das vor allem in unvergleichlicher Weise an Jerusalem geschieht, ist von Gott gewollt. Das Volk hat es versäumt, Gott fürbittend zu bedrängen und gnädig zu stimmen. Weil es das Volk ist, welches sich als schuldig erkennen muss, kann die Gerechtigkeit Gottes festgehalten werden. Schliesslich ist schon allein die Formel von den 'Siebzig Siebenheiten' des Exils Hinweis darauf, dass Gedanken aufgegriffen werden, die in der Sünde des Volkes selbst den Grund für Verfolgung und Bedrohung sehen. D.h., die Daniel-Tradenten vermögen jetzt ihre Widerfahrnisse von Gefährdung und Not als Andauern des Zorns Gottes gegen sie selbst, als Zeit der Sühnung für Schuld und Versagen zu deuten. Sie waren ihnen nicht nur 'Rätsel und Infragestellung Gottes und seines Heils, sondern Manifestation, allerdings letzte Manifestation dieses andauernden Zornes Gottes über Israel'.[184] Damit zeigen die Daniel-Tradenten die Fähigkeit zu neuen Erkenntnissen, die so bisher noch nicht zum Ausdruck gekommen waren. In Dan 2-7 lag das Schwergewicht auf der Schuld der anderen – der nichtjüdischer Staatssysteme –, in die die Juden als Herausgeforderte, Opfer und Durchhaltende einbezogen waren. Mit dieser Rezension der Danielbibliothek wird nun der eigene Anteil an Schuld im Geflecht des Weltgeschehens ausgesprochen. Das ist ein Zugewinnn an Einsicht, der nicht hoch genug bewertet werden kann! Allerdings kann diese theologische Antwort auch als frustrierend verstanden werden. Zwar eröffnet die gewonnene Bereitschaft zur eigenen Veränderung neue Zukunft, aber doch wird sehr bald das Gefühl dominieren, dass gerade die, die das Geforderte ernsthaft versuchen, versagen, den nötigen Idealen nie entsprechen werden. Insofern kann die Betonung der eigenen Schuld für die Adressaten dieses Textes auch eine Sackgasse eröffnen, aus der sie dann nicht wieder hinausfinden. Sie spüren ihre Unfähigkeit, nach der Weisung Gottes zu leben, und können dann in der Verzweiflung resignieren. Deshalb bekennen die Daniel-Tradenten, dass in dem Masse, in dem die Gerechtigkeit Gottes uns Menschen weit übersteigt, auch seine Barmherzigkeit über alle unsere Vorstellungen geht. Sie wissen, dass die Behaftung in der eigenen Schuld nicht dazu führen darf, dass wir damit allein gelassen werden. Deshalb eröffnen diese Theologen den Weg zu Gottes Barmherzigkeit (9,18b). Das ist die Bedeutung dieses wichtigen Satzes. Mag die Gnade Gottes in der Danielbibliothek eher am Rande des theologischen Denkens stehen, hier ist ihre entscheidende Rolle formuliert: Letztlich kann alle Treue zu Gott, alles Hoffen auf sein Handeln nur durchgehalten werden, weil Gott seine Gnade verheissen hat, unabhängig davon, ob wir dieser immer gerecht geworden sein mögen.

[184] O.H. Steck, ThB 70, 283.

Sodann liefern die Daniel-Tradenten in dieser Fassung des Danielbuches ein interessantes Beispiel für **interpretierende, deutende Geschichtsinformation**, hinter der die Fakten fast ganz verschwinden. Ich möchte jetzt die historische Diskussion nicht mehr erneuern. Aber eine genaue Zusammenstellung der Aussagen mag informativ sein:

'und bis zum Fürsten des Heeres ist er gross geworden, und von ihm – er hat aufgehoben das Tamid-Opfer' (8,11a.bα) –

'sie lassen aufhören das Tamid-Opfer, und sie richten auf das Greuel der Verwüstung' (11,31) –

'und auf dem Flügel des Greuels ist Verwüstung' (9,28bβ) –

'und lasse leuchten dein Angesicht über dein verwüstetes Heiligtum' (9,17).

Es ist also ein Dreischritt erkennbar: Der Feind dringt vor gegen Gott, er macht das Opfer für Gott unmöglich und greift sogar in die bauliche Gestaltung des Heiligtums ein. All' das ist nur zu ertragen, weil es von Gott her gewollt und zugleich zeitlich begrenzt ist, ja auf die Urheber zurückfallen wird:

'denn Beschlossenes und Vollzogenes (ist es)' (11,36) –

'bis dass Vertilgung und Beschlossenens sich ergiessen wird auf den Verwüster' (9,27bγ).

Solche theologisch deutende Benennung geschichtlicher Fakten kann m.E. so stehen bleiben. Hier begreifen Theologen geschichtliche Ereignisse ganz aus der Verarbeitung vor Gott heraus. Vergessen aber sollte nicht werden, dass dieser Text dieselben Herausforderungen reflektiert, die dann zur makkabäischen Revolution geführt haben. Zwar lassen die Aussagen tiefe Verbitterung erkennen, aber vom Geist einer Revolution ist hier nichts zu spüren. Gemeinhin wird die Bemerkung von der 'kleinen Hilfe' (11,34) als Anspielung auf diese Revolution verstanden. Aber natürlich ist diese knappe Notiz nicht wirklich aussagekräftig. Deshalb datiere ich doch die sechste Rezension noch vor den Aufstand, so dass auch diese kleine Bemerkung die Makkabäer nicht meinen kann. Es muss offen bleiben, an welche politische oder militärische Entwicklung die Daniel-Tradenten denken. Bedeutung kommt ihr ihrer Meinung nach jedenfalls nicht zu.

Letztlich thematisieren die Daniel-Tradenten **die Gefahren für Ihresgleichen**. Obwohl sie hier Antworten bereithalten auf die bedrängenden Fragen, sind doch Zweifel und Unsicherheiten an der Tagesordnung. 11,32f lässt eine Verfolgungssituation anklingen, in der die 'Einsichtigen' vielen Klärung zu geben vermögen. Aber selbst solche Schüler lassen sich zu Täuschung und Vertrauensmissbrauch hinreissen (11,34). Auch 'Einsichtige' werden 'straucheln' (11,35). Diese letzte Feststellung erhält eine ganz merkwürdige Zielaussage: 'zum Reinigen unter ihnen, und zum Läutern und zum Weissen'. Hier wird selbst der Verunsicherung in den eigenen Reihen noch ein Sinn abgewonnen. Noch einmal benennen die Daniel-Tradenten jetzt diesen Vorgang in 12,10, nun aber ausgeweitet über den Kreis der 'Einsichtigen' hinaus: 'Viele werden sich läutern und weissen lassen und gereinigt werden, während die Gottlosen gottlos handeln und kein Gottloser Einsicht gewinnt, die Einsichtigen aber doch lehren.' Die Lage des Volkes bleibt in der Schwebe, alle Entwicklungen in dieser Welt bleiben der Vieldeutigkeit ausgeliefert. Deshalb wird Daniel selbst als inaktiv wartend bis zur Lösung im Ende vorgestellt: Er soll 'hingehen' aus dem Fastenbrauch und Visionserlebnis von 10,2ff hinaus und in das normale Leben hinein, ausgerichtet auf das 'Ende' (12,13a), 'denn geheimgehalten und versiegelt sind die Dinge bis zur Zeit des Endes' (12,9). Wie lange wird diese Zeit dauern? Erneut greifen die Daniel-Tradenten ihre geheimnisvolle Ganzheitsberechnung von 7,25 auf, fügen ihr aber hinzu: 'wenn zu Ende ist die Zerschlagung der Kraft des heiligen Volkes' (12,7). Wird hier bewusst eine gegebene Zeitspanne überschritten? Oder ist eine inklusiv gemeinte Aussage gemacht worden, die nur sagt, dass die Wende kommen wird, wenn die Verfolgung abgeschlossen ist? Diese Zeit der eschatologischen Bedrängnis wird mit dem neuen Hinweis m.E. nicht zeitlich sondern inhaltlich genauer bestimmt, weshalb ich das zweite Verständnis vorziehe. Daniel wird sich dann ein neues Leben eröffnen, das als 'Ruhen' und 'Aufstehen zu seinem Losanteil zum Ende der Tage' beschrieben ist (12,13b). Da ich 12,1-4 für eine jüngere Hinzufügung halte, kann diese Notiz nicht sofort mit Hinblick auf die Totenauferstehung verstanden werden. Natürlich liegen in diesen wenigen Worten Aspekte, die durch 12,1ff sozusagen 'gehoben' werden. Jetzt aber sagt der Text nur, dass die Daniel-Tradenten bis zum Ende Ruhe, Überwindung von Zweifel und Irrtum erwarten und mit dem Ende ihren Anteil am Mandat der Gottesherrschaft.

Zu den Versuchen des **Tastens in die Zukunft** (11,40-45), die die gedachten Ereignisse nach dem Motiv der Wiederholung von Bekanntem entwerfen,[185] sei hier nur auf ihre vielleicht erste Wirkung hingewiesen. Der Text der 1. Kolumne der 'Kriegsrolle' von Qumran (1QM) ist eine Interpretation der VV. 40-45: 'Für den Ein[sichtigen: Bestimmung] des Krieges. Der Anfang ist, wenn die Söhne des Lichtes Hand anlegen, um zu beginnen gegen das Los der Söhne der Finsternis, gegen das Heer Belials, gegen die Schar von Edom und Moab und der Söhne Ammons und das Hee[r der Bewohner] Philistäas und gegen die Scharen der Kittäer von Assur, und mit ihnen sind zur Unterstützung die Frevler gegen den Bund. Die Söhne Levis

[185] H. Gese, in: Ernten, was man sät, 413.

und die Söhne Judas und die Söhne Benjamins, die Verbannten der Wüste, kämpfen gegen sie ... Und zu seiner Zeit zieht er aus mit grossem Grimm, um zu kämpfen gegen die Könige des Nordens, und sein Zorn ist darauf gerichtet, zu vernichten und auszurotten das Horn [Belials. Dies] ist die Zeit des Heils für das Volk Gottes und die Zeit der Herrschaft für alle Männer seines Loses, aber ewige Vernichtung für das ganze Los Belials. Und es wird g[rosse] Bestürzung sein [bei] den Söhnen Japhets. Es fällt Assur, aber keiner ist da, der ihm hilft. Die Herrschaft der Kittäer weicht, damit Gottlosigkeit gedemütigt werde ohne Rest und es Rettung nicht gebe [für alle Söh]ne der Finsternis.'[186] Aus diesem Text spricht ein ganz anderer Geist. Hier wird nicht nur die Auseinandersetzung geführt, sie wird sogar von den Männern Gottes begonnen. Ausserdem werden Edom, Moab, Ammon und die Philister in den Kampf mit hineingezogen. 'Während der Danielapokalyptiker sich für geduldige Anachorese entschieden hat, scheint der Kolumnenapokalyptiker sich in die Schlachtreihen der makkabäischen Kampfverbände eingereiht zu haben.'[187] Damit ist die Absicht der vorliegenden Rezension des Danielbuches in ihr Gegenteil verkehrt.

Für die Frage einer aktualisierenden Auslegung sei hier nur der Aspekt der Verirrungen im Volk und bei den 'Einsichtigen' selbst aufgegriffen. Dieses Thema vermag in vielfältiger Weise gegenwärtige Fragestellungen zu erhellen. (1) Einmal verhilft es zur Reflexion über die eigene Unsicherheit im Verlauf der Herbstereignisse des Jahres 1989. Manche haben schon sehr früh die Sicherheit gewonnen, dass ein politischer Wechsel friedlich möglich sein werde. Die meisten sind immer von Zweifeln und Sorgen geplagt gewesen, ob die Entwicklung nicht doch noch zu Gewalt und Terror umkippen könnte. Da gebührt den Demonstrierenden des 9. Oktober 1989 besonderer Dank, die gegen ihre innere Angst und Wankelmütigkeit den Marsch um die Leipziger Innenstadt gewagt haben. Besonderer Dank gebührt auch denen, die aktiv der Gewalt vorbeugten – so gegen das Gebäude der Bezirksverwaltung Leipzig des Ministeriums für Staatssicherheit. Alle, die auf die Karte der Gewaltlosigkeit gesetzt hatten, fanden sich in der Rolle von 'Einsichtigen', die Massstäbe und Hoffnungen weitergeben konnten. Mit solchem Einsatz waren die Entwicklungen nicht vorherzubestimmen, aber es gelang doch, ihnen eine möglichst günstige Gestalt zu geben. (2) Aber auch im Prozess der Überwindung der Herrschaft der SED in der DDR sind die 'Einsichtigen' selbst Zweifeln und Irrtümern unterworfen worden. Dies wird besonders an der Bereitschaft deutlich, schon früh-

[186] Die Übersetzung habe ich gegeben nach E. Lohse (Hrg.), Die Texte aus Qumran, 181, und Y. Yadin, The Scroll of the War, 256ff.
[187] P. Lampe, SBS 101, 81.

zeitig die Einheit Deutschlands zu wollen oder nicht. Viele Engagierte dieser Monate wollten eine demokratische, verbesserte DDR aber kein einheitliches Deutschland, keinen Beitritt zur Bundesrepublik Deutschland. Hier wirkten sich zuerst Zweifel aus, ob die ehemaligen Siegermächte des Zweiten Weltkrieges eine solche Vereinigung erlauben würden. Besonders aber wirkten innere Reserven gegen die Gesellschaft der BRD und der Wunsch, einen anderen, einen 'dritten' Weg zwischen Kapitalismus und 'real existierendem Sozialismus' gehen zu können. Die rasante politische Entwicklung des Jahres 1990 ist über diese Interessen hinweggegangen. Wer waren da die 'Einsichtingen, die strauchelten' – die, die am Sonderprojekt DDR festhielten, oder die, die sich schon bald die Hoffnung der Einheit Deutschlands zu eigen machten? Und welchen Sinn mag solche Unklarheit haben? Werden dadurch andere zu Standhaftigkeit und Ehrlichkeit herausgefordert?[188]

5.7 'Und die Einsichtigen werden glänzen' (12,3)

Diese neue Rezension ist vor allem dadurch entstanden, dass an zwei Themen gearbeitet worden ist:[189] Noch einmal ist das Erschrecken über die Ein-

[188] D.h., die Unsicherheit mit Blick auf die Rekonstruktion der von den Daniel-Tradenten gemeinten Vorgänge wiederholt sich bei dem Versuch, die hier greifbaren Kriterien auf neue Situationen zu übertragen! Im Grund geht es um die Frage, welche gesellschaftliche Relevanz gemeint sein mag und bei den Auslegern gewünscht wird. So deutet O. Plöger, KAT 18, 165, die 'Einsichtigen' als eine Gruppe, die den aktiven Widerstand ablehnt. J.-Chr. Lebram, ZBK 23, 132, verstärkt noch, indem er einen Binnenkonflikt im Kreis der 'Einsichtigen' zwischen solchen annimmt, die zum Aufstand aufgerufen hätten und dafür unterdrückt worden wären, und solchen, die in Geduld und Passivität auf die Lösung warteten.

[189] Im Rahmen dieser Rezension werden hinzugefügt zu Dan 8* die dritte Bearbeitung: VV. 10b ('und von den Sternen').11bβ.12a.23aβ.24aβ ('aber nicht in seiner Kraft').bα-25aβ; letzte Zusätze in Dan 9*: VV. 1b ('der über das Königreich Chaldäa herrschte').2aα ('im ersten Jahr seiner Herrschaft').8; die zweite Bearbeitung von Dan 10*: V. 9bα ('und in meinen Hören auf die Stimme seiner Worte').21b; und schliesslich die erste Bearbeitung in Dan 12*: VV. 1-2a.b*.3-4a. Damit ergibt sich folgender Umfang:

1,1.2a*.b.3-21;
2,1-49;
3,1-19.20*.21-30;
3,31-33; **4**,1-4.5*.6-11.12*.13-31.32*.33-34;
5,1-2.3*.4-10.11*.12-24.25*.26-30; **6**,1;
6,2-12.13a*.b.14-29;
7,1-4.5a*.b.6-28.
8,1-8a.b*.9-12.15-25.26b.27.

griffe in die heiligsten Traditionen ausgedrückt und dann der Hoffnung auf die Treue Gottes den Frommen gegenüber Ausdruck gegeben worden. Ich wende mich beiden Themen gesondert zu.

Die Daniel-Tradenten haben in Dan 8* Einfügungen vorgenommen, die wieder die aktuelle Bedrohung verarbeiten. Ihnen lag, durch die Eintragungen der sechsten Rezension hergestellt, vor: '(11) und bis zum Fürsten des Heeres ist er gross geworden, und von ihm – er hat aufgehoben das Tamid-Opfer, (12) und die Wahrheit hat er zur Erde geworfen, und er wird handeln, und er wird zum Ziel führen'.[190] Jetzt tragen sie in diesen Zusammenhang eine erneute Reflexion der Probleme ein: '(11) und bis zum Fürsten des Heeres ist er gross geworden, und von ihm – er hat aufgehoben das Tamid-Opfer, *und es wurde umgestürzt die Stätte seines Heiligtums (12) und das Heer, und es wurde gelegt auf das Tamid-Opfer der Frevel.* Und die Wahrheit hat er zur Erde geworfen...' Ähnliche Hinzufügungen nehmen die Daniel-Tradenten im Bereich der Deutung vor. Dort lag ihnen seit der sechsten Rezension folgender Text vor: '(23) und am Ende ihrer Macht wird auftreten ein König von hartem Gesicht und ränkevollem Verstand, (24) und seine Kraft wird mächtig, und Wundertaten – er zerstört, und er wird es zum Ziel führen, und er wird es tun, (V. 25) und in seinem Herzen wird er sich überheben...' Entsprechend den Zusätzen in der Visionsschilderung erweitern sie jetzt zu folgendem Text: '(23) und am Ende ihrer Macht – *wenn vollgemacht haben werden die Sünder [das Böse]* – wird auftreten ein König von hartem Gesicht und ränkevollem Verstand, (24) und seine Kraft wird mächtig – *aber nicht in seiner Kraft* –, und Wundertaten – er zerstört, und er wird es zum Ziel führen, und er wird es tun, *und er wird verderben Mächtige, und gegen das Volk der Heiligen* (V. 25) *ist sein Sinnen gerichtet, und er wird es zum Ziel führen [durch] Trug in seiner Hand,* und in seinem Herzen wird er sich überheben...' Hier wird also dem Erschrecken über die Erfolge des Antiochos IV. Epiphanes nochmals Ausdruck verliehen. Dabei ist der Gedanke des Reif-Werdens der Zeit wichtig: Sünder müssen durch ihr Handeln sozusagen den Grund legen für den Erfolg. Ausserdem widersprechen die Verfasser dem Gefühl, diesem Antiochos gelinge alles auf Grund seiner eigenen Fähigkeiten. Nein, dieser Triumph hat doch wohl etwas mit dem Ratschluss Gottes zu tun und wird auch nur so lange möglich sein, wie Gott das erlaubt. Es ist schwierig, diese

9,1-27.
10,1-4bα.5-8aβ.b-9bβ.10-20.21b; **11**,1-12.13*.14-23.24*.25-36.37*.38-45; **12**,1-2a.b*.3-4a.5-10.13.

[190] Diese Übersetzung hat zwischen Grundfassung (V. 12b) und der Ergänzung harmonisiert.

Bemerkungen historisch genau einzuordnen. Jedenfalls wirken sie nicht wie ein Echo des Makkabäeraufstandes. Das kann seinen Grund darin haben, dass auch dieser Text noch kurz vor dem Beginn der Kämpfe formuliert wurde. Da aber die Verfasser gerade diesem revolutionären Versuch ablehnend gegenüberstehen, sei für diese Redaktion die Zeit um 167/166 v.Chr. ins Gespräch gebracht.

Viel bedeutender ist nun das Zeugnis des Ringens um das Schicksal der Opfer dieser Zeit. Aus der Trauer um ihre Leiden und ihr Sterben finden diese jüdischen Theologen erstmals zur Hoffnung auf die Auferstehung:

(12,1) 'Und in jener Zeit wird aufstehen
Michael, der grosse Fürst,
der auftritt für die Söhne deines Volkes.
Und es wird sein Zeit der Not,
wie nie sie war seit dem Bestehen des Volkes –
bis zu jener Zeit.
Und in jener Zeit wird gerettet werden dein Volk,
jeder einzelne, der gefunden wird als verzeichnet im Buch.
(12,2) Und viele derer, die im Staubland schlafen –
aufwachen werden sie.
Diese zu ewigem Leben.
Und jene ... zu ewiger Abscheu.
(12,3) Und die Einsichtigen werden glänzen
wie der Glanz des Firmaments.
Und die, die den Vielen zu Rechtschaffenheit verhalfen,
wie die Sterne für Ewigkeit und Zukunft ohne Grenze.'

Wieder fällt auf, dass es die Zeit der Auseinandersetzung und des Kampfes ist, in der die Würfel fallen. Nicht Sieg und Erfolg sagen die Daniel-Tradenten voraus, sondern Unterdrückung und Bedrängnis. D.h., sie reden über ihre Gegenwart, über ihre Leiden. Diese Leiden geschehen, obwohl Michael für die Juden auftritt, der auch in Dan 10* dem Gabriel geholfen hatte. Dies ist so, weil die eigene Zeit 'Endzeit' ist (vgl. 11,40; 12,4a). In dieser 'Endzeit' scheiden sich die Geister und die Schicksale. Das schon wirkt Leiden. Und dann ist es die Sünde des Volkes – die Glaubenserkenntnis von Dan 9 muss doch immer hinzugedacht werden! –, die sich auswirkt im Erleben von Leiden und Verfolgung. Insofern ist in 12,1 sozusagen auf der Ebene der Engel gesagt, was in 8,23 ausdrücklich hinzugesetzt worden war: Sünde muss vollgemacht werden. Gerade in solcher Zeit der Leiden geschieht die Rettung. Damit erfahren sich die Leidenden als solche, die der Rettung ganz nah sind!

Wie sieht die Rettung nun aus, an die hier gedacht wird? Zuerst ist wichtig, dass man in einem 'Buch' verzeichnet steht. Sodann wird von einem Aufwachen von Toten zu einer automatisch geschehenden Selektion geredet – nicht zu einem Gerichtsprozess –, und zwar zu ewigem Leben oder ewiger Schmach. Schliesslich werden die 'Einsichtigen' glänzen wie die Sterne.

Interessant ist, wie sehr diese Hoffnung auf die Auferstehung und die Gerechtigkeit für die Toten wieder in astronomischen Vorstellungen wurzelt. Sie haben uns schon immer begleitet und treten jetzt wieder an die Oberfläche. In apokalyptischer Literatur wird gern auf ein Buch Bezug genommen, das die Visionen autorisiert, und auf eines, in dem die Taten der Menschen aufgezeichnet sind. Beide Gedanken werden verbunden und damit das Gefühl des Vorherbestimmtseins menschlichen Lebens ausgedrückt. So wie sich die Gestirne nach Regeln bewegen und ihre Positionen in Büchern festzuhalten sind, so mögen auch menschliche Lebenswege und Verhaltensweisen dokumentiert werden, dass sie in der Stunde der Prüfung abgerufen werden können.[191] Demselben Gedankenkreis entspricht nun das Bild, nach dem die Geretteten glänzen werden wie die Sterne. Hier sind Menschen gemeint, die ihr Leben schon ganz nach den Ordnungen Gottes ausgerichtet haben, so wie auch der geordnete Gang der Sterne hindeutet auf den Gehorsam gegenüber den Ordnungen Gottes. Deshalb werden sie nach dem Tod auch leuchten wie die Sterne, selbst Vorbild sein in der Treue und dem Gehorsam den Ordnungen Gottes gegenüber.

Dann aber wird 'als gewagter Glaube, als Glaubenspostulat ..., als Heilszusage, als Sprache des Glaubens, als Trost' die Auferstehung zugesprochen.[192] Vielleicht mit Anhalt an eine noch viel mehr vom Wagnis gekennzeichnete Aussage in Jes 26,19 wird jetzt das Ringen um die Gerechtigkeit Gottes zum Abschluss gebracht, indem der Glaube an die Auferstehung ausgesprochen wird. Dieser Bezug zum existentiellen Herausgefordertsein ist der eigentliche Grund für das Glaubenswagnis der Rede von der Auferstehung. Er zeigt sich darin, dass nicht einfach alle auferstehen sondern nur viele. Wer sind diese Vielen? Aus dem für sie angesprochenen Schicksal ist ein Rückschluss möglich: Die einen führt die Auferstehung in das ewige Leben, die anderen in die ewige Abscheu. Daraus schliesse ich, dass es hier um die Täter und die Opfer geht.[193] Die unbeteiligten Zeitgenossen und Zeu-

[191] Ich verweise zu den vielschichtigen Problemen in diesem Zusammenhang wieder nur auf M. Albani, Astronomie, 129ff.

[192] H.D. Preuss, in: 'Linguistische' Theologie, 130.

[193] Nur angemerkt sei hier der Hinweis von O. Kaiser, in: Biblische Konfrontationen 1, 72ff, auf Hen 22; 24-27. Das dort begegnende Dreihöhlenschema könnte für

gen sind nicht gemeint. Also auch manche im jüdischen Volk sind jetzt gar nicht im Blick. Die Verfasser konzentrieren ganz auf die, deren Schicksal ihnen Fragen aufgibt – den Frommen, die unschuldig gelitten haben und gestorben sind, den zynischen Tätern, die mit Wohlstand und Anerkennung davonzukommen scheinen. 'Für beide darf der Tod nicht das letzte Ziel sein. Für die Frommen darf durch ihren Tod nicht das (vielleicht sogar gewaltsame) Lebensende (in Jahwetreue) nach Strafe aussehen, für die Bösen darf keine Flucht in den Tod ohne Strafe möglich sein.'[194] Das hier geglaubte und verkündigte Geschehen der Auferstehung bereitet also den gerechten Ausgleich vor. Auch wenn in der Welt Gerechtigkeit nicht möglich zu sein scheint, so darf geglaubt werden, dass Gott die wahre Gerechtigkeit wirken wird. Was ist das für ein aktueller Gedanke! Uns mag in der christlichen Tradition die Vorstellung fremd sein, dass die Auferweckung zur Durchsetzung der Gerechtigkeit führen wird, dass es Auferweckte geben wird, die am liebsten im Tod geblieben wären! Sicher dürfen wir aus solchem Gedanken kein System machen, das wir auf andere anwenden. Vielmehr sind wir uns nie sicher, wie dieses Erwachen für uns werden wird – freudig oder jäh erschreckend? Aber angesichts der Unfähigkeit, Verbrechen der Vergangenheit gerecht aufzuarbeiten (so gewesen bei den Verbrechen der Zeit des Nationalsozialismus in Deutschland und Europa, so sich ereignend jetzt bei den Verbrechen der SED-Herrschaft in der ehemaligen DDR), mag dieser Gedanke der Auferweckung zu unbestechlicher Gerechtigkeit tröstlich sein!

Diese Bilder und Worte – die nicht eigentlich auslegbar, sondern nur nachsprechbar sind – halten den Protest gegen den Augenschein fest, wie es die ganze Danielbibliothek immer wieder tut: 'In all of this it is emphasized that God's purpose reaches its appointed goal, even if historical and existential circumstances seem to make it impossible. Not even death can frustrate the divine purpose. The achievement of the divine purpose at the turningpoint of the aeons demonstrates God's rulership and indicates that he is the Lord of history.'[195]

die Daniel-Tradenten im Hintergrund gestanden haben. D.h., es erstehen nur die auf, die als zu Lebzeiten verschonte Gottlose jetzt zur Strafe und die als Gerechte zum Leben bestimmt sind.

[194] H.D. Preuss, a.a.O., 129.

[195] G.F. Hasel, ZAW 92 (1980) 282.

Exkurs 8: Auferstehung in Jes 26,19; 25,8?

Normalerweise wird als Hintergrund für diese Auferstehungshoffnung auf Jes 26,19 und 25,8 hingewiesen. Daneben werden gelegentlich auch noch andere Aussagen beigezogen.[196] Aus diesen Zusammenstellungen nenne ich drei Texte, die gleich den apokalyptischen um eine Überwindung innerweltlicher Ungerechtigkeit ringen: So ist Ps 22,16.30a.32 als Bearbeitung im Geiste apokalyptischer Theologie bestimmt worden.[197] Aber natürlich bleibt unklar, was in V. 30a überhaupt steht: 'Sie assen und sie beteten an – alle Fetten der Erde; vor ihm sollen sich beugen alle, die hinabgestiegen sind in den Staub' (so der masoretische Text). Die übliche Änderung in 'Nur ihm sollen huldigen alle, die schlafen in der Erde...' interpretiert m.E. schon von Dan 12,2 her. Eindeutiger ist Ps 49,16: 'Doch sicherlich erlöst Gott mein Leben aus der Hand der Scheol: Gewiss nimmt er mich!' Hier wird durchgedrungen zu einer Hoffnung, die Gott in einer Weise für den Armen handeln lässt, wie es kein Reicher für sich selber könnte. Zu erwägen ist hier die These von Pierre CASETTI, wonach V. 16a die traditionelle Hoffnung auf Bewahrung vor bösem Tod meine, V. 16b aber durchaus die Errettung aus dem Tod überhaupt durch die Aufnahme der Vorstellung der Entrückung: 'An dieser Stelle wird nun sichtbar, dass der Autor der Erweiterungen den Leser in v.16 nicht nur verbal ..., sondern dank der Entrückungsvorstellung auch denkerisch aus der Aporie hinausführt, in die er ihn in den Abschnitten v.6-10 und v.11-15 hineingeführt hatte... So findet der todverfallene Mensch gerade im Akt der Kritik, der Auflehnung gegen den Tod und der Verzweiflung als dessen innere Ermöglichung jene hintergründige Hoffnung, in der ihm unmittelbar sein Gott gegeben ist als der, der alles Werdende als Endgültiges setzt, alles Vergängliche als Bleibendes und alles Endliche als Vollendetes.'[198] Schliesslich scheint Ps 73,24 im Ringen um das leidvolle Schicksal der Frommen angesichts des Wohlergehens der Gotteslästerer zu einer jenseitigen Hoffnung hindurchzudringen: 'Und danach zur/in Herrlichkeit entrückst du mich!' Damit scheint hier – aber natürlich bleibt das umstritten – eine Hoffnung aus dem Tode angedeutet.

Nach diesen Erstbeobachtungen weise ich wieder auf Jes 26,19 und 25,8. Es ist schwer, beide Stellen richtig einzuordnen. Das ist sowohl eine Frage der relativen Chronologie in Jes 26 und 25, als auch eine solche der absoluten

[196] G. Fohrer, KuD 14 (1968) 249-262; U. Kellermann, ZThK 73 (1976) 259-282; O. Kaiser, in: Biblische Konfrontationen 1, 8-80; H.W. Wolff, Anthropologie, 103-112.

[197] P. Weimar, in: Freude an der Weisung des Herrn, 493ff.

[198] P. Casetti, OBO 44, 230f.

Chronologie. Sicher ist, dass wir Formulierungen vor uns haben, die in der hellenistischen Zeit gewonnen worden sind. Insofern führen sie uns in direkte Nachbarschaft zu den Aussagen in Dan 12,1ff.

Methodisch kann vielleicht folgender Grundsatz gelten: Werden die Aussagen als Hinweise auf den Glauben an die Auferstehung verstanden, dann sind sie wohl sekundär zu ihrem jeweiligen Zusammenhang. Werden sie dagegen als diesem Zusammenhang als ursprünglich zugehörig verstanden, reden sie vielleicht nicht im Sinne persönlicher Auferstehung von Toten.[199] In dem nicht einfach zu bestimmenden Zusammenhang 26,7-21,[200] der gerade aus dem Gedanken, dass Tote nicht mehr lebendig werden – so nur ist das gute Leben der Gottlosen zu ertragen (V. 10) –, Hoffnung und Trost gewinnt (V. 14), begegnet die Formulierung:

(26,19) '"Mögen leben deine Toten,
meine[201] Leichen (wieder) aufstehen!
Mögen aufwachen und jubeln
die Staubbewohner!"
Ist doch Lichttau dein Tau,
so dass das Land der Schatten ausschlagen wird.'

Eine Interpretation muss von der Formbestimmung ausgehen. V. 19a kann nur als Gottesrede gemeint sein, in der unvorbereitet ein Glaubenswagnis und Glaubensdurchbruch zur Sprache gebracht wird. V. 19b muss dann als Antwort der Gemeinde verstanden werden, die keine neue Dimension des Lebens bringt, sondern nur eine bestätigende Vergewisserung. Die Frommen glauben, was in V. 19a gesagt ist, weil sie Gott die Kraft zur Neuerschaffung von Leben zutrauen. Dabei verbinden sie die Hoffnungen an Gestirne und die Erfahrungen der Natur, in der Tau selbst in trockener Gegend Leben zu erwecken vermag. So und noch viel grossartiger wird Gott handeln. Das ist ihr 'Amen' zur ersten Aussage, dass nämlich Tote aufstehen und leben und jubeln werden. Auch dieser Text meint m.E. Hoffnung

[199] H. Wildberger, BK X/2, 995.

[200] Die beste Untersuchung zu diesem Text hat immer noch H.D. Preuss, in: 'Linguistische' Theologie, 107-124, vorgelegt. Er betont die Einheitlichkeit der VV. 7-19, für die 'gerade das Miteinander von Textbrüchen und Verbindungen ... arteigen zu sein scheint' (116). V. 14 spreche eine Erfahrungswirklichkeit aus, der die These von V. 19 als von Gott kommender Kontrast zugeordnet sei.

[201] Ich bleibe bei der ersten Person. V. 19a ist wohl Rede Gottes: Gott identifiziert sich mit den Toten der Juden, ihre Opfer sind seine Opfer!

für solche, die schon gestorben, schon gemordet worden sind. 'Der Text entstammt akuter Glaubenskrise und signalisiert einen akuten Glaubensdurchbruch ..., ist damit auch ein Zeichen des Ringens und der Not, des Ringens nämlich mit dem Problem der Theodizee, der Frage nach der Gerechtigkeit Gottes angesichts ungerechten Leides in der Welt, ungerechten Leides und wohl sogar Sterbens gerade seiner Frommen.'[202] Die Frommen werden doch jubeln, wie sie es in ihrem Leben vielleicht nie getan haben.

In Jes 25,6ff scheint nun ein späterer Zusatz dort formulierte Sehnsüchte zur letzten Konsequenz zu treiben. Hatte der Grundtext die Hoffnung ausgedrückt, dass Gott die Trauerbräuche der Menschen beenden wird, so fügt dann ein Redaktor am Anfang von V. 8 ein, dass Gott – will er die Trauer wirklich beenden – den Tod wird beseitigen müssen:

(25,7) 'Und wegreissen wird er auf diesem Berg
die Schleier, die alle Völker verhüllen,
die Decke, die alle Völker bedeckt.
(25,8) *Wegnehmen wird er den Tod für immer.*
Und abwischen wird der Herr, Jahwe,
die Tränen von jedem Gesicht...'

5.8 'Zweitausenddreihundert Abend-Morgen' (8,14)

Die achte Rezension der Danielbibliothek ist durch den Eintrag zweier Akzente entstanden.[203] Neben die Vorstellung von dem 'Buch', in dem Menschen verzeichnet sein können (12,1), wird jetzt die von einem 'Buch der Wahrheit' formuliert (10,21a). Damit klassifizieren die Daniel-Tradenten

[202] H.D. Preuss, a.a.O., 121.

[203] Zuerst ist hier die letzte Bearbeitung von Dan 8* zu nennen: VV. 13f.26a. Sodann rechne ich den Zusatz zu Dan 10* hierzu: V. 21a. Damit ergibt sich folgender Umfang:
1,1.2a*.b.3-21;
2,1-49;
3,1-19.20*.21-30;
3,31-33; **4**,1-4.5*.6-11.12*.13-31.32*.33-34;
5,1-2.3*.4-10.11*.12-24.25*.26-30; **6**,1;
6,2-12.13a*.b.14-29;
7,1-4.5a*.b.6-28.
8,1-8a.b*.9-27.
9,1-27.
10,1-4bα.5-8aβ.b-9bβ.10-21; **11**,1-12.13*.14-23.24*.25-36.37*.38-45; **12**,1-2a.b*.3-4a.5-10.13.

ihr eigenes Literaturprodukt. In welches andere Buch sollte denn Gabriel einführen? Sie bestimmen den Inhalt ihrer Bibliothek als Wahrheit, und – was vielleicht am entscheidensten ist – sie beginnen, diese Bibliothek als abgeschlossene Grösse anzusehen. 10,21a ist also das Ergebnis letzter oder vorletzter Arbeit an diesem Werk. Die Daniel-Tradenten verstehen das Produkt ihrer Arbeit als Vermächtnis, das sie bald anderen übergeben werden!

Der bedeutendste Eintrag dieser Redaktion ist die Formulierung von Tagesberechnungen in 8,13f.26a. Auf die brennende Frage 'Wie lange?' wird eine Zeitangabe als Antwort versucht. Noch einmal benennen die Daniel-Tradenten in 8,13 die Herausforderungen, die in ihnen diese Frage nach dem 'Wie lange?' aufkommen lässt: die Aufhebung des Tamid-Opfers (vgl. V. 11b), die Aufstellung des Frevels (vgl. V. 12a), das Zertreten von Heiligtum und Heer (vgl. V. 11). Sodann aber bezeichnen sie das Ziel ihrer Aussage: nach 2300 'Abend-Morgen' wird das Heiligtum wieder zu seinem Recht kommen, werden also rechtloser Status und Praxis an diesem Heiligtum beendet sein. Unabhängig von Erwägungen zu der gegebenen Zahl sei erst einmal gesagt, dass die Verfasser gerade den rechtlosen Status erleben und seiner Beendigung entgegenfiebern. Deshalb ordne ich diese Redaktion der Zeit des Jahres 165 v.Chr. zu. Die Revolution gegen die seleukidischen Unterdrücker ist im Gange. Die Daniel-Tradenten haben diese Revolution weder begonnen, noch tragen sie sie jetzt mit. Aber der Gedanke möglicher Veränderungen geht um. Ihn greifen sie auf – nun aber ganz bezogen auf die Hoffnung auf die 'Endzeit' Gottes. Sie denken schon, dass das Heil bald möglich sein müsse. Wie bald?

Hier muss nun gefragt werden, welches die Aussage der Berechnung ist, die in V. 14 gegeben wird. Irgendeine Spielerei ist sie jedenfalls nicht, versichern doch ihre Verfasser nochmals ausdrücklich deren Wahrheit (V. 26a) und verstärken so die mit 10,21a gegebene Versicherung. Ist es möglich, der Zahl von 2300 'Abend-Morgen' einen Sinn abzugewinnen? Zuerst ist unmittelbar deutlich, dass sie offensichtlich erwachsen ist aus dem Leiden an den unrechtmässigen oder eben gar nicht stattfindenden Abend- und Morgenopfern im Tempel. Diese Zeit des Leidens muss aufhören! Es darf einfach nicht sein, dass das Verhältnis zu Gott nicht mehr bereinigt wird, dass Gott die nötige Anbetung und Verehrung vorenthalten bleibt. Deshalb muss die noch auferlegte Spanne des Leidens, der Vergewaltigung entsprechend diesem Opferrhythmus angegeben werden! Ist aber nun die gegebene Zahl Ausdruck einer besonderen Aussage oder zufällig, oder können wir diese Frage nicht mehr lösen?

Nun hat Hans BURGMANN schon vor bald 20 Jahren einen Erklärungsversuch zur Diskussion gestellt.[204] Seiner These, dass alle Zeitangaben nur Modifikationen des Versuchs in 7,25 seien – wenngleich ich die Deutung dieses Versuch auf 3 1/2 Zeiten oder gar Jahre für verfehlt halte –, muss zugestimmt werden. Dies gilt auch für die Angabe von den 2300 'Abend-Morgen'. 'Die Zeitangabe "2300 Abend und Morgen" ist schon in dieser Formulierung doppeldeutig, denn man kann diesen Zeitraum als 2300 Volltage oder als 2300 Halbtage auffassen. Das kann man heute, das konnte man schon damals. Damit war diese Angabe trefflich geeignet, den Zeitraum bis zur Gottesherrschaft um mehrere Jahre hinauszuschieben. Wenn man sich die Bedrängnis der Frommen vorstellt, ... kann man ermessen, welche Hilfe ... eine solche in ihrer Unbestimmtheit vieldeutige Zeitangabe für die Frommen bedeuten konnte.'[205] Diese Antwort zeigt, dass wir heute wohl nicht mehr ergründen können, ob die Zahl 2300 darüber hinaus noch einen konkreten Sinn gehabt hat. Ich lasse sie stehen als Versuch, sich in eine Zukunft zu tasten, die die Verfasser jedenfalls noch nicht kennen.[206]

In dieser Überzeugung verunsichert mich auch nicht der Versuch, den Hartmut GESE jüngst vorgelegt hat. Er beurteilt die vorliegenden Deutungsversuche kritisch und stellt in Abwehr des Gedankens, die Zahlen seien aus der Rückschau gefunden worden, die hier nur als Prohezeiung ausgedrückt sei, richtig heraus: '... die Tage ... [wurden] nicht als solche gezählt ..., sondern kalendermässig errechnet.'[207] D.h., auch hier wird davon ausgegangen, dass die Daniel-Tradenten die Ausdehnung der Zeitspanne, die noch gewartet werden muss, natürlich nicht kannten. Es wird aber gefragt, ob sie auf der Grundlage ihrer Kalenderwissenschaft zu der angegebenen Zahl 2300 'Abend-Morgen' kommen mussten. Hartmut

[204] ZAW 86 (1974) 543-550.

[205] A.a.O., 544.

[206] Ich lehne deshalb den Versuch von H. Burgmann ab, nun doch noch eine Berechnung zu versuchen (a.a.O., 544f). Er fusst dabei auf einem Mondjahr von 354 Tagen und ordnet diese Zeitangabe einem makkabäischen Redaktor zu. Ebenfalls stehe ich mit Vorbehalten dem Versuch von J.v. Goudoever, BETL CVI, 533-538, gegenüber, die Berechnungen von einem theoretischen, liturgischen Kalender herzuleiten. Zum einen ist der sichere Umgang mit dem Mondkalender in einer Gruppe und dem Sonnenkalender einer anderen heute fraglich (vgl. nur M. Albani, Astronomie, 248ff). Ausserdem hat die bisherige Arbeit an der Danielbibliothek keine makkabäische Redaktion erkennen lassen – diese Revolution wird nirgends beigezogen und unterstützt –, so dass gefragt werden muß, wie das Buch denn kurzzeitig in makkabäische Hände geraten sein soll, die jetzt mit solch einem kurzen Eintrag ihre Interessen eingebaut hätten.

[207] H. Gese, in: Ernten, was man sät, 411, Anm. 34.

GESE kann nur herausstellen, dass mit der Zahl 2300 wieder 'ein Mass grundsätzlicher Ordnung' formuliert werde: '2 Tausende und 3 Hunderte. Man ging über die Hunderte nicht hinaus, ... um mit dieser Zählung von 2 und 3 dem Mass prinzipiellen Charakter zu geben ...'[208] Sein dann vorgelegter Berechnungsversuch soll zeigen, dass die Tempelweihe wirklich innerhalb dieses Zeitraums gewesen ist. Nur, was nützt das? Als die Daniel-Tradenten diese Zahl niederschrieben, wussten sie nicht, ob und wann eine Tempelneuweihe sein werde!

5.9 'Tausenddreihundertfünfunddreissig Tage' (12,12)

Die abschliessende Rezension[209] hat zuerst die Zahlenberechnung weitergeführt. Diese Erweiterung ist m.E. nur sinnvoll, wenn ihre Verfasser die Angabe in 8,14 als 1150 Tage verstanden haben. Sie meinen im Grunde, dass die dort gegebene Zeit abgelaufen sei, und fangen an, sie zu verlängern. Dabei bestimmen sie ihren eigenen Standort als 1290 Tage nach den verändernden Massnahmen am Jerusalemer Tempel (12,11), also schon jenseits der Angabe in 8,14. Zugleich scheint diese Zahl im Gespräch mit der als 3 1/2 Jahre verstandenen Zeitspanne von 7,25 (wiederholt in 12,7) zu sein. Hartmut GESE hat gezeigt, dass bei Hinzuzählung von Umbauzeit und Weihewoche des Jahres 164 v.Chr. die 3 1/2 Jahre Terror mit 1290 Tagen angegeben werden könnten: 'Der Zusatz V. 11 will also die Angabe "Zeit, Zeiten, Teilzeit" in eine konkrete Tageszahl verwandeln...'[210] Allerdings meinen sie jetzt im Unterschied zu 12,7, dass diese Zeitspanne nicht ausreichen werde. Sie glauben, noch eine Weile warten zu müssen, weshalb sie die Gesamtwartezeit mit 1335 Tagen angeben (12,12): 45 Tage nur noch, dann muss die Wende einbrechen! Auch diese Angabe behält für mich ihre

[208] A.a.O., 410.

[209] Diese Rezension hat nur noch in Dan 12* Erweiterungen eingetragen: VV. 4b.11f. Damit liegt folgende Textgestalt vor:

1,1.2a*.b.3-21;
2,1-49;
3,1-19.20*.21-30;
3,31-33; **4**,1-4.5*.6-11.12*.13-31.32*.33-34;
5,1-2.3*.4-10.11*.12-24.25*.26-30; **6**,1;
6,2-12.13a*.b.14-29;
7,1-4.5a*.b.6-28.
8,1-8a.b*.9-27.
9,1-27.
10,1-4bα.5-8aβ.b-9bβ.10-21; **11**,1-12.13*.14-23.24*.25-36.37*.38-45; **12**,1-2a.b*.3-13.

[210] A.a.O., 418.

Brisanz nur dann, wenn sie auf die Wende hoffend schaut, sie jedenfalls noch nicht kennt. Dass die Verfasser kurz vor der Neuweihe des Tempels 164 v.Chr. geschrieben haben, ist nicht aus der Zahl zu errechnen, sondern nur daraus zu schliessen, dass sie keine weiteren Veränderungen in der Danielbibliothek vornehmen.[211] Denn, als die Daniel-Tradenten diese Zahlen entwickelten, kannten sie den Ausgang der makkabäischen Revolution nicht! Sie konnten überhaupt nicht exakt rechnen!

Schliesslich führen die Daniel-Tradenten ihren Gedanken der achten Rezension fort, dass nämlich das wahrhaftige Wissen in einem Buch vorliege (10,21a), indem sie die Arbeit an diesem Buch ansprechen: 'durchforschen werden es viele, und gross wird sein die Erkenntnis' (12,4b). In der 'Endzeit' ist nun jedes Verbot aufgehoben. Das apokalyptische Wissen und die Bibliothek, in der es niedergelegt ist, brauchen nicht mehr geheimgehalten und weggeschlossen zu werden (8,26; 12,4a.9, vgl. 7,28bβ). Das jeweils auf die 'Endzeit' befristete Gebot ist jetzt gegenstandslos geworden, weil sich die Daniel-Tradenten in dieser Endzeit meinen. Nur noch wenige Tage sind es bis zur Wende. Da kann, ja da muss das besondere Wissen geöffnet und angeboten werden, damit viele die nötige Erkenntnis gewinnen.

Dieser Schlussgedanke gibt nun zwanglos die Möglichkeit zu einer knappen Zusammenfassung. In welche Richtung geht die Erkenntnis, die die Daniel-Tradenten jetzt herausgehoben sehen wollen? (1) An erster Stelle ist hier der Gedanke zu nennen, dass alle Geschichte auf ihr 'Ende' zuläuft. Er wird in der Danielbibliothek durch verschiedene Entwürfe zum Ausdruck gebracht (Dan 2; 7; 8; 9; 11), die zumindest in groben Zügen zusammenstimmen. Sie zeigen den Geschichtsablauf vom neubabylonischen Reich bis zum seleukidischen König Antiochos IV. Epiphanes. In seiner Zeit, die die Gegenwart der meisten Rezensionen darstellt, kulminiert die Geschichte, um dann umzuschlagen in die Herrschaft Gottes. Das ist die erste Erkenntnis. (2) Sodann hoffen die Daniel-Tradenten auf eine Gerechtigkeit Gottes, die die Ungerechtigkeit der für sie erfahrbaren Welt ausgleicht. Hier ergänzen sich zwei Hoffnungen. In Dan 7 versprechen die Daniel-Tradenten den standfesten, treuen Frommen, dass sie als Mandatare Gottes die Macht Gottes verwalten werden. D.h., die aus Treue zum rechten Glauben

[211] Gegen Th. Fischer, Seleukiden, 143f.146f., der die Zahlen als Ergebnis der Rückschau auf das Jahr 164 v.Chr. versteht und deshalb vom Dezember 164 v.Chr. zurückrechnet und so ihre Richtigkeit meint erweisen zu können. Deshalb hat auch die Berechnung von H. Burgmann, a.a.O., 545-550, keine wirkliche Grundlage, der außerdem glaubt, die Schaltperioden erschließen zu können, die die jüdischen Kalendermacher eingehalten hätten.

unter der für die Daniel-Tradenten gegenwärtigen Herrschaft Opfer geworden sind, werden als Verwalter des Friedens Gottes vorgestellt. Und mit Dan 12,1-3 wird der Durchbruch gewagt zu einer Hoffnung auf die Auferstehung zu Leben oder zu Schande. Damit stellen die Daniel-Tradenten richtig: Nicht nur der Friede wird verwaltet werden, auch Urteile und Schrecken werden Wirklichkeit werden für die, die glaubten davonzukommen. Das ist die zweite Erkenntnis. (3) Dann aber bewahren die Daniel-Tradenten auch die alten Geschichten (Dan 3-6) in ihrer Bibliothek. Sie nutzen sie als Hinweis auf das rechte Verhalten, auf Orthodoxie und Orthopraxie in der währenden Zeit. Glaubenstreue ist verlangt trotz verborgenen Gottes, Bekenntnistreue wird gefordert bis ins Angesicht von Tyrannen. Das ist die dritte Erkenntnis. (4) Des weiteren bleibt die Frage nach dem Gesamtsinn dieser leidvollen und schwierigen Zeit. Sie findet ihre Antwort im Hinweis auf die eigene Schuld: 'Jahwe, uns bleibt Beschämung, unseren Königen, unseren Fürsten, unseren Vätern, die wir an dir gesündigt haben' (9,8). Das ist die vierte Erkenntnis. (5) Letztlich aber versuchen die Daniel-Tradenten die Dauer der Zeit des Wartens auf das erlösende 'Ende', das von Gott her kommen wird, genau zu bestimmen. Sie legen verschiedene Versuche von Berechnungen vor. Das ist die fünfte Erkenntnis. Diese letzte Überzeugung kann aber nur kritisch abgewiesen werden. War schon die Hoffnung, dass ein absolutes 'Ende' des Geschichtsablaufs erfahrbar sei, kritisch bewertet worden, so sind Berechnungsversuche abzulehnen. Hier sei die talmudische Forderung in Erinnerung bewahrt: 'Verflucht seien die Knochen jener, die die Ankunft des Messias berechnen.'[212]

M.E. sind die bisher noch nicht behandelten Glossen erst in späteren Etappen der Überlieferung des Danielbuches hinzugefügt worden. Sie sind noch lange nach 164 v.Chr. Zeugnisse des aktiven Überlieferungsprozesses sowohl in hebräischer, als auch in aramäischer Sprache, den die Danielbibliothek erfahren hat.[213] Ich nenne hier: 1,2a ('Haus seines Gottes'); 3,20 ('starke Männer'); 4,5 ('nach dem Namen meines Gottes').12 ('an den

[212] Bab. Talmud Sanhedrin, 97b; zitiert nach D. Biale, in: Jüdische Lebenswelten, 57.

[213] Allerdings liefert die älteste Danielhandschrift eine eindeutige zeitliche Begrenzung: 4QDan[c] ist nur etwa 50 Jahre jünger als der Abschluss der Danielbibliothek (E. Ulrich, BASOR 268 [1987] 17; ders. BASOR 274 [1989] 3). Diese Handschrift bietet Dan 10,5-9.11-16.21; 11,1-2.13-17.25-29. Im erhaltenen Text ist der als Glosse bestimmte Abschnitt in 10,8 ('und nicht blieb Kraft in mir') eindeutig in Fragment 1, Col. I, Zeile 8 enthalten. Zur Glosse in 11,13 ist der entsprechende Text nicht erhalten (a.a.O., 19f.21ff).

Kräutern der Erde').32 ('die Bewohner der Erde'); 5,3 ('des Hauses Gottes').[214] 11 ('dein Vater, o König').25 (zweites 'Mene'); 6,13a ('über das Verbot'); 7,5aβ ('zwischen seinen Zähnen'); 8,8b ('ansehnlich'); 10,4bβ ('der Hiddekel').8aγ ('und nicht blieb Kraft in mir').9bγ ('und mein Angesicht zur Erde'); 11,13 ('die Zeiten').24 ('und bis zur Zeit').37 ('und gegen die Gesamtheit der Götter'); 12,2b ('Schmähungen'). Erst mit diesen Zufügungen ist die Textgestalt des masoretischen Danielbuches erreicht worden.

[214] Vielleicht sind die Erweiterungen in 1,2a; 4,5 und 5,3 vom selben Glossator.

6 Das Danielbuch – eine Apokalypse?

Trotz jahrzehntelanger intensiver Forschung am Danielbuch und an anderen Apokalypsen ist es bisher nicht gelungen, überzeugende formgeschichtliche Ergebnisse vorzulegen. Als Ergebnis einer Diskussion hatte Hartmut STEGEMANN zusammengefasst: 'Eine Einigungsmöglichkeit zeichnete sich im Kreise der Teilnehmer nicht einmal ansatzweise ab.'[215] Auch heute gilt, dass die Formgeschichte apokalyptischer Texte weiterhin als Aufgabe bestehen bleibt. Dabei scheinen vor allem zwei Wege vorgezeichnet: Entweder wird 'die formgeschichtliche Analyse einer sprachlich intakten Apokalypse', also z.B. des Danielbuches versucht, und damit 'bei der Rahmengattung Apokalypse angesetzt', oder es ist 'der Ansatz bei einer Gliedgattung geboten', also z.B. der 'Visionserzählung'.[216] In jedem Falle werden sich aber formale und inhaltliche Geschichtspunkte nicht streng voneinander trennen lassen. 'Die Form-Inhalt-Relation ist ... mehr in einem dialektischen Aufeinanderbezogensein zu sehen ...'[217]

Die Untersuchung des Danielbuches hat folgende Materialien erkennen lassen: Erzählungen mit erzieherischer Abzweckung, Visionen, die auf prophetische Zusammenhänge weisen und weisheitlich gedeutet werden, Gebete und ausgesprochen exegetische Texte, die bewusst interpretieren wollen. Alle diese Texte wollen bei den Lesern Veränderungen hervorrufen. Sei es, dass sie erziehen, besondere Motivationen stärken oder erst schaffen, betroffen machen, spezielle Engagements wecken oder besondere Positionen und Haltungen klären und sichern wollen. Um all' das zu erreichen, griffen die Verfasser der Danielbibliothek auf unterschiedlichste Materialien zurück, die aus ganz verschiedenen Zusammenhängen entnommen wurden. Auch eine noch genauere formgeschichtliche Arbeit wird nur erkennen, 'dass die Rahmen- oder Makrogattung "Apokalypse" kaum einen einheitlichen, geschlossenen Sitz im Leben gehabt haben dürfte, mögli-

[215] H. Stegemann, in: Apocalypticism, 526. Erinnert sei an dieser Stelle, dass der Begriff 'Apokalyptik' von Friedrich Lücke in die wissenschaftliche Arbeit eingeführt worden ist: F. Lücke, Versuch.
[216] J. M. Schmidt, in: Altes Testament, 196.
[217] K. Rudolph, in: Apocalypticism, 775.

cherweise nicht einmal die Einzelgattung "apokalyptische Visionserzählung"'.[218]

Solch' eine Zusammenstellung vielfältiger Formen und Materialien deutet einmal auf eine immense geistige Fähigkeit, einen bedeutenden Kenntnisreichtum, ein hohes Mass an intellektueller Auseinandersetzung bei den Trägern dieser Literatur. Dies alles wurde bei ihnen offensichtlich durch die besonderen Herausforderungen ihrer Zeit mobilisiert.

M.E. vermag nun der Hinweis auf formkritische Ergebnisse zu ganz anderen alttestamentlichen Texten Licht auf das hier anstehende Problem zu werfen. Fritz STOLZ hatte für die formkritische Bestimmung schwieriger Psalmen den Begriff der 'nachkultischen Texte' ins Gespräch gebracht. Er ging dabei davon aus, dass sich die positiv kultbezogene Welterfahrung vor allem lobend äussert: 'Die Schöpfung ist gut; Jahwe hat die Welt so eingerichtet, dass der Mensch (genauer: das Volk Israel) darin seinen Platz findet, dass die Natur wohlgeordnet ist; Jahwe sorgt für eine gerechte Form des Zusammenlebens in seinem Volke...; Jahwe schützt schliesslich sein Volk gegen äussere Gefährdungen, er schreckt Feinde ab, hilft im Kriege und zeigt sich so als Herr der Geschichte.'[219] Diese positive Welterfahrung wird im Kult so dargestellt, dass anfangs auch gegenläufige Erfahrungen der kultischen Weltbewältigung eingeordnet werden können. Der Kult macht die Welt 'heil'.

Im Laufe der Geschichte sind aber Israel Erfahrungen nicht erspart geblieben, die grundsätzliche Zweifel am Funktionieren der kultischen Lebens- und Weltbewältigung aufkommen liessen: 'Jedes kultische Handeln ist dann und wann widerlegt worden; das bedeutet, dass die Darstellung der Wirklichkeit durch den Kult sich nicht durchsetzen kann. ... Die Infragestellung des Kults ist in *Israel* bereits in vorexilischer Zeit in einem Grade zu beobachten, wie dies in umliegenden Kulturen unbekannt ist.'[220] Gerade wegen solcher Infragestellungen müssen religiöse Redeformen gefunden werden, die Leid- und Verunsicherungserfahrungen verarbeiten helfen. Es werden Texte entwickelt, die Beter zeigen, die das Lob im Leid durchhalten, die 'simul clamans et laudans' zu sein versuchen. Solche Texte nennt Fritz STOLZ 'nachkultische'. Sie spiegeln das Nicht-mehr-Funktionieren

[218] J. M. Schmidt, a.a.O., 199. Diese Vielfalt der Formen und ihrer Herkunft ist jetzt auch wieder für das slawische Henochbuch erwiesen worden: Christfried Böttrich, Weltweisheit, 184ff.

[219] F. Stolz, Theologische Studien 129, 13.

[220] A.a.O., 18.

gewohnter Institutionen. Dabei gilt: '"Nachkultisch" ist also primär nicht als zeitlicher Begriff zu fassen, so dass also zuerst das Kultische, dann, jenes ablösend, das Nachkultische da wäre. "Nachkultisch" bedeutet die Verarbeitung der Erfahrung, dass die Wirklichkeitsdarstellung des Kults sich nicht halten lässt – und diese Erfahrung ist gegeben, seit es Kult gibt.'[221]

Nun meine ich, dass auch die apokalyptische Literatur und d.h. für uns das Danielbuch als zutiefst 'nachkultische Literatur' verstanden werden kann.[222] Sie zeigt: Die Herausforderung, die von aussen (Entweihung des Tempelkults) oder auch von innen (Existenzangst der Diasporajuden und die gegenseitige Bedrohung im Juda/Jerusalem des 3. und 2. Jh. v.Chr.) das Denken und Fühlen der Apokalyptiker aufwühlten, konnten nicht mehr kultisch überwunden werden. Sie mussten ausgehalten und darin der Glaube an den doch mächtigen Gott durchgehalten werden. Natürlich gilt dies schon vor dem Hintergrund, dass 'der Gottesdienst der nachexilischen Zeit im ganzen als "nachkultisch" zu charaktierisieren ist'.[223] Er wird ja vollzogen mit der ständigen Erinnerung daran, dass in Tempelzerstörung und Exil das Verhältnis zu Jahwe grundstürzend erschüttert worden war. Dazu kam nun noch die Erfahrung der Überfremdung und Verunmöglichung dieses schon so tief gefährdeten Kults. Das musste neue Ausdrucksformen des Glaubens regelrecht erzwingen. Indem sich also die Apokalyptiker – hier: die Daniel-Tradenten – immer neu an die Herausforderungen ihrer Zeit herantasten, dieses Herantasten in literarische Formen giessen, entsteht ihnen unter der Hand etwas Neues, auch formal Neues. Bisherige Möglichkeiten werden gesprengt, denn es soll ja auch ein Heil zur Sprache kommen, das alle immanente, auf Leben in dieser Welt gerichtete Hoffnung übersteigt: Die Texte predigen das Heil allein für die jenseitige Welt Gottes.

Zu allererst wirkt sich dieser inhaltliche Bruch in der Pseudonymität apokalyptischer Schriften aus. Diese ungeheuren, neuen Wahrheiten brauchten die Legitimation ältester Autoritäten. Zugleich aber konnten diese Autoritäten nicht verbunden sein mit der jetzt ja auch in der Vernichtung abbrechenden Heilsgeschichte Israels. Insofern waren die Namen der Prophetie oder der Weisheit Israels, also ein Jesaja, Jeremia, Ezechiel oder ein David, Salomo, nicht geeignet, diese neue Botschaft zu bestätigen. Deshalb legten sich den Anwälten apokalyptischen Wissens 'die Wahl von Pseudonymen

[221] A.a.O., 19.

[222] Schon F. Stolz, a.a.O., 69-71.73-78, hatte in diesem Zusammenhang auf das vierte Esrabuch und die Apokalyptik verwiesen.

[223] A.a.O., 21.

nahe, deren Träger ihren "historischen" Standort in einer grauen Frühzeit hatten, die noch nichts von der für die Konstitution Israels später massgeblichen Strecke der "Heilsgeschichte" zwischen Exodus und Landnahme (bzw. David) wusste: ... "Henoch", ... "Daniel" ... "Noach" ... Sie sind die Ahnherrn der neuen "eschatologischen" Weisheit der Apokalyptiker ...'[224] Zumindest für die hier untersuchte Daniel-Tradition muss aber korrigierend festgehalten werden, dass nicht nur die eigenen Aussagen in die alte Identität 'Daniel' gekleidet werden, sondern diese Identität zugleich in den durch die Visionen überschauten Ablauf der Weltgeschichte eingeordnet und dort als *jüdisch* identifiziert wird: Daniel ist Repräsentant der jüdischen Exilsgemeinde (Dan 1,6ff; 2,25; 5,1ff [ohne genaue Nennung seiner Zugehörigkeit zur Exilsgemeinde]; 6,11). Er lebt nicht einfach in grauer Vorzeit sondern von der Exilierung Judas an. Sein fiktives Leben wird präzise historisch eingeordnet. Die Verfasser des 2. Jh. v.Chr. verbergen sich zwar unter einem pseudonymen Namen, geben sich aber in diesem Namen als 'wahres Israel' zu erkennen. Das aber heisst, dass in Gestalt der Danielbibliothek betont jüdische Apokalyptik vorliegt. Auch wenn das kommende Gottesheil sogar die Heilsgeschichte Israels beendet, so ist es doch das Heil des Gottes Israels, das am Ende aller Weltgeschichte sein wird.

Das zweite wesentliche Kennzeichen ist die Tatsache, dass dieser jüdische Repräsentant der Autorität selbst immer wieder autorisiert wird. Dies geschieht durch die Offenbarung des neuen Wissens aus dem 'Himmel' her. 'Die unmittelbare Beanspruchung des "Himmels" (Gott, Engel, ...) in diesen Offenbarungsschriften hat ihren Hauptgrund im Autoritätsproblem: Die jeweils "innerweltlich" bereits vorgegebenen religiösen Autoritäten (im Judentum Thora und Propheten; ...) bieten von sich aus [für die Daniel- Tradenten] keine hinreichende Grundlage für das neu Darzustellende ...'[225] Sie stellen zwar die Verbindung zu diesen traditionellen Grundlagen her, indem sie immer wieder Texte ihrer Tradition auslegen, aber sie bauen den 'Himmel' als legitimierende Instanz ihrer neuen Hermeneutik, ihrer neuen Exegese ein. Das neue Glaubenswissen, das sie verkündigen, unterscheidet sich so vom Gewohnten, dass sie eben nicht allein und nur aus sich reden können. Formal betrachtet, können bei solchen Herausforderungen in 'nachkultischer' Zeit nur Collagen entstehen, keine wirklichen Gattungen: 'Als Darstellungsmittel dieser Offenbarungsschriften dienen beliebige literarische Gattungen ...'[226]

[224] K. Müller, in: Neues Bibel-Lexikon I, 129.

[225] H. Stegemann, in: Apocalypticism, 526. Vgl. auch o., Exkurs 7.

[226] H. Stegemann, a.a.O. Er formuliert in der zugehörigen Anm. 107 unmissverständlich: 'Die immer wieder unternommenen Versuche, eine eigenständige 'Gattung Apokalyptik' zu profilieren ..., sollte man endgültig aufgeben.'

Gerade für die Danielbibliothek muss also die Vielfältigkeit des Materials festgehalten werden. Neben dieser Vielfältigkeit ist aber in die Argumentation auch die Geschichtlichkeit der Texte einzubeziehen. Die Darstellung hat gezeigt, dass durch die Auseinandersetzung mit neuen Herausforderungen immer wieder neue Positionen entwickelt wurden. Diese Ansichten und Gedanken wurden in die Bibliothek eingetragen. Dabei sind auch Veränderungen mit Blick auf die formale Gestalt geschehen. Im Ergebnis dieser Veränderungen ist die gegenwärtige Danielbibliothek entstanden. Sie gewinnt ihre Einheitlichkeit durch eine in ihr festgehaltene und aufbewahrte Tendenz des theologischen Denkens und durch Versuche der Verklammerung. Beides zusammen zeigt sich in einer Ordnung des geschichtlichen Ablaufs in der auf das 'Ende' zugehenden Zeit und in der Verkündigung der mit dem 'Ende' kommenden Welt Gottes. Wenn denn von 'Apokalyptik' in formalem Sinne gesprochen werden kann, dann lehrt die Danielbibliothek, dass zumindest diese formalen Kennzeichen – zugleich aber wieder in sehr variantenreicher Gestalt, in keiner Weise sprachlich und terminologisch festlegbar – erfüllt sein müssen. Mehr ist m.E. nicht feststellbar.

7 Literarkritische und formkritische Analyse

Im folgenden sollen die detaillierten literarkritischen Untersuchungen zu den einzelnen Kapiteln des Danielbuches sowie die formkritischen Analysen der jeweils ältesten Textschicht nachgetragen werden.[227] Zuerst sei hervorgehoben, dass um notwendiger Begrenzung dieser Arbeit willen nur nach erkennbaren Veränderungen im Bereich der schriftlichen Überlieferung der Texte des Danielbuches gefragt wird, d.h. also im strengen Sinne literarkritisch gearbeitet werden soll. Für diese literarkritische Arbeit gewinnen nun die Thesen von Ernst HAAG eine besondere Bedeutung.[228] Allerdings sind seine Ergebnisse ausgesprochen umstritten geblieben. Aus dem jüngsten kritischen Bericht von Reinhard Gregor KRATZ gebe ich nur die positive Würdigung: 'Besondere Erwähnung verdienen die sprachlichen Beobachtungen, die, in verdienstvoller Genauigkeit notiert, einen nuancen- und abwechslungsreichen, in der Regel mit Bedacht variierenden Sprachgebrauch des Verfassers von Dan 1-6* sichtbar werden lassen oder aber, soweit es sich um Orthographika ... und sprachgeschichtlich bedingte Differenzen handelt, ... von einer bewegten Textgeschichte zeugen...'[229] Dann aber fragt er entschieden an, ob solche Unterschiede wirklich immer literarkritische Folgerungen zu tragen vermögen. Ich meine, dass die Vorschläge von Ernst HAAG sehr ernst zu nehmen sind. Sie heben die wirklichen textlichen Probleme ans Licht. Sie werden sogar durch den Verfasser zu interessanten theologiegeschichtlichen Rekonstruktionen weitergeführt. Sie leiden aber darunter, dass sie so ausgesprochenen Hypothesencharakter tragen. Auch Ernst HAAG ist sich nicht immer sicher, ob der beobachtete Unterschied wirklich literarkritisch auswertbar ist, weshalb er sich so häufig im Vermutungsstil äussert. M.E. ist also eine neue Prüfung des Textbestandes durchaus möglich. Sie soll hier erfolgen, obwohl auch jetzt nicht in allen Fällen letzte Sicherheit erreicht werden kann.

227 Leider kann die folgende Analyse des Danieltextes noch nicht die grundlegende Textinterpretation berücksichtigen, die im Rahmen der Edition der Biblia Hebraica transcripta, hrg. von W. Richter, auch zum Danielbuch gerade vorgelegt worden ist.

228 E. Haag, SBS 110, ders., TThZ 96 (1987) 21-50, ders., in: Neues Bibel-Lexikon I, 384-387, ders., BETL CVI, 137-185.

229 R.G. Kratz, WMANT 63, 82, Anm. 21.

Das zweite grosse Problem jeder Untersuchung des Textes des Danielbuches ist die Würdigung der griechischen Textüberlieferung. Für meine Untersuchung lässt sich das Problem zuspitzen auf die Frage, ob die griechischen Texte zur textkritischen Arbeit beigezogen werden können, und was es bedeutet, dies zu tun. Die Septuaginta wird am besten repräsentiert durch den Kölner Papyrus 967 aus dem 3. Jh. n.Chr.,[230] der aber die Visionen Daniels unter Belschazzar (Dan 7 und 8) ganz logisch zwischen Dan 4 und 5 in die gedachte Lebenszeit dieses Königs einordnet.[231] Ausserdem ist zu vermerken, dass die griechische Fassung der Kapitel 3-6 deutlich vom masoretischen Text und von der Übersetzungstechnik in den Kapiteln 1-2 und 7-12 abweicht. Gerade die deshalb schon lange vorgetragene Erwägung, dass diese Kapitel eine eigene Geschichte haben,[232] hat Rainer ALBERTZ auf die Spur der Hypothese gebracht, dass die Septuaginta-Varianten der Erzählungen von Dan 4-6 eine Vorstufe der aramäischen Fassungen darstellen. Zwischen beiden Fassungen sieht er einen überlieferungsgeschichtlichen Zusammenhang, also einen, der in der Phase der mündlichen Überlieferung bestanden hat.[233] Deshalb kann kein direkter Zusammenhang zwischen beiden Textvarianten angenommen werden, weshalb der Septuaginta-Text von Dan 3-6 m.E. für die textkritische Arbeit im wesentlichen ausfällt. Ausserdem ist das grundsätzliche Urteil von Pierre-Maurice BOGAERT hilfreich: 'Je tiens que le texte massorétique hébreu-araméen de Daniel représente substantiellement la forme original du livre.'[234] Es ist also immer noch möglich, eine Untersuchung auf der Grundlage des hebräisch-aramäischen Textes des Danielbuches vorzulegen. Vor allem für Dan 3-6 repräsentiert die Septuaginta eine eigenständige Texttradition, von der her jedenfalls der Textbestand des masoretischen Textes nur unter Vorbehalten zu verändern ist. Dazu sei abschliessend hervorgehoben, dass die als Theodotion-Text bezeichnete griechische Textvariante wieder in die Nähe des masoretischen Textes zurückführt.[235]

[230] W. Hamm, PTA 10; ders., PTA 21; A. Geissen, PTA 5.

[231] Zu dieser Frage der Reihenfolge der Kapitel hat J. Lust eine Hypothese vorgelegt, die den Gedanken der selbständigen Tradition der im griechischen Überlieferungsstrom vorliegenden Daniel-Materialien unterstreicht: 'It is probable that the Aramaic stories and visions originally circulated independently from each other. Chapters 4, 5 and 6 were not interconnected but were brought together and ordered according to different patterns in the *Vorlage* of the LXX and of the MT. The collection preserved in the LXX contained more materials than the MT' (BETL CVI, 52).

[232] J.A. Montgomery, ICC, 37: 'The phenomenon appears to point to the actual circulation of cc. 3-6 as a distinct collection of stories at some stage..., a point perhaps worthy of consideration in regard to the compilation of the b[oo]k.'

[233] R. Albertz, SBS 131, vgl. nur 155f.

[234] BETL CVI, 14.

[235] K. Koch, VT 23 (1973) 362-365; ders., EdF 144, 20; ders., Rez. in: ThLZ 114 (1989) 727.

7.1 Daniel 1

Der Text von Dan 1 gibt eine Reihe von Fragen auf, die noch keineswegs einhellig gelöst sind. Die verschiedenen Deutungsmöglichkeiten lassen sich in zwei Positionen zusammenfassen: Die erste Position hält 1,5aα.8-16 für den ursprünglichen Kern der Überlieferung, aus dem redaktionell das Kapitel in der gegenwärtigen Gestalt geschaffen wurde (1,1-2.3-20.21). Insofern kann es im wesentlichen als Einheit interpretiert werden. Dies tut Reinhard Gregor KRATZ dann auch, indem er aus der Sachaussage der VV. 4-5 eine Betonung zweier Aspekte – dessen der geistigen Fähigkeit und dessen der physischen Schönheit – erkennt, die dann im weiteren Gang des Kapitels gleichbedeutend entfaltet worden seien.[236] Die andere Position wertet die literarische Spannung, die durch V. 5aα in die Abfolge der VV. 4-5 kommt, als so gravierend, dass sie 1,5aα.8-16 als sekundären Eintrag versteht, der im wesentlichen die intellektuelle Befähigung der jüdischen Männer zum Gegenstand gehabt habe.[237] Der Zusatz stamme vielleicht 'von der Hand eines der zur Zeit der Makkabäer lebenden Verfasser von Kap. 8-12, weil ... zu jener Zeit das Speisegesetz als ein *articulus stantis et cadentis ecclesiae* galt'.[238] Hierzu lohnt sich nun eine eigenständige Prüfung des Textbestandes. Allerdings sind alle Schlussfolgerungen insofern begrenzt, als sie lediglich die im Ergebnis eines Übersetzungsvorgangs entstandene hebräische Fassung von Dan 1 betreffen. Versuche, die originale aramäische Textgestalt des Kapitels zu rekonstruieren, müssen hypothetisch bleiben. Vor allem gilt: Wenn die Spannungen der VV. 4-5 und der VV. 8-16 mit Blick auf ihren Kontext literarkritisch gelöst werden, dann bedeutet dies, dass die Reinheitsgeschichte in hebräischer Sprache in den schon ins Hebräische übersetzten Text eingefügt worden ist! Sie kann also nur von Bearbeitern stammen, die die grundlegende Struktur des Danielbuches – hebräische Rahmung und aramäischer Kern – schon vorgefunden haben.

[236] R.G. Kratz, a.a.O., 36f. Auch K. Koch, BK XXII/1, 18, interpretiert Dan 1 als Einheit, in der nur die überlieferungs- und redaktionskritische Arbeit ein Wachstum erkennen kann – aber anders als R.G. Kratz. D.h., dass alle Vorstufen, die dem hebräischen Text vorausgehen, Etappen der mündlichen Tradition sind.

[237] Wenn man die VV. 5aα.8-16 als Zusatz versteht, reduziert sich das Interesse des Textes an der physischen Schönheit und Unversehrtheit der jüdischen Männer auf den Hinweis in V. 4. Ob es von ihm her berechtigt ist, die kurze Notiz in V. 5aβ als Anspielung lediglich auf den Prozess der körperlichen Ertüchtigung zu verstehen, muss m.E. fraglich bleiben.

[238] A.S. v.d. Woude, BETL CVI, 10.

VV. 1a.21 geben eine zeitliche Rahmung, deren zweite Aussage (V. 21) mit 6,29b korrespondiert. V. 1a dagegen entspricht mit seiner theoretischen, Jer 25,1 und 2 Chr 36,6f verbindenden Datierung der Eroberung Jerusalems durch die Babylonier den Überlegungen, die in Dan 9 vorgetragen werden, und wurde m.E. von den Erstverfassern jenes Kapitels hier eingefügt.[239] Dann aber bleibt der Beginn mit V. 1b, und d.h. der Eröffnung mit dem Verb, dem das Subjekt nachgestellt ist (vgl. 2,1aβ; 6,2). Es wird festgestellt, dass Nebukadnezzar schon in seiner Eigenschaft als König gegen Jerusalem vorgeht. Dabei gibt ihm Gott den König Jojakim in die Hände (V. 2aα). Das muss nicht unbedingt Deportation meinen.[240] Vielmehr wird dann die Deporation der Tempelgefässe ja besonders hervorgehoben (V. 2aβ). In V. 2 muss בית אלהיו als erklärende Glosse bestimmt werden, weil damit eine Verdopplung zur Aussage in V. 2b vorliegt.

Die VV. 3-5 eröffnen Thema und Handlung. Akteure sind der König und der Majordomus, der רב סריסים. Der Bericht über den Befehl des Königs (ויאמר - V. 3) umfasst die drei infinitiv konstruierten Ausführungsbestimmungen 'auswählen', 'unterrichten' und 'erziehen' (VV. 3b.4b.5aβ). Das eigentliche Ziel aller Bemühungen, dass diese jungen Männer in der Lage sein werden, am Königshof 'zu dienen', wird als Beschreibung der schon erkennbaren Voraussetzungen (V. 4aβ) sowie für die Zeit nach dem Abschluss der Ausbildung als Tatsache (V. 5b) benannt.[241] Diesen klaren Aufbau der VV. 3-5 stört nun allerdings wirklich der Bericht über einen zusätzlichen Befehl des Königs in V. 5aα (Neueinsatz mit dem Narrativ von מנה Pi^cel!), der deshalb als sekundäre Hinzufügung zu bestimmen ist. Ausserdem fällt bei einer Durchsicht sofort auf, dass die Zeitangabe von einer dreijährigen Schulung nicht zu der in 2,1 passt. Es sei deshalb erst einmal erwogen, dass Kapitel 1* ursprünglich der Sammlung der Kapitel 3-6* zugeordnet ist.

[239] Die Datierung auf das 'dritte Jahr des Jojakim' ist eine geschichtstheologisch signifikante Konstruktion und steht im Zusammenhang mit dem System in Dan 9 (vgl. K. Koch, BK XXII/1, 25-34; ders., in: Mitte der Schrift?, 186ff).

[240] Die von M. Mercer, AUSS 27 (1989) 184, Anm. 37, angegebenen Belege meinen Eroberung und Vernichtung (Dtn 20,13; Jer 21, 7.10; 32,3.4) sowie Ausbeutung (Klgl 5,6). Nur in Jer 32,5 wird der Gedanke der Deportation angefügt. Überhaupt halte ich den Versuch für nicht überzeugend, die Historizität der Aussagen in Dan 1,1f zu erweisen.

[241] M.E. muss nicht zwischen עמד לפני und עמד ב differenziert werden (so K. Koch, a.a.O., 5.10.45; R.G. Kratz, a.a.O., 149, Anm. 297). Da in V. 18 die Männer vor dem König erscheinen, kann in V. 19 עמד לפני nur 'dienen' meinen. Da aber auch in V. 4 mit dem Ausdruck עמד ב nur 'dienen' gemeint sein kann, müssen beide Formulierungen als parallele Möglichkeiten verstanden werden.

In den VV. 6-7 werden die Männer genannt und mit neuen Namen versehen. Die bisher erkannte Gestalt des Textes legt es nicht nahe, hier eine andere Hand zu vermuten. Die Umbenennung ist Bestandteil der Grundschicht von Dan 1. Kritisch stimmt, dass jetzt im Unterschied zu V. 3 vom שׂר הסריסים die Rede ist. Ist dieser Wechsel in der Bezeichnung eine bewusste Variante? Klaus KOCH deutet den Befund so, dass er mit drei verschiedenen Gegenübern des Daniel rechnet, die jeweils einen tieferen Rang innehaben: der 'Oberste der Eunuchen' (VV. 3-5), der 'Rektor der Palastschule' (VV. 6-10) und der 'Erzieher' der jüdischen Männer (VV. 11-16).[242] Allerdings fehlen eindeutige zusätzliche Hinweise. Dies zeigt die unvermittelte Einführung des שׂר הסריסים in V. 7, der unfertige Abbruch des Dialogs der VV. 8-10 durch das neue Gegenüber des Daniel in V. 11 und das selbstverständliche Auftreten des שׂר הסריסים vor dem König in V. 18, das allerdings aus der Situation, dass nämlich fertig Ausgebildete zu prüfen sind, verständlich ist. Nun bin ich der Meinung, dass die VV. 5aα.8-16 später hinzugefügt wurden (s.u.). D.h., dass die ursprüngliche Fassung des Textes zwei Beamte gekannt hat. Mit dem einen verhandelt der König (V. 3). Der andere ist für die jüdischen Männer verantwortlich und bringt sie zur Prüfung vor den König (VV. 7.18). Das ist eine logische Szenerie. Erst durch die Bearbeitung ist dann die dritte Gesprächsebene (ab V. 11) hinzugekommen. Allerdings ist dieser Bearbeiter formal etwas unglücklich vorgegangen (vgl. den Wechsel von V. 10 zu V. 11). V. 8 greift nun bewusst auf V. 5aα zurück: פתבג המלך und משׁתיו יין. Neu ist die Deutung dieser Versorgung von der königlichen Tafel als 'Verunreinigung'. Indem als Gegenüber zu Daniel der שׂר הסריסים genannt wird, knüpft der Redaktor an den direkten Textzusammenhang an. V. 9 führt die Handlung zwischen Daniel und dem für ihn zuständigen Beamten fort. Bestimmend ist der Kommentar des Erzählers in V. 9a, dass Gott für Daniel Gunst erwirkt habe. V. 10 entwickelt die Handlung zwischen beiden Akteuren weiter. Dabei wird das Aussehen der jüdischen Männer als Kriterium benannt und so das Geschehen mit V. 4 verschränkt. V. 11 bringt einen überraschenden Wechsel im Gegenüber des Daniel. Daniel spricht zu einem anderen Beamten, der über ihn und seine Freunde eingesetzt ist. Dieser Beamte wird noch einmal in V. 16 genannt: er versorgt die jüdischen Männer mit Nahrungsmitteln. Die VV. 12-16 sind vielfältig miteinander

[242] A.a.O., 2f.6.55.8. Damit im Zusammenhang steht, dass er den Dialog ab V. 11 als zweiten Anlauf in derselben Sache, aber gegenüber einer anderen Person als der ab V. 8 versteht (a.a.O., 65f). Auf Grund dieser Deutung überträgt er die Feststellung von V. 9, dass Gott in dem Rektor ein besonderes Gunstgefühl gegenüber Daniel gewirkt habe, auch auf den Erzieher (a.a.O., 69), über den das nun aber nicht gesagt wird.

und mit dem Anfang des Zusatzes verknüpft: נסה - VV. 12a.14b; ימים עשרה - VV. 12a.14b.15a; זרע(נ)ים - VV. 12b.16b; מראה - VV. 13a (2x).15a, vgl. V. 10; פתבג und יין - VV. 13a.15b.16a, vgl. VV. 5aα.8. Diese Beziehungen machen zusätzlich wahrscheinlich, dass die VV. 5aα.8-16 einen durchkonstruierten Zusatz darstellen, der wohl in V. 11aβ.b eine Unebenheit aufweist.

V. 17a schliesst gut an die VV. 4b.7 an: die vier jüdischen Männer erhalten von Gott die nötigen Fähigkeiten. Allerdings fällt auf, dass V. 17b eine eigenständige und zusätzliche Fähigkeit des Daniel benennt. Die hier gegebene Verbindung von חזון und חלמות weist voraus auf die junge gestalterische Bearbeitung von Dan 4, die die Rede von den 'Visionen' eingetragen hat. Gleichzeitig schlägt diese Aussage die Brücke zu Dan 2 (7; 8ff).[243] Sie sei deshalb als redaktionelle Hinzufügung bestimmt. Abschliessend muss die Situation der VV. 18-20 besprochen werden. Es scheint, als werde in den VV. 18.19a und 19b.20 je dasselbe erzählt. Eine genaue Prüfung kommt zu einem anderen Ergebnis. V. 18 beginnt damit, dass der Abschluss der Ausbildungsperiode bezeichnet wird und schlägt so den Bogen zu V. 5b. Der König befiehlt die Männer zu sich. Sie werden durch den für sie zuständigen Beamten vor ihn gebracht. Die gesprächsweise Prüfung (V. 19a) führt dazu, dass alle vier als besonders geeignet erscheinen. Diese Aussage steht in klarer Korrespondenz zu V. 17a. Weil der Befund so ist, wie er ist, 'dienen' die Männer jetzt dem König (V. 19b). '... V. 20 hingegen ist ... eher allgemein konstatierende, nicht eigentlich erzählende Abschlussbemerkung der ganzen Einleitung und weist weit über die augenblickliche Szene hinaus.'[244] Er weist auf 4,6 und 5,11b*, Aussagen, die in ihrem jeweiligen Kontext als sekundäre Hinzufügungen bestimmt werden müssen. Deshalb sei V. 20 auch hier als sekundärer Eintrag bestimmt. Er will jetzt natürlich nicht eine neuerliche Prüfung bezeichnen, sondern diejenige, die die tägliche Arbeit dauernd darstellt.

Unter formalem Gesichtspunkt betrachtet, ist also der **Grundtext** von Dan 1 nie eine Einheit für sich gewesen. Mit diesem Text wurde das doppelte Diptychon der Geschichten Dan 3 und 6 und Dan 4 und 5 eröffnet. Der Aufbau dieses Kapitels ist klar und einlinig: Auf die situative Verankerung (VV. 1b.2a*.b) folgt die Anweisung des Königs (VV. 3-4.5aβ.b). Ihr folgt die Erfüllung (VV. 6-7). Zentrum ist die Feststellung der Gnade Gottes (V.

[243] Ob die Formulierung von V. 17b ausschliesst, dass Daniel auch selbst Träume und Visionen erlebt, ist unwahrscheinlich. Jedenfalls haben die Endredaktoren die Aussage immer als hinreichend verstanden (vgl. K. Koch, a.a.O., 21).
[244] R.G. Kratz, a.a.O., 150.

17a). Diese wiederum bewährt sich in der erfolgreichen Prüfung, die zur Anstellung bei Hofe führt (VV. 18-19). Eine zeitliche Notiz zu Daniel beschliesst diese Einleitung (V. 21). Die **Erweiterungen** haben den Charakter dieser Einleitung nicht verändert. Sie datieren aus verschiedener Zeit und sollen jetzt wiederholend benannt werden: V. 1a (die zeitliche Verankerung). 5aα.8-16.17b.20. Der Text über die Reinheit der Speisen kann erst als Ergänzung zum schon ins Hebräische übersetzten Text hinzugekommen sein. Im Zusammenhang mit der Einfügung von Dan 9* wurde auch die zeitliche Notiz in V. 1a eingetragen. Ebenfalls ist die Notiz über die besonderen Fähigkeiten des Daniel (V. 17b), die die Vorordnung des Daniel über alle Weisen aufgreift (2,48; 5,11.12a*.14.16a), auf Grundlage des hebräischen Textes eingetragen worden. Dasselbe gilt für V. 20. Eine abschliessende Glosse ist V. 2a (בית אלהיו).

7.2 Daniel 2

Eine genaue literarische Untersuchung dieses Kapitels stellt vor eine Fülle von Problemen. Die vorliegenden literarkritischen Entwürfe unterscheiden sich in dem Mass der angenommenen literarischen Arbeit an der schriftlichen Überlieferung des Textes. Rainer ALBERTZ votiert für eine weitgehende literarische Integrität des Kapitels: 'Wohl weist Dan 2 eine ganze Reihe von Ungereimtheiten auf, doch ist keine davon geeignet, die postulierte ältere Form der Erzählung zu rekonstruieren. ... Die einzig wirklich nachweisbare literarische Überarbeitung hat das Kapitel innerhalb der Traumdeutung in V. 41-43 erfahren.'[245] Ausgesprochen differenziert und damit sehr kompliziert arbeitet Reinhard Gregor KRATZ die Textsituation und Forschungslage auf. Er rekonstruiert Veränderungen für die Phase der mündlichen Überlieferung des Textes und solche für die der schriftlichen Überlieferung. Meine Analyse versucht wieder, für die Phase der schriftlichen Überlieferung eine eigene Rekonstruktion vorzulegen.[246]

2,1α ist insofern problematisch, als in 1,1b Nebukadnezzar schon als amtierender König benannt, dort also mindestens im ersten Jahr seiner Regierung vorgestellt wird. Wenn er dann in 1,5.18 jüdische Männer drei Jahre lang unterrichten lässt, kann nicht gut einer dieser jüdischen Männer schon im 'zweiten Jahr' des Königs als Traumdeuter tätig werden. Deshalb wird hier gern zu שתים עשׂרה (vgl. BHS) ergänzt. Dem will ich fol-

[245] A.a.O., 176f.

[246] Diese Analyse wird sich von der unterscheiden, die ich in BETL CVI, 484, Anm. 18, skizziert hatte.

gen.[247] 2,1aβ eröffnet die Geschichte und gibt das Thema: der König hat in beunruhigender Weise geträumt (חלם חלמות, פעם – sachlich gleich Dan 4). Hier wird durch die hebräische Übersetzung des aramäischen Originals das Träumen nur mit der Wurzel חלם ausgedrückt (so auch V. 3). Im aramäischen Teil des Kapitels wird dagegen dieses Geschehen verbal mit der Wurzel חזה wiedergegeben: In V. 26 sagt der König von sich חלמא די חזית, in den VV. 31.34 kennzeichnet Daniel das Erlebnis des Königs als חזה הוית, V. 36 wird der Begriff חלמא für das Erleben des Königs verwendet, V. 43 steht das Verb חזה und V. 45 begegnen das Verb חזה und das Nomen חלמא. Offensichtlich ist diese unterschiedliche Formulierungsweise Ausdruck von sich gegenseitig ergänzender Terminologie, die auch durch die Übersetzung der VV. 1-4a nicht wesentlich verändert wurde. Sie führt deshalb nicht zwingend zu literarkritischen Folgerungen. Einzig die Ausdrucksweise in 2,19 ist demgegenüber eigenständig (s.u.).

V. 2 führt das Geschehen fort. Seine Formulierung hat wohl auf 1,20 gewirkt. Er ist ähnlich konstruiert wie 1,3ff: ויאמר ... לקרא ... להגיד. V. 3 nimmt deutlichen Rückbezug auf V. 1. V. 4 bringt die Reaktion der Traumdeuter und wechselt zwanglos mit Beginn der wörtlichen Rede in das Aramäische. Die Strafandrohung in V. 5 nimmt 3,29 auf. V. 6 erinnert an 5,(7b.)29. Dan 2 scheint also mit absichtlichen Bezügen auf Dan 3-6 verfasst zu sein. Die VV. 7-11 bieten eine eigenständige Szene der dialogischen Auseinandersetzung zwischen den Traumdeutern und dem König. Hervorgehoben sei der Begriff עדן für eine 'Zeitspanne' (V. 8). Die Szene gipfelt im Hinweis auf die 'Götter', die allein die vorgetragene Forderung erfüllen können (V. 11b). V. 12 gibt die Reaktion des Königs (allerdings mit anderer Terminologie als in 3,13.19) und seinen Tötungsbefehl (אבד). Dieser Begriff wird erst wieder in V. 24 verwendet. Das könnte ein erstes Indiz dafür sein, dass die folgenden VV. 13-23 hier später eingefügt worden sind. Dieser Gedanke wäre wirklich eine Lösung der bleibenden Probleme dieser Verse: V. 25 steht in Spannung zu V. 16, V. 24a ist Dublette zu V. 14b. Abgesehen von den gleich noch zu nennenden Argumenten, die die Einheit ab V. 13 selbst bietet, sei jetzt nur festgehalten, dass die VV. 12.24 eine einheitliche Konstruktion darstellen: Der Befehl zum 'Umbringen' wird gegeben. Daraufhin wendet sich Daniel an Arjoch, um diese Aktion zu verhindern, weil er Traum und Deutung mitteilen könne.

[247] Die Idee von M. Mercer, AUSS 27 (1989) 187f, dass hier gerade gezeigt werden solle, dass ein noch nicht fertig Ausgebildeter schon hervorragende Fähigkeiten besitzt, dient vor allem einer Deutung, die den Text in seiner wörtlichen Aussage bestätigen will.

Spätere haben in diesen Text eine Passage eingebaut, die vor allem zu Dan 1 vermittelt, indem sie Daniel als bekannte Person erscheinen lässt: VV. 13-23. An folgenden Eigenheiten ist diese Redaktion z.B. erkennbar: קטל für das Töten der Weisen (VV. 13.14), נפק für das Veröffentlichen des Befehls (VV. 13.14), דת für den Befehl (V. 13.15), זמן für die zu gewährende Zeitspanne (V. 16, im Gegensatz zu V. 8), die namentliche Einführung der Freunde in V. 17, die Vorstellung von einem 'Nachtgesicht', das dem Daniel den Traum offenbart (V. 19, vgl. dazu 7,2.7.13),[248] und der gesamte Vorstellungshorizont des Gebets in den VV. 20-23, der der theologischen Redaktion der Erzählungen entspricht. Auf dieses Gebet sei kurz gesondert eingegangen. Es steht ganz im Horizont der auch in den Erzählungen als sekundär zu bestimmenden hymnischen Stücke 3,31-33; 4,31aβ.b.32*; 6,27b.28a. Entscheidend ist das Thema der Macht Gottes, die sich darin zeigt, dass er Könige ab- oder einsetzt (V. 21a). Mit der Verwendung des Begriffes עדה fusst dieser Verfasser auf den erzählerischen Passagen in 4,28; 5,20. Die Sache wird schliesslich in 4,14b.22b.29b benannt. Ausserdem weist dieser Begriff auf 7,12.14.26. Ähnlich wird von dieser Macht in 3,33; 4,31b; 6,27b.28a geredet. Dort wird aber weniger der aktive Eingriff Gottes in die Geschichte betont als mehr seine ständig wirksame Macht, die entgegen den menschlichen Erfahrungen die eigentliche Macht darstellt (vgl. auch 2,47). Demgegenüber betont die Eschatologisierung des Textes noch weitergehende Vorstellungen. Das wird bei einer historischen Auslegung der Texte der Danielbibliothek zu berücksichtigen sein. Formal gesehen verbindet dieses Gebet Hymnus und Danklied und ist durch einen wohldurchdachten Aufbau gekennzeichnet: V. 20aβ gibt den Auftakt des Lobes. V. 20b begründet das Lob. Die beiden Eigenschaften Gottes – חכמתא und גבורתא – werden chiastisch entfaltet: V. 21a expliziert die 'Stärke' und V. 21b.22a die 'Weisheit'. V. 22b bietet erneut eine grundlegende Aussage und schliesst damit den ersten Gedankengang ab. Mit V. 23a wird nun auf die persönliche Lage des Daniel zugespitzt. Singulär ist hier die Rede vom 'Gott meines Vaters', die die Religion des Daniel als in seiner familiären Tradition verwurzelt kennzeichnet. Ihm, dem Daniel, ist offenbart, was Gott eignet (zu V. 23aβ vgl. V. 20b!). Dies bewährt sich auch darin, dass Daniel die konkrete Aufgabe wird lösen können (V. 23b). Dagegen aus dem Originaltext aufgenommen und im Zusatz ausgenutzt sind die Vorstellungen vom 'Himmelsgott', der Geheimnisse offenbaren kann (VV. 18.19, vgl. V. 28a) und die häufige Verwendung der Zeitadverbien אדין und באדין (VV. 14.15.17.19 [zweimal], vgl. V. 25.48).

[248] Vgl. J.E. Miller, Bibl 71 (1990) 402.

Die originale Einheit der VV. 12.24 wird mit V. 25 weitergeführt. Jetzt ist ein entscheidender Wendepunkt in der Darstellung mit אדין gekennzeichnet. V. 26 bietet die hier nötige Rede des Königs zu dem ihm unbekannten Daniel. Erstmals wird im aramäischen Text das Traumerlebnis mit dem Verb חזה bezeichnet. Allerdings lehrt der Sinn der Szene – Vorstellung des unbekannten Daniel zu sein –, dass die Notiz in V. 26aβ, die Daniel als bekannten Mann charakterisiert, von derselben Hand sein muss, die überhaupt die Verbindung mit Dan 1 hergestellt hat.[249] V. 27 bietet die Weiterführung der Dialogszene zwischen Daniel und König. Die Formulierung der Reaktion des Daniel greift auf die VV. 2.10.12 zurück. Damit wird eine Rede des Daniel eröffnet, die auch die Traumschilderung umfassen wird. Die erste Einheit dieser Rede (VV. 27-30) kreist um die Frage, wer zur Erfüllung des Geforderten befähigt ist und welchen Sinn das Erlebte überhaupt hat. In diesem Zusammenhang fällt der Unterschied der Aussagen in V. 28b und 29 auf. Es ist eindeutig erwiesen, dass V. 28aβ.b ein Eintrag darstellt, der dem Text eine eschatologische Ausrichtung gibt (באחרית יומיא).[250] Diese Redaktion greift 7,1.2 auf. Der auch in V. 29a begegnende Begriff על משכבך ist dort m. E. original (vgl. 4,7.10). Der eigentlich originale Text leitet von der Feststellung, dass nur der 'Himmelsgott, der Geheimnisse offenbart' (V. 28aα), auch das vorgelegte Problem lösen kann (V. 29b), über zu der, dass es hier um die Beunruhigung über die Entwicklungen der Zukunft gehe (V. 29a: אחרי דנה). Diese Sorge um die direkte Zukunft ist alles andere als überraschend. Sie ist eine normale Erscheinung einer Gesellschaft, die Astrologen und Traumdeuter ausbildete und anstellte. V. 30 schliesst den Gedankengang um die Befähigung des Daniel ab. Er ist durch den Begriff רעיון besonders mit V. 29 verbunden. Allerdings werden jetzt die 'Gedanken' des Königs seinem 'Herzen' zugeordnet. Weil keine sonstigen literarkritischen Indizien vorliegen, muss dies als eine Ausdrucksvariante des Originaltextes gedeutet werden.

[249] 4QDan[a] schreibt den Namen übrigens in der Form בלטאשצר (E. Ulrich, BASOR 268 [1987] 25.27), weshalb aus solchen Varianten keine besonderen Schlussfolgerungen gezogen werden sollten (s.u. zu 4,30).

[250] Hier reicht der Hinweis auf die ausführliche Begründung durch R.G. Kratz, a.a.O., 55-57. Ich erwähne hier nur, dass 4QDan[a] nach יומיא ein eindeutiges מ] hat. E. Ulrich, a.a.O., 25ff, schlägt מ]לכא לעלמין חיי חלמך] vor. "It appears (1) that the original text of Daniel was simply ... חלמך על משכבך; (2) that the formula מלכא לעלמין חיי was added in one text tradition to which 4QDan[a] and the *Vorlage* of the original G were heir; (3) that וחזוי ראשך was added in another text tradition to which M ... was heir; ..." (a.a.O., 26).

VV. 31-35 geben die Traumschilderung. Da der König diesen Traum nicht mitgeteilt hatte, müssen jetzt neue Begriffe verwendet werden, die bisher nicht belegt sind. Eingeleitet wird die Traumschilderung mit חזה הוית ואלו, eine Ausdruckweise, die auch 4,7 begegnen wird und auch dort ein Traumerlebnis kennzeichnet. Wie in 4,10a wird die zweite Etappe des Traumes erneut mit חזה הוית eingeleitet (V. 34). Auf 7,9.11b weist die Weiterführung mit עד די, wodurch offensichtlich das Wahrnehmen eines Geschehens bezeichnet wird: Der König hat in seinem Traum wahrgenommen, wie sich der Stein ablöste und auf die Statue traf. Durch die Bezeichnung verschiedener Metalle werden *fünf Geschehensetappen* angesprochen: דהב טב, כסף, נחש, פרזל, פרזל/חסף (VV. 32f). Diesen fünf Etappen ist in Gestalt des 'Steins' eine abschliessende *sechste* zugeordnet (V. 34f). Bei der Schilderung der Aktion des Steins werden in V. 34 die Füsse in der gleichen Reihenfolge gekennzeichnet wie in V. 33. Da die Zerstörung des Standbildes von den Füssen her ausgeht, benennt V. 35a die Metalle in umgekehrter Reihenfolge, das 'Gold' (דהבא) als letztes. V. 35b beschreibt das letzte Ziel des Traums: Der 'Stein' wird zu einem 'Berg', der die ganze Erde anfüllt. V. 36 schliesst die Traumschilderung ab und leitet zur Deutung über.

Der gesamte Textbestand der VV. 37-45 wendet sich nun der Deutung des Traumes zu. V. 37b greift mit der Vorstellung vom 'Himmelsgott' auf V. 28a zurück. V. 38b spitzt die Deutung auf Nebukadnezzar zu und spielt genau an *die erste Geschehensetappe* an (V. 32aα). Allerdings verwundert V. 38a durch eine unvorbereitete Ausweitung der Herrschaft des Nebukadnezzar. Mit diesem Text, durch den Jer 27,6; 28,14 aufgegriffen werden, äussert sich vielleicht ein Interpretator. V. 39a deutet sehr knapp *die zweite Geschehensetappe*, die mit 'Silber' umschrieben war, als ein nachfolgendes Herrschaftssytem. V. 39b deutet die 'Bronze' auf *eine dritte Etappe*, die nochmal Weltherrschaftsgrösse erreichen wird.[251] V. 40a benennt *die vierte Etappe*. Allerdings ist die doppelte Kennzeichnung des Wesens von 'Eisen' in V. 40b auffällig. Ich stelle deshalb zur Diskussion, dass V. 40bβ eine se-

[251] R.G. Kratz, a.a.O., 59, empfindet das Verhältnis von Bildebene und Deutungsebene als problematisch. Ich frage mich, ob der Erstverfasser des Textes so einlinig und streng gedacht haben muss, wie diese Problemanalyse unterstellt. Warum kann er nicht von Anfang an sowohl an die innere Qualität der Staatssysteme, als auch an ihre territoriale Ausdehnung angespielt haben? Damit würde er das dritte Reich als Weltreich verstehen, das gleichwohl innerlich instabiler ist, als die vorhergehenden Reiche. V. 39b steht also einer Deutung der 'Wertanzeige der Metalle ... auf die sittliche Qualität der Macht (Verfallsgeschichte bzw. Zunahme von – missbrauchter [!] – Macht entsprechend Dan 7*)' in keiner Weise 'im Wege' (ebd., Anm. 186).

kundäre Auffüllung darstellt. Sie unterscheidet sich vom Kontext auch dadurch, dass der neue Begriff רעע eingeführt wird. Mit *der fünften Geschehensetappe* wird ein mit eigenständigen Problemen behafteter Text ins Auge gefasst. Traditionell werden als sekundär bestimmt: VV. 41aα (ואצבעתא).42-43.[252] Reinhard Gregor KRATZ hat jetzt eine neue Deutung vorgelegt, die die VV. 41aβ.bα.42aβ für original hält, die sodann überlegt zum heutigen Textbestand der VV. 41-43 ausgedehnt worden seien. Wichtig ist dabei einmal die Erkenntnis von Alfred JEPSEN, dass hier *vor* dem Rückgriff auf die Bildebene die Deutung gegeben werde.[253] Ausserdem wird die Beobachtung ausgewertet, dass in V. 42a 'Eisen und Ton' in derselben Reihenfolge wie in V. 33 aufgeführt werden, in V. 41a aber in umgekehrter Reihenfolge. Gegenüber den vorliegenden Erklärungsmodellen schlage ich eine eigene Lösung vor: Der originale Text bestand aus den VV. 41aα.42aβ.b: ודי חזיתה רגליא מנהון פרזל ומנהון חסף מן קצת מלכותא תהוה תקיפה ומנה תהוה תבירה. Dieser Text entspricht der Deutung des 'Eisens' (V. 40*) und bringt neu die Deutung des Tons. Zusätzlich bleibt dieser Text ganz bei der Begrifflichkeit der Bildebene (V. 33). Er deutet die fünfte Staatsform als in sich zwiespältig – sowohl aggressiv, als auch brüchig. Dieser Text ist sodann zweimal erweitert worden. Zuerst wurde V. 41aβ.b eingetragen und mit רגליא in V. 42a der Anschluss an den vorliegenden Text hergestellt. Dieser Redaktor hat mit dem Begriff חסף 'gespielt' und die gesamte Vorstellung variiert. Es ist offensichtlich derselbe, auf den auch V. 40bβ zurückgeht.[254] Schliesslich hat ein Redaktor den Gedanken der weiteren Aufteilung der Macht und das Problem der Eheschliessungen eingetragen: VV. 41aα.42aα (je ואצבעתא).43[255]. Diese Rekonstruktion macht deutlich, dass auch der Originaltext erst die Bildebene wiederholt und dann die Deutung geboten hatte. V. 44 leitet nun über zur

[252] Durch diesen Zusatz, der noch in sich eine Geschichte haben könnte, wird in zwei Anläufen auf die Beziehung zwischen Ptolemäern und Seleukiden und die 194 v.Chr. in Raphia vollzogene Eheschliessung von Ptolemaios V. mit Kleopatra, der Tochter Antiochos III. hingeweisen (R. Albertz, a.a.O., 177, Anm. 341, dort datiert auf 196 v.Chr.; H. Gese, in: Alttestamentlicher Glaube und Biblische Theologie, 300, Anm. 6). Der mögliche Bezug auf die Heirat von Antiochos II. mit Berenike, der Tochter Ptolemaios II. im Jahr 252 v. Chr. ist wenig wahrscheinlich. Zu diesem Bezug ist Dan 11,6 zu vergleichen (H. Gese, ZThK 80 [1983] 377; R. Albertz, a.a.O., 184, Anm. 351; R.G. Kratz, a.a.O., 35, Anm. 101).

[253] A. Jepsen, VT 11 (1961) 387.

[254] Diese Tendenz der Ausgestaltung belegt sehr schön 4QDan[a]: Nach ותרע hat die Handschrift noch כל ארעא (E. Ulrich, BASOR 268 [1987] 27f), womit die gesamte Erde als Gegenstand der Vernichtung benannt wird.

[255] In 2,43 bietet 4QDan[a] den besseren Text: ודי (vgl. Q[e]re) und דנה הכא די פרזלא (vgl. BHS).

sechsten Geschehensetappe, der ganz Gott zugeordneten Wirklichkeit. Allerdings fällt der Anfang dieses Verses aus dem Rahmen der bisherigen Darstellung. Das Geschehen wird der Zeit von schon erwähnten Königen zugeordnet (מלכיא אנון). Damit wird natürlich an die jetzige Gestalt von V. 43 angeknüpft. D.h., dass der heutige V. 44aα auf den dort erkennbar werdenden Redaktor zurückgehen muss. Als V. 44 noch direkt an V. 42b anschloss, muss von 'jenem Königreich' die Rede gewesen sein. Die Formulierung von V. 44 greift sonst bewusst zurück auf die VV. 28a.37a ('Himmelsgott'). Neu ist die Vorstellung von einem 'anderen Volk', dem die Herrschaft nicht gegeben werde. Bewusst wird angeknüpft an die Terminologie des 'Zermalmens' (VV. 34f), ergänzt durch סוף, was ja der Deutung des Bildes der Statue auf eine zeitliche Erstreckung von Staaten entspricht: Das 'ewige Reich' wird die vorherigen Staaten beenden und ausschalten. V. 45 bringt den Abschluss der Deutung. Er greift auf V. 29 zurück: Jetzt kennt der König die Entwicklungen der Zukunft. Neu ist der Begriff אלה רב, der aber sicher nur eine Variante zum bisherigen 'Himmelsgott' darstellt. Verdächtig allerdings ist V. 45aα: Im Widerspruch zu V. 35 kommt jetzt der Stein von einem Berg; bei der Aufzählung der Metalle stört die Erwähnung von 'Ton'.[256] Ich erwäge ganz vorsichtig, dass V. 45aα von einem Redaktor stammen könnte.

Die VV. 46-49 bieten den Abschluss des Textes. In der gegenwärtigen Textgestalt beginnt diese Schlusszene mit dem Zeitadverb באדין. Allerdings fällt die merkwürdige Vorstellung von der Opferung an Daniel auf. Nun wird in Dan 2 nur hier wie in V. 28aβ der Name Nebukadnezzars plene geschrieben. Ich frage, ob V. 46 von derselben Hand sein könnte, die V. 28aβ.b hinzugefügt hat. Der Aufwertung des angekündigten Geschehens als tatsächlich endzeitlich würde die singuläre Verehrung des Daniel entsprechen. Es ist durchaus denkbar, dass die Szene nach dem Abschluss der Deutung des Traums mit dem heutigen V. 47 begonnen hat: Der König verehrt den Gott, der das Geheimnis offenbart. Dabei steht diese Aussage in eindeutigem Bezug zu den VV. 28a.29. Der Gott des Daniel wird als höchste Gottheit anerkannt. Das ist eine im polytheistischen Rahmen mögliche Vorstellung und unterscheidet sich so auch deutlich von der Theologie des Gebets in den VV. 20-23. Problematisch ist lediglich der Plural 'euer Gott'. Worauf bezieht er sich? Er kann eine Folge der Erwähnung der Freunde in V. 49 sein. Vielleicht ist aber einfach ein Rückbezug auf V. 25 gemeint, und d.h. die Galut in Babylonien. V. 48 leitet mit אדין die Wende für Daniel ein und steht in eindeutigem Bezug zu V. 6. Die dort verheissene 'Ehre' wird hier gefüllt mit der Übergabe von Regierungsaufgaben

[256] Ist חספא einfach Glosse?

und der Vorordnung vor alle Weisen des Landes. Die letzte Aussage weist auf 4,6 und 5,11b*. Was dort als sekundär erkennbar werden wird, gehört hier zum originalen Text. Schon das ist ein Hinweis darauf, dass Dan 2 zu einer fertigen Sammlung 3-6* hinzugekommen ist und mit ihr verschränkt wurde. V. 49 trägt in Kap. 2 die Freunde des Daniel ein. Er stellt so eine Verbindung her zu 1,7 und Dan 3. Offensichtlich ist er erst von der Hand, die Kap. 2 zwischen Dan 1* und 3-6* gestellt hat.

Abschliessend sei das Ergebnis dieser literarkritischen Arbeit zusammengefasst: Für Dan 2 kann eine **Grundschicht** festgestellt werden, die unabhängig von Dan 1* und 3-6* bestanden hat. Sie umfasste die VV. 1aβ.b.2-12.[257] 24-25.26*.27-28aα.29-37.38b-40a.bα.41aα.42aβ.b.44*.45aβ.b.47-48. Dieser Text stellt eine Erzählung dar, die an den beiden entscheidenden Wendepunkten – Geleiten des Daniel zum König und Auszeichnung des Daniel – mit dem Adverb אדין gegliedert ist. Inhalt dieser Geschichte im höfischen Milieu ist das Herausfinden und Deuten eines Traumes. Folgende Gliederung schlage ich vor: V. 1* benennt einleitend das Problem. Die VV. 2-12 bilden die erste Szene. Unterszenen bilden die VV. 3-6 – in denen die Aufgabenstellung deutlich wird –, die VV. 7-9 – in denen auch eine zweite Bitte der Traumdeuter abgewiesen wird –, die VV. 10-11 – die deutlich machen, dass die Aufgabe nicht bewältigt werden kann –. Die zweite Szene umfasst die VV. 24-25.26*.27-28aα.29-36. Unterszenen sind die Begegnung zwischen Daniel und Arjoch (V. 24), der erste Dialog zwischen Daniel und dem König (VV. 25.26*.27-28aα), die Deutung des Traums als Produkt der Sorge des Königs (V. 29f) und die Traumschilderung (VV. 31-35). Innerhalb der Traumschilderung wird auch das Zeitadverb באדין verwendet (V. 35). Als dritte Szene zähle ich den originalen Komplex der Deutung des Traumes (VV. 37.38b.39.40a.bα.41aα.42aβ.b.44*.45aβ.b). Die vierte Szene ist die abschliessende Ehrung des Daniel (VV. 47f). Dieser literarisch selbständige Text ist in den Komplex von Dan 1*; 3-6* eingestellt und dafür, sowie dann noch später bearbeitet worden. Der **ersten Bearbeitung**, die diesen Zusammenhang hergestellt hat, gehören an die VV. 1aα (die Datierung auf das 'zwölfte Jahr'). 13-23.26 ('dessen Name Beltschazzar ist').49. Diese Bearbeitung greift die theologische Bearbeitung von Dan 3-6* auf und erhöht so die Einheit der Kapitel. Die unterschiedliche Benennung der Freunde des Daniel (V. 17 die jüdischen Namen, V. 49 die babylonischen) ist das Ergebnis des jeweils verschiedenen Zusammenhangs: V. 17 ist Daniel zu Hause mit seinen Freunden zusammen. Da besteht keine Veranlassung, die babylonischen Namen zu verwenden. V. 49 spricht Daniel zum babylonischen König und muss da natürlich

[257] Die VV. 1-4a natürlich im originalen Aramäisch.

die Hofnamen verwenden. Ausserdem ist ein formales Kennzeichen dieser Bearbeitung der gezielte Einsatz der Adverbien באדין und אדין. Die **zweite Bearbeitung** war offensichtlich die **gestalterische**. Ihr sind zuzuordnen die VV. 38a.40bβ.41aβ.b.42a ('die Füsse').45aα. Diese Hinzufügung ausgestaltender Notizen passt zu der gestalterischen Bearbeitung, die in Dan 3-6* deutlich werden wird, und kann so derselben Hand zugeordnet werden. In einem neuen Anlauf im Rahmen dieser Bearbeitung wurde die Aktualisierung auf Ereignisse des Jahre 194 v.Chr. eingetragen: VV. 41a.42a (jeweils 'und die Zehen').43. Eine **dritte Bearbeitung** hat sodann die Feststellung eingetragen, dass die geschilderten Ereignisse zur Endzeit überleiten: VV. 28aβ.b.44aα (in jetziger Gestalt).46. M.E. bringt diese Hand eine Überzeugung zum Ausdruck, die durchaus vorher schon implizit in den Texten enthalten gewesen sein kann. Deshalb halte ich auch die Grundschicht des Textes für im wesentlichen eschatologisch. Er denkt über die Zukunft Gottes nach, wenn er auch diese Zukunft noch nicht expressis verbis als 'Endzeit' bezeichnet.

7.3 Daniel 3

Die Zugehörigkeit von V. 1 zur Grundschicht ist unbestritten. Mit der Information über Herstellung und Aufrichtung der goldenen Statue wird die Erzählung eröffnet. Im Textbestand von V. 2 diagnostiziert Ernst HAAG eine Reihe von Problemen:[258] die leichte Variante der Konstruktion von קום in V. 2bβ verglichen mit V. 1bα, die asyndetische Beziehung zwischen dem למכנש-Satz und dem למתא-Satz, die beide von שלח abhängen, sowie die asyndetische Aneinanderreihung von zwei Gruppen von Beamtenbezeichnungen, von denen dann in V. 27 nur die erste Gruppe wieder aufgegriffen wird. M.E. kann der leichte Wechsel in der Konstruktion von קום durchaus als bewusste Ausdrucksvariante des Erstverfassers verstanden werden. Er nutzt die Konstruktion די הקים נבוכדנצר מלכא, um immer wieder auf V. 1 zurückzuverweisen und so der Geschichte Zusammenhalt zu geben. Dazu verweise ich auf die VV. 3aβ (ob V. 3bβ wegen der griechischen Textfassungen als sekundär ausgeschieden werden muss, kann nur erwogen werden).5bβ (7bβ wohl sekundär nachgeahmt). In den VV. 12bγ.14bβ.18bβ wird in der kurzen Fassung – די הקימת – dieser Bezug hergestellt. Nur in V. 15 wird auf die Aussage in V. 1a – עבד – Bezug genommen. Das ist dort im Zusammenhang der Formulierung der Entscheidung für die jüdischen Männer eine gute Abwandlung. Jetzt nennt sich klar der Schöpfer des Standbildes. In V. 2 kann der asyndetische Anschluss auch für ein Stilmittel des Erstverfassers dieses Textes gehalten werden.

[258] Vgl. als wesentliches Gegenüber in der Diskussion E. Haag, TThZ 96 (1987) 21-50.

Dann sind keine literarkritischen Eingriffe mehr nötig. Es wird erkennbar, dass die Beamten bewusst in zwei Gruppen geordnet sind: die Leiter von Provinzen und die Inhaber bestimmter Funktionen in der Zentralregierung und bei Hofe (so in V. 2 und 3). Dass dann in V. 27 nur noch die Provinzchefs genannt werden, ergänzt durch die Minister des Königs (vgl. V. 24), wird verständlich aus der Tatsache, dass es ja nun um die Beratung des Königs geht. Offensichtlich ist die Geschichte einer genauen Abfolge verpflichtet: alle Staatsbeamten haben die Statue einzuweihen, alle Völker haben sie zu verehren, nur wenige Chefbeamte beraten den König. V. 4 ist nicht von anderen Händen. Jetzt wird der nächste Schritt in der Darstellung geboten: Nachdem das Standbild eingeweiht worden war, wird nun zur Verehrung durch alle aufgefordert. V. 5 geht die Handlung weiter. Es ist richtig, dass die Bezeichnung der Musikinstrumente wechselt (vgl. die VV. 7.10.15). Das könnte durch die Annahme von Ergänzungen erklärt werden. Da es sich hier aber weithin um Fremdworte aus dem Griechischen handelt, könnten die Abschreiber einfach unsicher gewesen sein. M.E. ist die Problemlage für literarkritische Massnahmen zu unklar. In V. 5 tritt uns die ursprüngliche Begrifflichkeit der Forderung entgegen: Die Verehrung des Standbildes wird mit נפל und סגד beschrieben (vgl. die VV. 10.11.12bγ.14bβ.15.18bβ). צלם דהבא ist gegenüber V. 1 eine Ausdrucksvariante. V. 6 benennt die Folgen, die diejenigen auf sich nehmen müssen, die sich gegen die Verehrung des Standbildes entscheiden. Der Zusammenhang zu V. 15b erhärtet die Vermutung, dass es sich hier weniger um eine Strafe als mehr um eine Prüfung möglicher Gehorsamsverweigerer handelt.[259]

V. 7 fällt nun allerdings auf, dass der Sachverhalt von V. 5 jetzt mit dem Begriff זמן ausgedrückt wird. In V. 8 ist dieser Begriff verständlich, weil dort eher der Zeitzusammenhang bezeichnet werden soll, in dem sich die chaldäischen Männer an den König wenden. V. 15 hat genauso wie in V. 5 den Begriff עדן, der auch in V. 7 zu erwarten wäre. Natürlich wäre diese Beobachtung noch nicht ausreichend, um V. 7 für redaktionell zu halten. Hinzu kommt aber, dass V. 8aα im Theodotion-Text fehlt. Ernst HAAG ordnet die Formulierung seinem ersten Bearbeiter zu, der damit den Anschluss an V. 6 hergestellt habe (zu einer Zeit, in der es V. 7 noch nicht gab, der einer dritten Bearbeitung zugeordnet wird). Weil dann später V. 7 eingefügt worden war, ist das nun zweite כל קבל דנה – 'deshalb' – störend, weshalb es von Übersetzern weggelassen wurde. Die schwankende Bezeugung von V. 8aα kann also durchaus als Argument beigebracht werden für die Schlussfolgerung, dass V. 7 in unseren Zusammenhang später

[259] E. Haag, a.a.O., 30.34f.

hinzugekommen ist. Die Befehlserfüllung, die sich für die gedachte Gesellschafts- und Staatsstruktur von selbst ergab, ist also evtl. später zur Verdeutlichung nachgetragen worden. V. 8b nimmt die Bewertung der Handlung der chaldäischen Männer vorweg. Auch der Unterschied in der Ausdrucksweise gegenüber V. 12 lässt vermuten, dass es sich hier um eine redaktionelle Hinzufügung handelt. In V. 9a.b trifft wirklich etwas merkwürdig zweimaliges מלכא – jeweils in anderer Funktion – aufeinander. Vielleicht kann dieses syntaktische Problem dadurch gelöst werden, dass V. 9aβ – לנבוכדנצר מלכא – als spätere Hinzufügung verstanden wird. D.h., dass die Textfassung der griechischen Tradition, die diese Notiz nicht kennt, eine originalere Textgestalt bewahrt hat. V. 9b – die Anrede an den König – ist original. Auch die VV. 10-11 sind Bestandteil der Grundschicht unseres Textes. Die kleinen Abweichungen gegenüber den VV. 4-6 ergeben sich daraus, dass hier eine Anrede an den König vorliegt (שׂמת טעם – diese Formulierung steht in einem Kontrastverhältnis zu V. 29) und schon spezifische Anklagen vorbereitet werden sollen (deshalb: די כל אנש). V. 12 muss m.E. genau anders analysiert werden, als es Ernst HAAG tut. שׂים טעם wird sachrichtig vom Blick der gehorchenden Person her aufgegriffen. Auch sonst wird die Handlung logisch weitergeführt. Problematisch ist nur der neue Gedanke, der jetzt eingeführt wird: die Verehrung der Götter[260] des Königs – jetzt mit פלח. Ich denke, dass die Grundschicht ausschliesslich gegenständlich vom Standbild gesprochen hat. V. 12bβ ist deshalb eindeutig eine theologische Interpretation. Nun kann noch eine Spannung zwischen der Funktion der jüdischen Männer und den hohen Beamten in den VV. 2.3 empfunden werden. Waren da die jüdischen Männer schon mit aufgerufen? Ich meine, dass die jüdischen Männer in einer Sonderfunktion vorgestellt werden. Sie sind Chefs der Verwaltung der Provinz Babylon (in diesem Sinne in 2,49 vermerkt). Damit unterscheiden sie sich von den Distriktchefs (erste Gruppe der Beamten) und von den Hofbeamten und Trägern spezieller Funktionen (zweite Gruppe der Beamten). Von unserer fiktiven Erzählung her ist es durchaus möglich, dass sie jetzt erst in den Blick kommen. V. 12b beginnt nach dem Hinweis auf die jüdischen Männer, deren Existenz für den König nicht überraschend ist, korrekt mit

[260] Gerade, dass hier der Plural 'Götter' original ist (vgl. auch V. 14), zeigt, dass die Aussage von der Verehrung des Standbildes unterschieden werden muss. E. Haag erkennt hier erstaunlicherweise die Grundschicht, muss aber dann doch Unterschiede in Rechnung stellen: 'Der hier gebrauchte Plural "Götter" und die Tatsache, dass keiner dieser Götter mit Namen genannt wird, lassen jedoch darauf schliessen, dass der Erzähler nicht an ein Standbild gedacht hat, wie man es gewöhnlich im alten Babylon kannte' (a.a.O., 32). M.E. weisen diese Unterschiede eindeutig auf eine andere Hand hin.

einem Neueinsatz, um nun die Gesetzesuntreue dieser Männer anzuzeigen. Deshalb kann גבריא אלך kein Hinweis auf eine sekundäre Hand sein.

V. 13 führt die Handlung logisch fort. Eine erste Zornesphase des Königs wird benannt (vgl. V. 19). V. 14 eröffnet einen notwendigen Dialog. Die Anzeige gegen die drei Männer muss vom König überprüft werden. In diesen Dialog ist später V. 14bα eingetragen worden (vgl. V. 12bβ). V. 15a ist m.E. original. Da das Ganze ohnehin nur eine fiktive Geschichte ist, kann durchaus das Signal zur Verehrung der Statue nochmal wiederholt werden. V. 15b bringt einen neuen Gedanken: den der Hilfe durch die Gottheit der jüdischen Männer. Dieser Gedanke macht deutlich, dass das Brennen im Feuerofen im Tiefsten eine Prüfung ist. Wenn ich V. 15b für sekundär halten würde, müsste ich auch die VV. 16-18 dieser Schicht zuordnen. Ohne diese Phase in der Geschichte ist aber m.E. V. 19a – die gesteigerte Wut des Königs – nicht verständlich. Ernst HAAG verteilt wenig überzeugend: Die Grundschicht in V. 13a sei mit V. 20 weitergegangen. Eine erste Bearbeitung habe nur V. 13b eingeschoben und mit V. 19a die gesteigerte Wut des Königs angeschlossen. VV. 14-18 ordnet er im wesentlichen einer zweiten Bearbeitung zu. M.E. wird V. 19a erst vor dem Hintergrund des den König beleidigenden Dialogs in den VV. 16-18 richtig verständlich. Dieser Dialog benennt das theologische Problem der Grundschicht: das Retten (שיזב) durch Gott. In diesem Zusammenhang taucht nun auch erstmals die Rede von der Verehrung (פלח) eines Gottes auf (V. 17a). Dieser Gedanke der Verehrung des wahren Rettergottes, der in der Prüfung zu helfen vermag, ist dann auf die geforderte Verehrung des Standbilds übertragen und auch hier als V. 18bα eingetragen worden.

In den VV. 19bff werden mehrere Sachverhalte kombiniert: die Fesselung der drei jüdischen Männer, die übermässige Feuerung des Ofens und die Tatsache, dass es drei Männer sind. Im Rahmen der Entdeckung des Wunders sind die Tatsachen, dass sie gebunden gewesen waren und dass sie drei waren, ganz entscheidend. Da wird die ursprüngliche Erzählung hörbar. V. 22 fällt aber etwas aus dem Zusammenhang heraus. Die Aussage ist gegenüber V. 21b verspätet, wenn sie nicht als nachholende Erzählung gedeutet werden muss. Ausserdem gebraucht sie den Begriff גבריא אלך im Gegensatz zu den sonstigen Belegen in Dan 3 für die Folterknechte (vgl. Dan 6,6.12.16.25, wo so die Feinde Daniels bezeichnet werden). V. 22 könnte also für sekundär gehalten werden. Mit ihm sachlich verbunden ist auch V. 19b, der derselben Hand zugeordnet werden soll. Schliesslich könnte das syntaktisch schwierige גברי חיל in V. 20 auch Zusatz sein.

Die VV. 23-25 führen die Handlung problemlos und logisch weiter. Sie gehören ganz der Grundschicht an. Dasselbe gilt für V. 26. Aus dem Rahmen der bisherigen theologischen Aussagen fällt nur die Anrede der drei jüdischen Männer heraus, in der schon ein Bekenntnis zu deren Gott enthalten ist. Deshalb muss V. 26aβ der theologischen Redaktion zugeordnet werden. V. 27 bietet in narrativer Weise die Zeugenschaft der Unversehrtheit der drei jüdischen Männer (vgl. V. 25 – חבל) und d.h. der Tatsache, dass ihnen von Gott geholfen worden ist. Damit wird durchaus eine Gegenszene zu der der Einweihung des Standbildes konstruiert. Ich meine, dass sie schon in der Grundschicht enthalten war. V. 28 muss neu analysiert werden. In der Linie der Grundschicht unserer Geschichte liegt die Aussage, dass Gott einen Boten gesandt habe (der war ja V. 25 diagnostiziert worden) und dass er seinen Knechten geholfen habe, die sich auf ihn verlassen hatten. Neu sind die Gedanken der Übertretung des königlichen Befehls (jetzt auch mit מלה – V. 28bα), der der Hingabe der Leiber (V. 28bβ) und der der Verehrung anderer Götter (V. 28bγ). Die bisherigen Erkenntnisse lassen den Schluss zu, dass auch diese Versteile von Redaktoren stammen. V. 29a führt das Thema fort, indem ein neues Edikt erlassen wird (שׂים טעם – vgl. V. 10), das nun Toleranz gegenüber dem Gott der jüdischen Männer fordert. V. 29b dagegen bringt wieder eine ausschliessende theologische Aussage (bei der Verwendung des neuen Begriffs נצל), die die besondere Qualifikation des Gottes der jüdischen Männer aussagt (vgl. auch Dan 6,28. [15]). Hier wird wieder die Redaktion vernehmbar. V. 30 schliesst die Geschichte ab. Die Aussage der besonderen Ehrung der drei jüdischen Männer setzt ihre Dienststellung voraus (vgl. V. 12a). Eine ähnliche Konstruktion begegnet auch zum Abschluss der Geschichte in Dan 6.

Diese literarkritische Untersuchung des Textes von Dan 3 hat eine mehrszenige Erzählung erkennen lassen, die zweimal – einmal theologisch profilierend und zum anderen sachlich ergänzend – erweitert worden ist. Die **Grundschicht** stellt unter formalen Gesichtspunkten eine Einheit dar und schildert in sechs Szenen die Entstehung eines Problems, seine Eskalation zur menschenverachtenden Gewalt und die Lösung. Die Erzählung ist facettenreich gestaltet und führt zur Bewahrung der Frommen und der Toleranz ihrer Religion gegenüber. Szene I bereitet den Konflikt vor. Das goldene Standbild wird aufgestellt und eingeweiht, seine Verehrung angeordnet: VV. 1-6. In dieser Szene wird die Eröffnung der Unterszene durch באדין (V. 3) angezeigt. Szene II schildert die Anzeige der chaldäischen Männer gegen Schadrach, Meschach und Abed-Nego: VV. 8a.9aα.b.10-12a.bα.bγ. Hier fällt das Element כל קבל דנה zu Beginn der Szene auf. Szene III – beginnend mit באדין – gibt die erste Reaktion des Königs auf die Anzeige und skizziert das wichtige Gespräch zwischen dem König und den jüdischen Männern. Es formuliert das entscheidende theologische Anliegen dieser Grundschicht, nämlich die Frage, ob der Gott von Schadrach, Meschach und Abed-Nego in einer Krisensituation zu helfen vermag. Die drei jüdischen Männer bekennen ihre Treue zu ihrem Gott: VV. 13.14a.bβ.15-18a.bβ. Szene IV – die wiederum mit dem Zeitadverbium באדין eingeleitet und intern gegliedert wird – führt mit der gesteigerten Zornesreaktion des Königs zum Vollzug der angedrohten Folter. Die drei jüdischen Männer werden gebunden in den Ofen geworfen: VV. 19a.20* (ohne גברי חיל).21.23. Die Szene V – eröffnet mit אדין – gibt die Beobachtung der Bewahrung. Der König nimmt vier freie und unversehrte Personen im Ofen wahr, wobei der vierte wie ein 'Göttersohn' aussieht: VV. 24-25. Szene VI berichtet die Lösung des Konflikts. Schadrach, Meschach und Abed-Nego verlassen den Ofen als wirklich Bewahrte. Der König verfügt die Toleranz für die Religion dieser Männer und gewährt ihnen die königliche Gunst: VV. 26aα.γ.b.27.28a.29a.30. Strukturiert wird diese Szene mit dreimaligem באדין (VV. 26a.b.30). In einer **theologischen Bearbeitung** wurden nun die impliziten theologischen Aussagen ausdrücklich formuliert. Zwei Aussagerichtungen liegen in der alten Geschichte und werden von dieser Redaktion auf den Begriff gebracht: Einmal die Erkenntnis, dass die Verehrung des Standbilds eigentlich identisch ist mit der Verehrung der Götter der Kultur des Nebukadnezzar. Wer die Verehrung des Standbildes ablehnt, lehnt auch die Götter der Welt dieses Königs ab: VV. 12bβ.14aα.18bα.28bγ. Zum anderen ist es die Überzeugung, dass eigentlich nur der Gott der jüdischen Männer existiert, denn er ist der 'höchste Gott', und nur er kann so unvergleichlich retten: VV. 26aβ.29b. Damit gibt sich diese Redaktion als identisch zu erkennen mit 3,31-33; 4,22b.31aβ.b. Wir haben die Handschrift des Verfassers der ersten Sammlung von Danielgeschichten entdeckt. Eine **gestalterische Bearbeitung** hat verschiedene Züge der Geschichte verstärkt, die Szenen farbenreicher gestaltet und so der ganzen Geschichte eine erhöhte Brisanz verliehen: VV. 7 (an die erste Szene wird die Ausführung angehängt – bei bewusster Verdopplung des כל קבל דנה aus V. 8).8b (das Handeln der chaldäischen Männer wird als Verleumdung charakterisiert).9 (den Hinweis auf Nebukadnezzar).19b.22 (die Folter wird als so furchtbar geschildert, dass sogar die Folterknechte gelyncht werden; wieder wird כל קבל דנה als Element verwendet).28bα.bβ (die Märtyrerleistung derer, die ihre Körper nicht schonten, wird hervorgehoben, der rechtliche Gesichtspunkt der Übertretung eines königlichen Gesetzes extra vermerkt). Gerade diese letzte Bemerkung (V. 28bα) steht eigentlich in einem gewissen Widerspruch zur Aussage in V. 8b. Dieser ist bei der Interpretation zu reflektieren. Die jüngste **Glosse** in diesem Text ist in V. 20 (גברי חיל).

7.4 Daniel 4

Hier sei als erwiesen vorausgesetzt, dass zum Zusammenhang dieses Textes die VV. 31-33 des vorhergehenden Kapitels 3 hinzugehören. Die so erkennbare Einheit 3,31-4,34 birgt allerdings eine Reihe von gravierenden literarischen Problemen in sich: Da ist einmal der Personenwechsel – 4,16-30 liegt ein Er-Bericht vor, 3,31-4,15.31-34 sind als Ich-Bericht gestaltet. Es will aber nicht gelingen, diese beiden Teile literarisch voneinander zu trennen. Sie sind nicht als selbständige schriftliche Fassungen denkbar, müssen also in dieser spannungsreichen Einheit akzeptiert werden. Offensichtlich resultiert dieser Wechsel aus der mündlichen Vorgeschichte des Stoffes und ist bei der Erstverschriftung belassen worden.[261] Sodann fallen syntaktische Überfüllungen in einigen Versen auf (vor allem V. 20), wird das in 3,31-34 angeschlagene Thema königlicher Proklamation nirgends wieder aufgegriffen und stört das Nebeneinander von zwei Lobschlüssen ab 4,31. Sind diese Probleme literarkritisch lösbar, d.h. sind sie während der schriftlichen Überlieferung unseres Textes entstanden? Ernst HAAG ist dieser Meinung und bietet wiederum eine äusserst kritische Analyse. Rainer ALBERTZ hat allen solchen Versuchen widersprochen: '... selbst wenn 3,31-33 erst von dem Redaktor stammt, der Dan 3 und 4 verknüpfte, so ist eben derselbe für die jetzige entscheidende theologische Prägung des Kapitels verantwortlich, und es ist völlig müssig, mit literarkritischen Mitteln zu versuchen, die ihm vorgegebene Gestalt des Stoffes rekonstruieren zu wollen.' 'Literarkritisch ist somit das Problem der zwei Lobschlüsse nicht lösbar.'[262] Reinhard Gregor KRATZ äussert sich jetzt doch etwas vorsichtiger: wegen der Binnenbezüge im ganzen Zusammenhang erscheint 'eine literarkritische Ausscheidung einzelner Teile ... als wenig sinvoll...'[263] Trotz dieser Voten soll hier erneut der Text des Berichts durchgegangen werden.[264]

261 R. Albertz, SBS 131, 43. E. Haag, SBS 110, 13ff, glaubt, für die Erstverschriftung zwei selbständige Geschichten – 4,1-23* (Ich-Form) und 4,26-30* (Er-Form) – rekonstruieren zu können, so dass dieses Problem entfällt. Weil aber der Redaktor (es ist bei E. Haag der Zweitredaktor) durch die Verbindung dieser beiden Geschichten auch Ich- und Er-Form verbinden musste, habe er ab V. 16 schon die Er-Form benutzt (a.a.O., 20).

262 A.a.O., 44.45.

263 WMANT 63, 110, Anm. 134.

264 Es sei hier ausserdem nur kurz vermerkt, dass sowohl der Zusammenhang zur griechischen Textfassung, als auch der zum Text 4QOrNab ein überlieferungsgeschichtlicher ist, also einer der mündlichen Überlieferung, weshalb er für die literarkritische Prüfung des masoretischen Textes unberücksichtigt bleiben kann.

3,31 erinnert vor allem an 6,26 mit Blick auf die Gestaltung der Anrede, sodann an 3,4.7.29 in der Form der Nennung der verschiedenen Völker. Die Rede vom 'höchsten Gott' – V. 32aβ – begegnete schon in 3,26. Ist V. 33 gegenüber den VV. 31f sekundär? Die Aussage kann durchaus vom Verfasser dieser Szene bewusst vorbereitet worden sein, so dass hier kein Bruch konstatiert werden muss. Dann aber muss gelten: Der allgemeine Horizont, in dem die Aussagen dieser Verse stehen, legt die Vermutung nahe, dass sie gemeinsam einer verknüpfenden Bearbeitung zugehören. 4,1 eröffnet die Schilderung der Erlebnisse des Königs. V. 2 führt diese Schilderung logisch fort. Lediglich וחזוי ראשי ist ein kommentierender Zusatz, der das Traumerlebnis als Vision deutet (vgl. Dan 8ff). Mit V. 3 wird die Handlung konsequent weitergeführt. Die Formulierung שׂים טעם erinnert an die dort ursprünglichen Aussagen in 3,10.29; 6,27. Ebenso bietet V. 4 den logisch nächsten Schritt nach dem Befehl des Königs von V. 3. V. 5 führt Daniel als den Weisen Babylons überlegen ein. Es fällt auf, dass er mit די שׁמה בלטשׁאצר näher charakterisiert wird. Damit wird 1,7, die Umbenennung des Daniel aufgegriffen. Ich meine nicht, dass dies sekundär hinzugefügt wurde, denn in V. 15 will eine literarkritische Trennung nicht gelingen. D.h. aber zugleich, dass die Grundgestalt von Dan 4 zusammen von denselben erstellt worden sein muss, die auch die Grundfassung von Dan 1 (dann in Aramäisch!) geschrieben haben. Eine sekundäre Ergänzung wird allerdings greifbar in dem Kommentar כשׁם אלהי, der den neuen Namen Daniels vom Namen des Gottes des Nebukadnezzar herleitet. Diese These ist gegenüber Dan 1 völlig neu. V. 6 soll Beltschazzar/Daniel dem König sowohl den Traum, als auch seine Deutung sagen. Diese Aussage steht im Widerspruch zu den VV. 3f.7 und ist eine redaktionelle Anspielung auf 2,5-11. Ausserdem entspricht die Kennzeichnung des Daniel als 'Oberster der Magier' einer sekundären Schicht von 5,11 (vgl. auch 2,48).

V. 7aα ist wieder sekundär (vgl. V. 2). Ansonsten beginnt mit diesem Vers der Traumbericht, der in seiner Originalgestalt bis V. 14a reicht. Sekundär hinzugefügt wurden in diesem Komplex in V. 10a בחזוי ראשי (vgl. die VV. 2.7) und V. 12bγ (בעשׂב ארעא). Allerdings verwundert, dass in Gestalt von V. 14b schon die Deutung, d.h. die Sinnaussage der ganzen Sache geboten wird. Das war sicher nicht in der Erstfassung der Fall. Ich erwäge, dass V. 14b zu einer theologischen Redaktion des Kapitels gehört. V. 15 fügt sich logisch an die Darstellung an, die bis V. 14a gegeben worden war. Es wird aufgegriffen, was in den VV. 4.5 schon gesagt ist. Da es aber hier dem Daniel in wörtlicher Rede mitgeteilt wird, kann es sich nicht um eine Dublette handeln. Es ist auch völlig logisch, das Nebukadnezzar den Daniel mit dem Namen anredet, den er ihm gegeben hat.

In V. 16, mit dem nun in den Er-Bericht gewechselt wird, erwäge ich den sekundären Charakter des Versteils bγ: מראי חלמא לשנאיך ופשרה לעריך. Argument dafür ist die Beobachtung, dass dieser Akzent im Zusammenhang neu ist und auch nicht wieder aufgegriffen werden wird. Er ist von Späteren bewusst als weiterer sachlicher Aspekt eingetragen worden. Die VV. 17-19 rekapitulieren die erste Etappe des Traumes und geben ihr eine Deutung. Die Unterschiede gegenüber den VV. 8-9 verstehe ich als bewusste Variierungen: לסוף כל ארעא (V. 8) wird jeweils variierend aufgegriffen in den VV. 17.19. Es wird jetzt טלל (V. 9) weggelassen und mit der Bedeutung 'wohnen' gespielt (V. 18). Interessant ist, dass das Traumerlebnis mit dem Verb 'schauen' bezeichnet wird (VV. 17.20). Die VV. 20-22 geben die Deutung der zweiten Etappe des Traumes (VV. 10b-11), nämlich die Erniedrigung und Vertreibung des Königs. Hier stört allerdings die Vorwegnahme der dritten Traumszene (VV. 12f) in V. 20aβ.b. Dies kann nur ein sekundärer Zusatz sein.[265] V. 21b steht im Widerspruch zu V. 14a, wo von einem 'Beschluss der Wächter' die Rede ist. Ausserdem begegnet auch hier die in V. 16 als sekundär erkannte Rede vom מראי. Ich halte V. 21b für Zusatz. V. 22b ist weithin mit V. 14b identisch und gehört zu dieser interpretierenden Hand. Auch hier bringt diese Erwägung die endgültige Deutung zu früh. Ausserdem steht die Notiz in V. 22b in Spannung zu V. 23b, der den Abschluss der Deutung des Traumes bietet und davon redet, dass 'die Himmel herrschen' – די שלטן שמיא. V. 23 rekapituliert kurz die dritte Etappe des Traumes (V. 12) und gibt die abschliessende Deutung. Es fällt auf, dass die ursprüngliche Textfassung eine immer kürzere Rekapitulation des Traumes gekannt hat. Das ist ein gutes Stilmittel. V. 24 bringt völlig neue Gesichtspunkte, die auch an keiner Stelle des Textes wieder begegnen. Der Vers stellt das kommende Gericht für den König nicht in Frage. Er gibt nur dem Gedanken Ausdruck, dass die kommende Demütigung hinausgeschoben werden könne. Insofern leitet er zu V. 26 über und stellt damit eine Verdopplung der Überleitung mit V. 25 dar. V. 25 beschliesst den ersten Abschnitt des Textes – den Traum und seine Deutung – und ist zugleich Überleitung zum Bericht über die Verwirklichung des Traumes. Die eigenständigen Aspekte dieses Berichts gegenüber dem bisherigen Text können auf eine selbständige mündliche Überlieferung hinweisen. Jetzt aber ist dieser Abschnitt fest in den hier vorliegenden Zusammenhang eingebunden. Die noch verbleibenden Differenzen – vor allem der Unterschied zwischen 'dem Wächter und Heiligen' in V. 10 und der 'Himmelsstimme' in V. 28 erklärt sich aus der andersartigen Situation: Weder hat der König eine Vision noch träumt er einen Traum. Die göttliche Botschaft muss ihm also auf andere Weise nahegebracht werden. Dabei greift der Er-

265 Ich verweise auf die Erwägung W. Baumgartners in BHS.

zähler Jes 9,7 auf und gestaltet eine Macht, die die Transzendenz verkörpert und selbst bewirkt, was sie ansagt.[266]

Die VV. 26-28 stellen den in sich einheitlichen Fortgang der Geschichte dar. Die VV. 29-30 müssen eigenständig geprüft werden. Hier fällt der Bezug zu V. 22 und die Verschränkung der Aussagen auf: V. 22aα wird in anderer Reihenfolge in V. 29aα aufgegriffen und in V. 30aβ ausgeführt. V. 22aβ wird ohne להוה in V. 29aβ wiederholt, aber in V. 30 weggelassen. V. 22aγ wird in V. 29aγ aufgegriffen und in V. 30aγ (jetzt aber mit dem Verb אכל) ausgeführt. V. 22aδ wird in V. 29 nicht aufgegriffen, aber in V. 30aδ berichtet. V. 22aε wird in V. 29aδ wieder aufgenommen, braucht aber aus sachlichen Gründen in V. 30 nicht erwähnt zu werden. Bei dieser Analyse fällt auf, dass V. 29b den Zusammenhang stört, indem er wieder zu früh die Lösung bringt. Er ist offensichtlich sekundär. V. 30b bietet auch neue Akzente, fügt sich aber so in den Gesamtrahmen ein, dass ich ihn für original halte. Er ist die letzte Etappe einer Steigerung des Wunderhaften in dieser Geschichte: 'Im Traum selbst soll der König zunächst vertrieben, Wind und Wetter ausgesetzt werden und bei den Tieren wohnen; darüber hinaus soll er statt seines menschlichen Herzens ein Tierherz erhalten. Die Deutung steigert das kommende Verhängnis dahingehend, dass Nebukadnezar zum Grasfresser wird wie ein Rind, und in der Verwirklichung von Traum und Deutung erscheint dann der König schliesslich als mischgestaltiges Fabelwesen, und zwar als Rind mit Federkleid und Vogelkrallen, ausserdem aber ist er für die Dauer der Strafzeit seines menschlichen Verstandes verlustig gegangen.'[267] Das Problem des doppelten Schlusses soll vom Ende her geprüft werden. V. 34 liegt auf der Ebene der Geschichte. Der Begriff 'Himmelskönig' greift V. 23 auf. Die Aussagen, dass seine Taten Wahrheit, seine Wege recht sind und er Hochmütige zu demütigen vermag, explizieren hervorragend den Sinn der Erzählung und deuten zugleich die erlebte Krisenzeit des Königs. All' das ist sicher ursprünglich. Wie kann dieser ursprüngliche Vers sinnvoll eingebunden werden? Da V. 31aα die Fortführung des Verwandlungserlebnisses beschreibt, tritt hiermit offenbar die originale Weiterführung der Geschichte an die Oberfläche: Nebukadnezzar hebt seine Augen zum Himmel auf und erhält seinen Verstand zurück. Das nun einsetzende Lob (V. 31aβ.b) passt sachlich zu den Aussagen in den VV. 14b.22b.29b und auch 6,27b. Hier wird diese theologische Redaktion vernehmbar. V. 32 gehört dieser Redaktion hinzu oder stammt von noch jüngerer Hand. Die Notiz ודארי ארעא in V. 32a ist glossierender Zusatz. Mit V. 33aα wird nun die Überleitung zum originalen

[266] P. Kuhn, Offenbarungsstimmen, 27-39.

[267] R. Meyer, in: Zur Geschichte und Theologie, 112.

Abschluss gestaltet. Deshalb wird noch einmal die Rückkehr des Verstandes hervorgehoben. Zusätzlich muss V. 33aβ als Zusatz bestimmt werden, weil dieser Hinweis sachlich und grammatikalisch stört. Als Grundtext können also angesehen werden die VV. 31aα.33aγ.b.34. Dieser Text ist mehrfach erweitert worden durch die VV. 31aβ.b.32*.33aα und durch die VV. 32 (ודארי ארעא) und 33aβ.

Es konnte also in Dan 4 eine zweiteilige **Grunderzählung** rekonstruiert werden, die aus insgesamt sechs Szenen gebildet wird. Szenen I-IV bilden den ersten Teil, Szenen V-VI den kürzeren zweiten. Im Text selbst sind wenige Struktursignale enthalten, gleichwohl ist seine Gestalt formal gut herausgearbeitet. Besonders fällt hier die Funktion der VV. 25.26a auf, die vom ersten zum zweiten Teil überleiten. Beide Teile verbinden die Ich-Form mit der Er-Form. Das hat der Erstverfasser offensichtlich so gewollt: Nebukadnezzar redet in der 1. Person, solange er seine Erlebnisse und das, was er daraus verstanden hat, bezeugt. Der Berichterstatter spricht über ihn in der 3. Person, sobald das sich an ihm vollziehende Geschehen angekündigt und berichtet wird. Szene I bietet die Exposition: VV. 1.2*.3-4.5*, deren Unterszene ab V. 4 mit באדין eröffnet wird. Szene II bringt den Traumbericht: VV. 7*.8-9.10*.11.12*.13-14a. Hier fällt auf, dass die beiden Teile des Traums sowohl mit ואלו als auch mit חזה הוית על משכבי eingeleitet werden (VV. 7.10 – vgl. auch 2,29.31). Szene III schiebt als Scharnier einen Dialog zwischen dem König und Daniel und überleitend mit אדין die Reaktion des Daniel ein: VV. 15-16bα. Diese Szene leitet über zum Er-Bericht. Szene IV gibt die Traumdeutung: VV. 16bβ.17-20aα.21a.22a.23, abgeschlossen mit V. 25. Szene V berichtet die Erfüllung der angekündigten Ereignisse: VV. 26-29a.30.31aα.33aγ.b. Hier fallen die Elemente עוד (V. 28), בה שעתא (V. 30) und ולקצת יומיה (V. 31) auf. V. 34 sei als Szene VI gezählt, die das abschliessende Lob zum Ausdruck bringt. Die **theologische Bearbeitung** expliziert wiederum den theologischen Sinn der ganzen Geschichte. Sie hat vor allem den Zusammenhang der 'sieben Zeiten' genutzt, um eine Erkenntnisaussage einzutragen, jeweils angehängt mit (די) עד: VV. 14b.22b.29b. Von dieser Hand ist auch die Ausweitung des Lobs am Ende des Textes, wodurch die Dopplung entstanden ist: VV. 31aβ.b.32*.33aα. Zu Beginnn von V. 33 wird בה זמנא als Gliederungselement verwendet. Sodann halte ich die Bindung des Beschlusses an 'den Höchsten' (V. 21b) für dieser Redaktion zugehörig. Ausserdem hat dieser theologische Redaktor durch den Vorspann von 3,31-33 dem Text die Form einer königlichen Proklamation gegeben und zugleich das Thema der Macht und Herrschaft 'des höchsten Gottes' eingetragen. Damit wird wieder erkennbar, dass diese Redaktion die Einheit der Kapitel ab Dan 3 hergestellt hat. Die **gestalterische Bearbeitung** muss hier verschiedenen Händen zugeordnet werden. Es ist offensichtlich immer wieder erläuternd in den Text eingegriffen worden. Zuerst wurde V. 6 eingefügt und damit eine Verankerung mit Dan 2 hergestellt. Diesem Redaktor ordne ich auch V. 16bγ zu. Ausserdem hat er die Wiederholung des Traumberichts ausgefüllt: V. 20aβ.b. Einer Sachredaktion zusammen mit den entsprechenden Eintragungen in Dan 7* seien zugeordnet: וחזוי ראשׁי in den VV. 2.7.10. Hier nenne ich auch V. 33aβ (die Aussagen von der Rückgewinnung von 'Herrlichkeit und Glanz'). Schliesslich ordne ich hier den Hinweis auf das mögliche Aufschieben der beschlossenen Demütigung ein (V. 24). Jüngste **Glossen** sind die Einfügungen in den VV. 5 (כשׁם אלהי).12 (בעשׂב ארעא).32 (ודארי ארעא).

7.5 Daniel 5

Auch zum Text dieses Kapitels gilt, dass eine grundsätzliche Entscheidung den Umgang mit den feststellbaren Problemen vorausbestimmt. Im Sinne seiner bisherigen Entscheidungen votiert Rainer ALBERTZ ganz eindeutig: 'Dan 5 MT ist somit literarisch einheitlich, lässt aber noch Hinweise auf die bearbeitende Hand des Verfassers erkennen.'[268] Alle geringfügigen Spannungen werden überlieferungsgeschichtlich erklärt. Reinhard Gregor KRATZ analysiert zwar eine abgerundete, ursprüngliche Einzelerzählung – '5,1(.2f).4-10.*11-13.16f.*25-29(.30)'[269] – , deren Textbestand aber auch eine Form zeigt, die im Bereich der mündlichen Überlieferung gepflegt worden ist. In schriftlicher Gestalt habe eigentlich nur die Endgestalt des heutigen masoretischen Textes vorgelegen. Es braucht nicht besonders hervorgehoben zu werden, dass Ernst HAAG hier ebenfalls andere Wege geht. Er erklärt die feststellbaren Spannungen dadurch, dass er neben einer Grundgeschichte noch insgesamt vier Bearbeitungsschichten voneinander unterscheidet.[270] Da mich hierbei vieles auch nicht überzeugt, sei eine erneute Prüfung des Textes versucht.

V. 1 bereitet die Problemstellung der Geschichte vor. V. 2 benennt diese Problemlage nun eindeutig: Zu dem Gelage werden jerusalemische Tempelgefässe hinzugeholt und diese als Trinkgefässe missbraucht. M.E. legt der bisherige Gang der Handlung noch nicht fest, dass V. 2b eine sekundäre Erweiterung ist. Es ist durchaus denkbar, dass die Grundgeschichte mehrere Aspekte der Bedeutung hat zum Ausdruck bringen wollen. Es sei auch hervorgehoben, dass mit dem Hinweis auf Nebukadnezzar, den Vater des

[268] SBS 131, 97.
[269] WMANT 63, 96.
[270] SBS 110, 45ff.

Belschazzar, das Thema 'Vater-Sohn-Beziehung' angestimmt wird. Dieses Thema gehört wohl zur Erstfassung der Geschichte. V. 3 berichtet die Erfüllung der königlichen Anweisung. Allerdings ist hier der Text gestört: Es wird nur von den 'goldenen Gefässen' geredet und נפק unpersönlich konstruiert. Deshalb kann erwogen werden, dass V. 3 eine spätere sachliche Auffüllung ist, wie der Vermerk, der in 3,7 gegeben wird. Von einer zweiten Hand ist dieser Vers dann noch durch den Zusatz די בית אלהא glossiert worden. V. 4 setzt die Handlung durchaus im Anschluss an V. 2 fort und benennt in narrativer Weise den theologischen Aspekt der Problemstellung: die Verehrung gemachter Götter. V. 5 gibt das den Kulminationspunkt der Krise kennzeichnende Geschehen: 'Finger einer menschlichen Hand' kommen hervor (נפק!) und schreiben an die Wand. Dass bei der Beschreibung des königlichen Erlebens (V. 5b) die Bezeichnung wechselt, kann mit gutem Grund als bewusste Variabilität des Ausdrucks verstanden werden. Allerdings ist die Folge der VV. 6-10 eingehend zu prüfen. Ist es zur Erklärung des gegenwärtigen Textbestandes genug festzustellen: 'Die häufig beobachtete Schwierigkeit, dass das Belohnungsversprechen des Königs V. 7 offensichtlich zu früh kommt, da die vom König V. 6 herbeigerufenen Zeichendeuter, denen es gilt, erst in V. 8 auftreten, erklärt sich einfach aus dem Umstand, dass es dem Erzähler darum geht, die panischen, keineswegs planvollen Reaktionen des zutiefst erschrockenen Königs darzustellen'?[271] Zuerst fällt auf, dass V. 10 mit den VV. 6.7a.8.9 verbunden ist, indem V. 10bβ eindeutig die VV. 6a.9a aufgreift und damit auf der Linie der dann beschriebenen Ereignisse liegt. Das Auftreten der Königinmutter ist also original. In dieser Ereignisfolge stört nun allerdings doch V. 7b vehement.[272] Offensichtlich wurde das Angebot der besonderen Belobigung ursprünglich nur an Daniel gerichtet (V. 16) und ist hierher eingetragen worden. Das Unvermögen der Weisen löst sodann bei dem König und seinen Paladinen gesteigertes Erschrecken aus (V. 9). Zwar wurde solch' eine intensive Schreckreaktion noch nie berichtet, trotzdem kann dieser Vers durchaus ursprünglich sein. Jedenfalls bezieht sich V. 10 auch insofern auf V. 9 zurück, als dass er sowohl von den Schreien des Königs als auch denen seiner Paladine spricht.

[271] R. Albertz, a.a.O., 96.

[272] Nur angemerkt sei, dass 4QDan[a] in V. 7a zwischen לאשׁפיא und כשׂדיא noch חרטמיא hat (E. Ulrich, BASOR 268 [1987] 30). Ich deute diesen Textbestand als bewusste Angleichung an 5,11. Der Hinweis auf die Septuaginta, V. 7, mag möglich scheinen, verlangt aber sogleich eine Gesamtdeutung des Textbestandes der Septuaginta (vgl. dort die eigenständige Fassung der VV. 10ff).

Ebenfalls enthalten die VV. 11-16 ein ganzes Bündel von Problemen. Der Vorschlag, den Reinhard Gregor KRATZ vorlegt, will eine originale mündliche Erzählversion eingrenzen. Bei diesem Versuch bleibt m.E. das Problem, warum bei der Erstverschriftung gerade die syntaktischen Probleme in V. 12 geschaffen worden sind. Ich möchte einsetzen bei der Spannung, die zwischen den VV. 11 und 12 besteht. Warum wird zweimal ein Grund für die Hervorhebung des Daniel gegeben? Könnte da nicht eine Variante von Späteren hinzugefügt sein? Nun muss m.E. der syntaktisch schwierige Einbau von מפשר חלמין und ומשרא קטרין in V. 12 als Ausdruck der Tatsache gedeutet werden, dass beide Formulierungen später hinzugekommen sind, wenn auch hier eigenständige Sprache greifbar zu werden scheint, die nicht im Horizont der anderen Geschichten liegt.[273] Diese sekundären Erweiterungen wurden in einen Zusammenhang eingestellt, der selber schon sekundär zum Text hinzugekommen war: V. 12a*. Dieser Vers greift bewusst 6,4 auf. Er wurde ausserdem noch im Rückgriff auf 4,5.15 erweitert: V. 12aβ (der Name Beltschazzar). Schliesslich müssen als sekundäre Hinzufügungen bestimmt werden in V. 11a 'und Weisheit wie die Weisheit von Göttern', und der ganze V. 11b*, der auf 4,6 und besonders 2,48 zurückgreift. Als Glosse wurde an ihn später noch angehängt: אבוך מלכא. Die mit V. 11a* beginnende Handlung setzt sich organisch fort mit den VV. 12b[274]-14a.b* (hier ist וחכמה יתירה Zusatz nach den sekundären Teilen der VV. 11.12). V. 15 bringt den nächsten Schritt des Geschehens und baut dabei bewusst auf V. 7a (אשׁפיא) und V. 8 (חכימיא) auf. V. 16a bringt eine Dublette zu V. 14a und verwendet dazu die schon in V. 12 als sekundär bestimmten Begriffe. Dieser Versteil gehört offensichtlich derselben Hand an. V. 16b führt dagegen die originale Handlung weiter, die mit V. 17 problemlos weitergestaltet wird.

VV. 18-22 geben die nächste Problemaufgabe. Es fällt auf, dass die bisher gegenwärtige 'Vater-Sohn-Beziehung' zu einem Konflikt ausgebaut wird. Die Rede vom 'höchsten Gott' in V. 18bα erinnert an die als sekundär bestimmten Passagen in 3,26.32. In der Schilderung der Demütigung des

[273] So im wesentlichen die Argumentation von R.G. Kratz, der aber eine 'sowohl literarisch als auch in der Sache profilierte, wirklich eindeutige Scheidung' für nicht mehr möglich hält (a.a.O., 90, Anm. 64).

[274] In Qumran wird der Auftrag an Daniel in V. 12b vervollständigt, indem der Auftrag zum Lesen der Schrift aus V. 7 hier noch einmal vermerkt wird: 4QDan[a] hat [וכתבא יקראן], das wohl nach יתקרי einzufügen ist (E. Ulrich, a.a.O., 30f). 4QDan[b] bietet יתקר[א וכת]בא יקרא und stützt so diese These (E. Ulrich, BASOR 274 [1989] 6f). Dieser Befund zeigt auch, wie beim Abschreiben des Textes sachliche Veränderungen vorgenommen wurden.

Königs (V. 21) wird 4,29f z.T. wörtlich aufgegriffen. Es fällt aber auf, dass der Bezug hier hergestellt wird in der dort schon sekundären Gestalt zusammen mit der Erkenntnisaussage. V. 19 dagegen greift in deutlich verändernder Weise die Aussage von 6,27 auf: Was dort bezogen war auf den 'Gott Daniels', wird jetzt auf Nebukadnezzar selbst bezogen. Das ist sicherlich jüngerer Zuwachs, der in zu bestimmendem Zusammenhang mit Jer 27,6f gehört. Es ist denkbar, dass V. 18a – ohne dass eine Beziehung zu Nebukadnezzar hergestellt worden war – mit V. 22aβ weitergeführt wurde: Daniel brandmarkt den Hochmut des Belschazzar. In diesen Zusammenhang wurden also die VV. 18b.20-22aα (der Anfang von V. 22 stellt lediglich die Brücke zu Belschazzar wieder her) eingetragen, die dann durch V. 19 noch einmal erweitert worden sind. Ist diese Analyse richtig, muss auch V. 22b für sekundär bestimmt werden. Er verbindet wie V. 22aα zurück zu dem Bericht über Nebukadnezzar. V. 23 führt nun die Handlung weiter und löst die in V. 4 gegebene Problemanzeige. Der Begriff מרא שמיא ist eigenständig und erinnert an 4,23.34 (Die Aussagen mit 'Herr' in 4,16.21 haben als Anreden an den König eine andere Zuordnung). Genauso muss V. 24a beurteilt werden. Die Ausdrucksvariante פסא די ידא gegenüber V. 5a.b erlaubt keine Zuweisung zu einer anderen Hand. V. 24b allerdings wirkt wie eine Dublette zu V. 25a. Er kann vielleicht als sekundäre Auffüllung bestimmt werden. Literarisch integer schliessen die folgenden Verse die Geschichte ab. Lediglich das zweite מנא in V. 25 ist als sekundäre Erweiterung zu bestimmen. V. 29 greift den originalen V. 16b auf. In V. 30 fällt auf, dass der Name des Königs in neuer Form geschrieben (בלאשצר) und dieser König erstmals einem Land zugeordnet wird (מלכא כשדיא). Da er bisher nur allgemein eingeführt und durch die Zuordnung zu 'seinem Vater Nebukadnezzar' der babylonischen Exilssituation zugeordnet war (VV. 2.11a*.13), sei die nähere Bestimmung als 'chaldäischer König' für ursprünglich gehalten. Die abgewandelte Schreibweise seines Namens ist m.E. als Argument zu schwach, dass sie Schlussfolgerungen mit Blick auf eine Redaktion tragen könnte.[275] Ich halte den ganzen V. 30 für original. In der gegenwärtigen Gestalt schliesst die Geschichte mit 6,1. Ich halte diese Notiz für durchaus ursprünglich, denn die Deutung der Schrift in V. 28 rechnet mit der medischen Macht als Nachfolgerin der neubabylonischen und entspricht so 6,1. Das zeigt aber, dass schon für die Grundfassung von Dan 5 das Vierreicheschema im Hintergrund stand.[276]

Die schriftliche **Erstfassung** dieser Geschichte in Dan 5 bildete einen formal genau gestalteten Text, der acht Szenen umfasste: Szene I entwickelt das

[275] S.o. der Hinweis zu 2,26.

[276] H. Gese, in: Alttestamentlicher Glaube und Biblische Theologie, 299ff.

Problem schon bis in seine theologischen Dimensionen hinein: VV. 1-2.4. In Szene II werden das Krisenereignis und die Reaktion des Königs geschildert: VV. 5-6. Diese Szene ist mit der Formulierung בה שעתה vom Vorhergehenden abgesetzt und in sich durch אדין gegliedert. Szene III führt das Geschehen fort und berichtet eine Steigerung der Schreckreaktionen: VV. 7a.8.9. Ohne besonderes Hinweiselement wird die Szene eröffnet, aber mit zweimaligem אדין gegliedert. Mit Szene IV wird ein neues Element in die Geschichte eingebracht und zugleich das Auftreten des Daniel vorbereitet: VV. 10.11a*.12b. Weil hier vor allem wörtliche Rede der Königin berichtet wird, kann auf besondere Gliederungselemente verzichtet werden. Szene V beinhaltet einen Dialog zwischen Daniel und dem König: VV. 13.14*. 15.16b. Diese Szene wird eröffnet mit באדין. Die Szene VI bereitet die Lesung und Deutung der Schrift vor. Daniel weist Dank und Ehre zurück und analysiert den Grund für das angezeigte Unheil: VV. 17.18a.22aβ.23.24a. Auch hier leitet באדין die Szene ein. Das zweite באדין ist Element der Gestaltung der wörtlichen Rede. Szene VII bietet den Inhalt der Schrift und ihre Deutung: VV. 25*.26-28. Hier begegnen die Hinweiselemente ודנה als Eröffnung der Lesung und דנה als Eröffnung der Deutung. Szene VIII, beginnend mit באדין, rundet das Geschehen ab durch die Belohnung des Daniel und die Kontrastnotiz zum Schicksal des Belschazzar, die ihrerseits mit בה בליליא beginnt: VV. 29.30. 6,1 bietet den Abschluss, stellt aber zugleich die Verbindung her zu 6,2ff. Die **theologische Bearbeitung** in Dan 5 ist eher bescheiden geblieben. Sicher können ihr zugeordnet werden die VV. 18b.20.21.22aα.b. Diese Redaktion hat also im wesentlichen den Zusammenhang zu Dan 4 intensiviert und dieselbe theologische Erkenntnis hier eingetragen: Gott ist es, der Macht zuteilt. Sehr viel intensiver waren nun mehrere **gestalterische Bearbeitungen** an unserem Text. Als älteste seien die bestimmt, die im Horizont von Dan 5 verbleiben: V. 3* fügt bei Aufnahme des Hinweiselements באדין Handlung ein, V. 7b vervollständigt im Blick auf die 'Weisen Babylons', in den VV. 11.12a*.14 wird die Beschreibung des Daniel ausgeweitet. V. 24b verstärkt den Hinweis auf das Geschriebene. An diesen Zusätzen wird noch weitergearbeitet durch Notizen in V. 12 – zusammen mit V. 12aβ! – und den Zusatz V. 16a, womit das Verständnis des Daniel akzentuiert wird. Der wesentlichste letzte Zusatz ist die Ausweitung des Nebukadnezzar-Bildes mit V. 19. Letzte **glossierende Zusätze** haben die Arbeit am Text abgeschlossen: der Hinweis auf das 'Haus Gottes' in V. 3, der erneute Vermerk auf den 'königlichen Vater' am Ende von V. 11, das zweite מנא in V. 25.

7.6 Daniel 6

V. 2 eröffnet die einleitende Handlung dieser Geschichte, durch die der Konflikt möglich wird.[277] Hier und in den VV. 7.10.26.29 wird der sonst anonym genannte König mit dem Namen Darius bezeichnet. V. 2 und V. 29 sind die Angaben der Rahmung der Geschichte. Im Ablauf der Geschichte wird der Name immer an den entscheidenden Stellen genannt: bei der ersten Anrede des Königs durch die Minister, als er den ersten Erlass schreiben lässt, und als er die abschliessende Verfügung erlässt. Nachdem an diesen Schaltstellen der Name genannt ist, kann sonst anonym vom König geredet werden. Die Leser wissen, von wem die Rede ist. Natürlich fällt der Unterschied zu Dan 3 auf, wo Nebukadnezzar immer wieder als Urheber von Handlungen und Massnahmen namentlich genannt wird. Das hat sicher seinen Grund darin, dass dort ein den jüdischen Männern feindlicher König geschildert werden soll, hier aber ein zwar wohlwollender, aber doch meist passiver König begegnet. V. 3 wird die Exposition weitergeführt. Den Satrapen werden drei Minister übergeordnet, denen jene berichtspflichtig sind. Da hier nichts zum Handlungsablauf Widersprüchliches gesagt wird, vielmehr eine für das Verständnis der Geschichte notwendige Zuordnung von Funktionsträgern erfolgt, meine ich, in diesem Vers die Erstfassung der Geschichte erkennen zu können. V. 4 schliesst die Exposition ab. Weil Daniel die Minister an Leistungsfähigkeit übertraf, soll er zum Grosswesir ernannt werden. Verdächtig allerdings stimmt, dass auch die Satrapen in die Gruppe eingeordnet werden, von denen Daniel sich abhebt. Da er einen höheren Rang einnimmt, ist dieser Vergleich unnötig. Diese Beobachtung weist auf ein grundsätzlicheres Problem: Der gegenwärtige Handlungsablauf hat die Unstimmigkeit in sich, dass die Gruppe der Gegner des Daniel zu gross angesetzt wird. Besonders die Vernichtung der Feinde (vgl. V. 25) wird unwahrscheinlich, wenn bei Einbeziehung der Satrapen eine so grosse Personengruppe gedacht werden muss. Rainer ALBERTZ beschliesst seine Diskussion der Probleme mit der Feststellung: 'Alle diese Ungereimtheiten und Inkonsequenzen rechtfertigen keine literarkritischen Operationen, und sie sind auch durch solche nicht lösbar.'[278]

[277] R.G. Kratz, WMANT 63, 111-119, untersucht vor allem die überlieferungsgeschichtliche Beziehung zwischen Dan 6 und Bel und Drache VV. 23ff. Insofern er also Zusammenhänge der mündlichen Überlieferung erhellt, gewinnen seine Ergebnisse für mich erst dort an Bedeutung, wo sie den inneren Charakter der heute vorliegenden schriftlichen Fassung von Dan 6 erhellen. E. Haag, SBS 110, 34-45, differenziert literarkritisch, d.h. für die Phase der schriftlichen Überlieferung. Seine Argumentation wird hier immer wieder geprüft werden müssen.

[278] SBS 131, 132.

Er versteht die gegenwärtige Gestalt des masoretischen Texts als das Ergebnis der Umarbeitung einer 'Hofintrigen-Erzählung ... in Richtung auf eine Märtyrerlegende',[279] bei der die Verfasser die festgestellten Schwierigkeiten in Kauf genommen hätten. Aber ist wirklich der Versuch so erfolglos, die Sache literarkritisch zu lösen? Die hier vermutete redaktionierende Hand müsste nur als Verfechterin einer bestimmten Intention in den Blick treten. Deshalb sei in V. 4 ואחשדרפניא als sekundäre Hinzufügung bestimmt.

V. 5 wird nun die sich aus der Konfliktsituation ergebende Handlung geschildert. In V. 5a fallen 'die Satrapen' als sekundäre Hinzufügung auf. Allein die beiden Minister sind es, die nach Fehlern in der Amtsführung des Daniel suchen. Solche können sie aber nicht finden, weil Daniel in seinem Wesen und seiner Arbeitsweise vertrauenswürdig ist (Partizip pass. Hafᶜel von אמן). Als nachgehängte Verstärkung fällt aber V. 5bβ auf. Hier wird das neue שלו und das Hithpᵉᵉel von שכח verwendet (vgl. V. 23b). Dieser Versteil ist sicher sekundär. V. 6 führt die Handlung logisch weiter. Weil kein Anklagegrund in Staatsangelegenheiten gefunden worden war, soll jetzt die religiöse Praxis des Daniel als Grund für einen Angriff genutzt werden. Der Sammelbegriff גבריא אלך bezeichnet von nun an nur die Minister. Er ist nicht in Parallele zu seiner Verwendung in Dan 3 gedacht, weil dort mit ihm nur die drei Bedrohten bezeichnet werden. Die einzige Verwendung als Kennzeichnung der Folterknechte in 3,22 war als Bestandteil einer sekundären Erweiterung erkannt worden. Der Erstverfasser verwendet diesen Begriff vielmehr bewusst hier für die Feinde des Daniel im Kontrast zu seiner Verwendung in Dan 3 für die drei jüdischen Männer.

V. 7 beginnt der Handlungsablauf, der sowohl Daniel als auch dem König die Falle stellen soll. 'Die Satrapen' sind wieder sekundär hinzugefügt. V. 8 führt die in V. 7b begonnene wörtliche Rede sinnvoll weiter. Es fällt nur die sehr aufgefüllte Folge von Beamtenbezeichnungen auf, die deutlich an 3,2.3.27 erinnern. Ob daraus aber Streichungen abzuleiten sind, ist mir fraglich. Aus der Situation der Rede vor dem König ist diese umständliche, dem Antrag zugleich Gewicht gebende Formulierung gut verständlich. VV. 8.9 begegnet eine verschränkte Ausdrucksweise für die gewünschte Verfügung: קום קים und תקף אסר (V. 8) sowie קום אסר und רשם כתב (V. 9). Später wird diese Terminologie abwechselnd und abgewandelt aufgegriffen (VV. 10.11.13.14.16.27). Ich neige dazu, dies als Ausdrucksvarianten des Erstverfassers unseres Textes zu verstehen. V. 9bβ allerdings ist sicher sekundär, weil er vor den VV. 13.16 zu früh kommt. V. 10 bringt die Ausführung der Verfügung.

[279] A.a.O., 133.

V. 11 fällt dadurch auf, dass er die Tat des Daniel mit ganz eigenständiger Terminologie ausdrückt, vor allem eben auf den Schlüsselbegriff בעא verzichtet. Ich sehe keinen Grund dafür, hier etwas für sekundär zu halten. Vielmehr zeigt mit dieser Aussage der Erstverfasser, dass das Gebet des Daniel – und damit auch das des Verfassers! – nicht vordergründig Bitte um etwas, sondern Verehrung der Gottheit ist. Damit wird feinsinnig zum Ausdruck gebracht, dass die ganze Falle das Wesen des jüdischen Gottesverhältnisses *nicht* trifft. V. 12 führt die Handlung sinnvoll weiter. Die Minister mussten Daniel bei seinem Gebet entdecken, um ihn dann anklagen zu können. Vielleicht wird חנן hinzugesetzt, um die Gefährlichkeit der Situation für Daniel auszudrücken. V. 13 ist nur על אסר sekundär. Hier ist der Gegenstand der Rede der Minister vorweggenommen worden. Zu די כל אנש ist auf 3,10 zu verweisen, wo auch die Anklage einzelner vorbereitet wird. In V. 13b wird variierend die Verfügung mit מלתא bezeichnet. Jetzt ist der Hinweis darauf, dass 'das Gesetz der Meder und Perser' nicht aufgehoben werden kann, für die Dramaturgie der Geschichte notwendig: der König stellt sich selbst das Bein. Die VV. 14.15a führen die Handlung weiter. Daniel muss ja wirklich angeklagt werden. Ein wenig verwundert, dass zu seiner Kennzeichnung nicht auf seine Funktion hingewiesen wird. Aber dann hätten die Minister ungewollt ihre Motive aufgedeckt. Deshalb reden sie von ihm bewusst nicht wie von einem Kollegen. V. 15b erinnert wegen der Verwendung des Verbs נצל an die sekundäre Aussage in 3,29b, ist aber hier sicher Bestandteil der plastischen Erzählweise der Grundschicht. V. 16 berichtet die Aktivitäten der Minister, die die königlichen Versuche, den Daniel zu retten, erfolgreich hintertreiben. Sie behaften den König bei seinem Wort (vgl. V. 13) und zwingen ihn, die nötigen Befehle zu geben. Nur V. 16aβ ist sekundär. Die Aussage הרגשו על מלכא ו verstärkt unnötig ihre Eifrigkeit. V. 17 führt die Handlung weiter. Vielleicht ist er syntaktisch etwas unglücklich (die Minister handeln gewiss nicht als Henker), erinnert aber an V. 25, der die Adressaten des Befehls auch nicht nennt. 4QDan^{b} aus dem 1. Jh. n.Chr. hat den Satzbau verändert: ול[גבא די אריותא רמו]ן.[280] Aber auch dieser Abschreiber scheint die pluralischen Verbformen belassen zu haben. V. 17b ist als nachholend erzählter Dialog der Bestrafung zugeordnet. Er spricht das Thema der Hilfsmöglichkeit Gottes aus (שיזב – vgl. V. 21; V. 15 wird die menschliche Möglichkeit des Königs zur Sprache gebracht) und verbindet damit zum Thema von 3,15.17. V. 18 markiert den Abschluss der Strafhandlung.

VV. 19-20 berichten vom praktischen Ausdruck der Sorge des Königs. V. 21b fällt eine Reihung von Aussagen auf, bei der die Anrede des Daniel als

[280] E. Ulrich, BASOR 274 (1989) 11f.

'Knecht des lebendigen Gottes' an 3,26 erinnert. Die umliegenden Aussagen liegen auf der bisher rekonstruierten Handlungsebene, so dass es erlaubt scheint, V. 21bβ für sekundär zu halten. Die VV. 22.[281] 23 bringen die Entdeckung des Wunders, denn der Totgeglaubte kann antworten. V. 23a erinnert an 3,25 und sachlich an 3,27. V. 23b dagegen hat wieder das Hithp^eel von שׁכח (vgl. V. 5bβ) und das neue זכו. Überhaupt ist der Gedanke nicht vorbereitet, dass Daniel vor Gott nicht anerkannt sein könnte. Ausserdem wird die staatsrechtlich schwierige Bemerkung gemacht, dass der Daniel, der das königliche Edikt übertreten hat, doch keine Verbrechen gegen den König begangen habe. Beide Aussagen tragen offensichtlich neue Akzente ein und sind deshalb als sekundär zu bestimmen. V. 24 führt die Handlung fort, indem die Emotion des Königs kontrastierend zu V. 15 ausgedrückt wird. Die Feststellung in V. 24bβ erinnert stark an den Bericht in 3,27. Allerdings fällt V. 24bγ dadurch auf, dass er noch einen theologischen Grund für die Rettung des Daniel nachliefert, indem er bewusst die Aussage von V. 5 aktivisch ausdrückt und auf Gott hin wendet. Hier hat offensichtlich ein Redaktor eingegriffen.

V. 25aβ – די אכלו קרצוהי די דניאל ו – setzt V. 23b voraus, indem es die Anzeige der Minister als Verleumdung deutet, und erinnert an das sekundäre 3,8b. Der Hinweis ist auch hier eingetragen. Auch V. 25aδ.b erweckt Zweifel an seiner Originalität. Hier wird ähnlich wie in 3,19b.22 die Strafe an den Feinden auf die Spitze getrieben. Ich erkenne hierin ebenfalls die ergänzende Hand dessen, der die Geschichte farbig weitergeschrieben hat. Die VV. 26.27a.28b bringen das neue Edikt, das von allen Furcht vor dem Gott des Daniel fordert. Damit gleicht der Abschluss von Dan 6 dem von Dan 3. Dort wurde Toleranz für den Gott der jüdischen Männer verlangt, hier jetzt – schon einen Schritt weiter – Anerkenntnis dieses Gottes als Gott. Wie im Abschluss von Dan 3 ist auch hier theologisch ergänzend gearbeitet worden. Auf die Hand des Redaktors geht die Hinzufügung von den VV. 27b.28a zurück, die die Themen dieser Geschichte theologisch aufhöhen. V. 29a ist der parallel zu 3,30 gestaltete rahmende Abschluss unserer Geschichte. V. 29b kann sekundäre Hinzufügung sein, die auf alle Fälle zu 1,21 gehört.

Auch zum Text von Dan 6 hat die literarkritische Untersuchung eine mehrszenige Grunderzählung erkannt, die in zwei Durchgängen redaktio-

[281] Hier hat 4QDan[b] nur]לל[, der frei bleibende Raum scheint aber darauf hinzuweisen, dass מלל nur zwei Worte vorausgingen, so dass V. 22 vielleicht אדין דניאל מלל stand (E. Ulrich, BASOR 274 [1989] 11f). Ob daraus weitreichende Schlussfolgerungen abzuleiten sind, darf bezweifelt werden.

niert worden ist. Die **Grundschicht** lässt sich in acht Szenen gliedern, die ihrerseits durch die Zeitadverbien אדין und באדין angezeigt und strukturiert werden. Allerdings folge ich diesen Hinweiszeichen nicht durchgängig. Szene I bietet die Exposition: VV. 2.3.4*. Szene II berichtet von der ersten Prüfung des Daniel und der neuen Idee der Minister: VV. 5a*.bα.6. In Szene III wird das für Daniel und den König so gefährliche Gesetz eingebracht und verkündet: VV. 7*.8-9a.bα.10. Szene IV schildert das Verhalten des Daniel und seine Entdeckung: VV. 11-12. Szene V wird dem König der Daniel angezeigt: VV. 13a*.b.14. In der Szene VI werden nun die Emotion des Königs, seine 'Vergatterung' und die Ausführung des Urteils berichtet: VV. 15.16aα.b.17-18. Szene VII schildert die Sorge des Königs und die Entdekkung des Wunders: VV. 19-21a.bα.γ-δ.22.23a.24a.bα.β. Schliesslich berichtet Szene VIII die Strafe an den beiden Ministern und das neue Edikt: VV. 25aα.γ.26.27a.28b.29a. Die **theologische Bearbeitung** hat nun wieder wichtige Akzente eingetragen. Dabei hat sie sowohl implizit enthaltene theologische Inhalte zur Aussage gemacht – Daniel hat seinem Gott 'vertraut', V. 24 bγ –, als auch die theologische Aussage erweitert zum Lobpreis des Gottes des Daniel, der sich als Wunder wirkender und darin lebendiger Gott erweist: VV. 21bβ.27b.28a. Diese Redaktion war schon feststellbar in Dan 3 und 4. Auch hier ist der Redaktor erkennbar, der die Einheit dieser Geschichten hergestellt hat. Letztlich sei hier V. 29b genannt, der den Zusammenhang zum Datierungssystem des Buches herstellt. Die **gestalterische Bearbeitung** hat diese Geschichte – ganz wie in Dan 3 – sachlich aufgefüllt. Hier seien nur die in Frage kommenden Textteile nochmals benannt: VV. 4 (ואחשדרפניא).5a (ואחשדרפניא).bβ (die Verstärkung der Fehlerlosigkeit des Daniel).7 (ואחשדרפניא).9bβ (der Hinweis auf 'das Gesetz der Meder und Perser').16aβ (die Eile der Minister).23b (die nochmalige Betonung der Unschuld).25aβ.δ.b (der Hinweis auf die Verleumdung und die grausige Strafe). Dieser Hinweis auf die Verleumdung der Minister gehört zur Redaktion in 3,8b, setzt also die Verbindung beider Geschichten voraus. Eine später hinzugefügte **Glosse** ist die Notiz in V. 13a (על אסר).

7.7 Daniel 7

Indem Kapitel 7 thematisiert wird, wendet sich diese Untersuchung einem eigenen Problemfeld zu.[282] Erneut geht es um das grundsätzliche methodische Ziel der Arbeit: Einmal ist die Geschichte des Textes im Rahmen der

[282] Besonders sei folgende Literatur genannt: K. Müller, FS A. Vögtle, 37-80; P. Weimar, ebd., 11-36; H.S. Kvanvig, WMANT 61, 442-613; R.G. Kratz, WMANT 63, 21-37.43-48.71f; V. Hampel, Menschensohn, 7-37; mein Aufsatz in BETL CVI, 481, Anm. 6; A.S. v.d. Woude, BETL CVI, 3-12; E. Haag, BETL CVI, 137-185.

schriftlichen Überlieferung innerhalb der Danielbibliothek zu erheben. Sodann kann nach der schriftlichen Vorgeschichte zurückgefragt werden. Schliesslich wäre es auch möglich, die mündliche Vorgeschichte zu erforschen; dies soll aber wegen der nötigen Beschränkung der Arbeit unterbleiben. Uns stellt sich also immer die Frage, ob die feststellbaren literarischen Brüche auf textliche Arbeit während der Vorgeschichte des Textes hinweisen oder auf solche während der Überlieferung der Danielbibliothek. Nun lehrt die Erfahrung mit Dan 2, dass den Erstverfassern von Dan 7 durchaus schon ein schriftlich fixierter Text vorgelegen haben kann.

Zur Visionsschilderung (VV. 1-14) können einige Voraussetzungen formuliert werden, die zugleich literarkritische Rückschlüsse erlauben. Ursprünglich wurden drei Möglichkeiten zur Einleitung der Visionsschilderungen genutzt: חזה הוית mit וארו leitet die Beschreibung einer gegebenen Situation ein (VV. 2.6.7.13). Genauso dient dazu alleiniges וארו (V. 5). חזה הוית mit עד די leitet die Beschreibung eines Geschehens ein (VV. 4.9.11b; vgl. 2,34). Dagegen weisen alle anderen Möglichkeiten auf sekundäre Bearbeitung hin: בחזוי ליליא (VV. 2 [mit עם].7.13); ואלו (V. 8a.b; vgl. 2,31; 4,7.10); וחזוי ראשה על משכבה (VV. 1.15b; vgl. 4,2.7.10 [dort erst sekundär verbunden]). Von der Originalfassung unterschiedlich ist auch die Begrifflichkeit mit חלמא/חלם in V. 1a.b, die auch sonst im Kapitel nicht mehr aufgegriffen wird (vgl. 2,1b.36.45 [für das Verb חלם!]; 4,2.4.15.16). Die genannten Beispiele zeigen auch für Kapitel 7 (vgl. Dan 2) eine schwer durchzuhaltende Differenzierung zwischen חלם und חזה. Auf alle Fälle macht die Verwendung der verschiedensten Ausdrucksweisen deutlich, dass schon zu Beginn von Kapitel 7 die Verbindung mit den bisherigen Texten hergestellt werden soll.

V. 1aα verknüpft mit dem Zusammenhang der Datierungen in Dan 1-6. Er datiert das Ereignis dieser Vision zurück in die Zeit vor das Geschehen in Kapitel 5.[283] V. 1aβ kann m.E. aus grammatischen Gründen nur der ersten Schicht der Verknüpfung mit Dan 1-6 zugehören. Das bedeutet aber, dass sich die Begrifflichkeit 'Traum' und 'Vision' hier ergänzt: Daniel wird ein Traum zugeschrieben.[284] Dieser Text ging weiter mit V. 1bα, der dann sekundär aufgefüllt wurde mit V. 1aγ.bβ. M.E. tritt uns der originale Textanfang mit V. 2aα entgegen, wenn auch der Einsatz mit ענה und ואמר

[283] Die Tatsache, daß Papyrus 967 die Kapitel 7; 8 vor Kapitel 5 bieten, sei jetzt nur angemerkt und nicht diskutiert (vgl. J. Lust, BETL CVI, 44-48).

[284] Da im Rahmen der Aufnahme des Grundtextes von Dan 7* in die Danielbibliothek die Datierung eingetragen worden sein muss, kann der Satz eigentlich nur so zwanglos weitergeführt worden sein, dass Daniel einen Traum geschaut habe. J.E.

jetzt mit V. 1 vermittelt. Lautete der ursprüngliche Text von V. 2a: 'Und Daniel hatte eine Schauung, und siehe...'? Sekundär ist in V. 2a der erweiternde Hinweis בחזוי עם ליליא. Die Visionsschilderung wird ohne Brüche weitergeführt über die VV. 2b.3.4a. In V. 4b halten Peter WEIMAR und Volker HAMPEL den Text ab ונטילת für sekundär. Ernst HAAG bestimmt als Zusätze V. 4bα und den Text ab ועל רגלין. Allerdings bleibt die Zuordnung solcher Zusätze (vgl. auch die folgenden Tierschilderungen) problematisch. Eine Übersicht über die Geschehensabläufe, die zu jedem Tier berichtet werden, lässt keine einheitliche Konstruktion für alle Tiere erkennen. Ich möchte deshalb festhalten, dass schon in der Erstfassung eine vielfältige Skizzierung denkbar ist, weshalb ich alle diesbezüglichen Verse für Teile der Grundschicht halte. In V. 5a ist dagegen die Notiz בין שניה sicher Zusatz. Als sekundär wurde aber noch bestimmt in V. 5a ולשטר חד הקמת (Peter WEIMAR, Volker HAMPEL) oder sogar der ganze V. 5b (Ernst HAAG). Ernst HAAG bestimmt als sekundär in V. 6 die Einleitung bis הוית. Für Peter WEIMAR und Volker HAMPEL ist der Text ab ושלטן sekundär. In V. 7 ist m.E. wiederum sicher sekundär die Notiz בחזוי ליליא. Ernst HAAG hält auch den Anfang für sekundär (vgl. V. 6), sodann die Notiz ותקיפא יתירא und den Text ab אכלה. Entgegen der allgemeinen Meinung zu V. 7 ordnet er aber V. 7bβ der Grundschicht zu. Peter WEIMAR und Volker HAMPEL halten ausser V. 7bβ noch 7aβ für sekundär. M.E. kann aber die Spannung, die Ernst HAAG zwischen V. 7bα und V. 3b sieht, auch als gewollte Rahmung gedeutet werden: Werden zuerst die Tiere als voneinander unterschieden gekennzeichnet, so wird abschliessend festgestellt, dass das letzte Tier seinerseits noch einmal von allen vorhergehenden verschieden ist. Bis auf die Zusätze ביך שניה in V. 5a und בחזוי ליליא in V. 7a halte ich den Text der VV. 4-7a.bα für original und einheitlich. Ausserdem bleibe ich dabei, dass mit V. 7bβ Redaktoren erkennbar werden.

V. 8 führt den Zusatz V. 7bβ fort. Formal sei neben ואלו hingewiesen auf משתכל הוית und den Hitp^{ec}el von עקר statt eines Q^{e}til oder Hof^{c}al. Obwohl die VV. 9f.13f genauso konstruiert sind wie die Originalfassung (vgl. V. 4b), fällt der völlig neue Inhalt auf. V. 7bα wird dagegen direkt mit den VV. 11b.12 fortgeführt. Vielleicht wäre es möglich, einen selbständigen 'Menschensohnpsalm' zu rekonstruieren. Der jetzt vorliegende Ersttext ist aber nur noch als Einheit beider Texte zu verstehen, weshalb hier auch dar-

Miller, Bib 71 (1990) 404, formuliert zu weit gehende Folgerungen: '... Dan 7,1 was written for a community distinct from that responsible for the rest of the book, ... Either the text of Daniel was in existence for a significant period of time during which the change took place before 7,1 was added [die Bezeichnung des Erlebnisses als "Traum"], or the document passed from one community which distinguished dreams and prophecy to another which did not.'

auf verzichtet werden soll, frühere Sachaussagen und deren Veränderungen zu erheben. Hervorgehoben sei die Entsprechung zwischen V. 12 und V. 14 (vgl. die Verwendung von עדה [vgl. auch 2,21, sowie 3,33b; 4,31b; 6,27b]). Sekundär ist in V. 13 wieder die Notiz בחזוי ליליא. Ausserdem fällt V. 11a aus dem Zusammenhang heraus. Er verbindet aber nicht einfach die VV. 9-10.13*-14 mit den VV. 2-7bα*. Da er auch nach V. 8 vermittelt, kann er erst von der Redaktion stammen, auf die auch V. 8 zurückgeht. V. 15a führt eigenständig (mit כרא) die Reaktion des Daniel an. V. 15b dagegen ist sekundärer Zusatz. Er gehört zum Zusatz 7,1aγ und 4,2. V. 16 bringt insgesamt die Wendung zur Deutung. Auch V. 16bβ dürfte original sein (gegen Ernst HAAG).

Die VV. 17-18 bieten die Deutung der Vision: 'Gerade als Einheit deutet Dan 7,17f die voranstehende Vision insgesamt: V. 17 die Vier-Tiere-Vision, V. 18 die Menschensohnvision.'[285] Sekundär ist lediglich in V. 18b das Duplikat der Ewigkeitsaussage. Im nun folgenden Textteil zum vierten Tier und den elf Hörnern werden traditionell die VV. 21f.24f als Zusätze bestimmt. Ich möchte hier meine These von der wohlüberlegten Konstruktion der VV. 19-27 wiederholen, die sich so als planvolle und einheitliche Erweiterung des Grundtextes erweisen.[286] Im Grunde werden Aspekte der Traumvision erst wiederholt und dann gedeutet. So entsprechen einander: VV. 19 - 23; VV. 20 - 24; VV. 21 - 25 und VV. 22 - 26f. Zusätzlich bestätigt sich diese Sicht durch die bewussten Rückgriffe auf den Originaltext, den diese Verse erweitern und kommentieren: V. 19aβ greift V. 7bα auf, V. 19bα in etwas veränderter Zuordnung Aussagen von V. 7a. Die Aussagen über die Vernichtungstätigkeit in V. 19b rufen V. 7aβ in Erinnerung. V. 20aα erinnert V. 7bβ; V. 20aβ greift V. 8a auf; V. 20bα dagegen V. 8b; V. 22a greift auf VV. 9f zurück; V. 24 erneut auf V. 7bβ; V. 26 bezieht sich auf die VV. 10b.11b und schliesslich V. 27b auf V. 14b. Als Ergänzung wird dieser Text vor allem aber durch die neuen Vorstellungen deutlich, durch die er sich von seiner Vorlage unterscheidet: die 'erzenen Klauen' (V. 19b); das 'grösser erscheinen als seine Genossen' (V. 20bβ); sowie in den V. 21.22aβ.b.25 (ensprechend V. 21).27a (entsprechend V. 22b) die Aussagen über עם קדישי עליונין/קדישי עליונין/קדישין (vgl. V. 18)! Abschliessend muss zu V. 28 diskutiert werden, ob er Zusätze enthält. Ernst HAAG hält V. 28bα für sekundär (ohne אנה). Peter WEIMAR und Volker HAMPEL bestimmen V. 28bβ als sekundär, der zusammen mit den VV. 1-2aα das Kapitel rahme. Nun stimmt, dass die Abschlussnotiz eine Weiterführung nötig machen könnte. Aber auch heute schliesst das ganze Buch Daniel mit einem Hinweis auf das Verbergen (vgl. 12,4.9). Das kann

[285] V. Hampel, a.a.O., 26, Anm. 96.
[286] Vgl. meinen Aufsatz in BETL CVI, 481f.

durchaus der Abschluss einer der ersten Fassungen gewesen sein. Es fällt lediglich auf, dass es für die Reaktionen in Daniel Parallelen in den Erzählungen gibt. Für das 'Erschrecken der Gedanken' verweise ich auf 4,16; 5,6.10, für das 'Verändern der Gesichtsfarbe' auf 5,6.9.10. Vielleicht sind diese Notizen von derselben Person hinzugesetzt worden, die auch durch die Grundfassung von V. 1 das ganze Kapitel mit Dan 1-6* verbunden hat, so dass V. 28bα als sekundär erkennbar wird.

Als **vorausgehende schriftliche Texte** haben sich in Dan 7 bestimmen lassen eine Tiervision – VV. 2*.3-4.5a*.b.6.7a*.bα.11b-12 – und eine Thron- und Menschensohnvision – VV. 9-10.13*.14 –. Beide Texte liegen jetzt als Einheit vor und münden in eine einheitliche Deutung – VV. 15a.16-17.18* –. Mit V. 28a.bβ endete dieser Text. Diese erste schriftliche Fassung bildet zusammen mit folgenden Erweiterungen den **Grundtext**, der so zu Dan 1-6* gehört: VV. 1aβ.bα.2a (בחזוי עם ליליא).7a (בחזוי ליליא).13a (בחזוי ליליא).28bα. Diesem Grundtext ordne ich auch schon die Datierung in V. 1aα hinzu. Eine **aktualisierende Bearbeitung** auf neue Herausforderungen der Zeit hat dieser Text erfahren mit den VV. 7bβ.8.11a.19-27. Dieser Text korrespondiert der dritten Bearbeitung von Dan 2 und der Grundfassung von Dan 8. Mit ihr in einem Zuge wurden vielleicht hinzugesetzt die VV. 1aγ.bβ.15b. Als zusätzlich **Bearbeitung** benenne ich den Zusatz in V. 18b. Den Zusatz in V. 5aβ verstehe als letzte **Glosse**.

7.8 Daniel 8

Obwohl im wesentlichen davon ausgegangen werden kann, dass Dan 8 eine Einheit darstellt,[287] werden traditionellerweise zumindest einige Zusätze angenommen.[288] Diese verschiedenen Arbeitsergebnisse fordern eine neue Prüfung des Textes heraus. Dabei sollen auch die zahlreichen textlichen Probleme erneut diskutiert werden.

V. 1a gibt eine Datierung der Vision, die den Text mit 5,1 und 7,1 in Zusammenhang bringt. Offensichtlich ist hier dieselbe redaktionelle Hand erkennbar, wie dort. V. 1b leitet die Vision ein. Entscheidend ist hier der Begriff חזון und die verbale Aussage mit ראה. Diese Begriffe bestimmen auch weiterhin die Ebene der Selbstreflexion in diesem Kapitel. Durch den Hinweis auf das 'das vorige Mal' Geschaute bezieht sich auch diese Einleitung auf Dan 7 zurück. Die folgende Eröffnung der Vision ist 'ungewöhn-

287 Hier nenne ich vor allem: K. Koch, in: Apocalypticism, 413-446.

288 B. Hasslberger, Hoffnung, 22ff. Ich verweise auch auf meinen Aufsatz in BETL CVI, 491, Anm. 47.

lich ausgeweitet':[289] 'Und ich sah in der Schauung; und es geschah in meinem Schauen; und ich war in der Festung Susa, die in der Provinz Elam ist; und ich sah in der Schauung; und ich war am Fluss Ulai; und ich hob meine Augen auf; und ich sah; und siehe ...' (VV. 2. 3aα). Zuerst fallen die beiden Ortsbestimmungen auf. Gibt die eine den realen, die andere den visionären Ort an? Einige griechische Textüberlieferungen scheinen zu glätten, indem sie die Hinweise auf das Visionserlebnis kürzen oder ganz streichen. Sie behalten aber beide Ortsbestimmungen bei. Nun wird nur die Zuordnung zu dem Fluss Ulai in den VV. 3.6.16 wieder aufgegriffen. Sie kennzeichnet die Darstellung. Die Nennung der Festung Susa gehört vielleicht der Datierungsschicht zu und ist hier später in den Text gekommen. Durch diese zusätzliche Ortsbestimmung wurde nochmal die Erwähnung der Schauung notwendig, weshalb der Text immer weiter aufgefüllt wurde. Original ist sicher die Begrifflichkeit, die auch in V. 15 den Neueinsatz des Textes einleitet: ויהי בראתי. Deshalb schlage ich vor, V. 2aα.γ.bα als sekundär zu bestimmen. Ursprünglich wurde die Vision eingeleitet: 'Und es geschah in meinem Schauen, als ich am Fluss Ulai war, da hob ich meine Augen auf, und ich sah, und siehe ...'

V. 3aβ beginnt die Schilderung der Vision.[290] Dass nur noch von 'dem Fluss' die Rede ist, stellt eine zwanglose Nuance gegenüber V. 2 dar. Auffällig sind die Nominalsätze, mit denen die Wahrnahme von Tatsachen bzw. von sich gleichbleibenden Ereignissen ausgesprochen wird. Da jetzt der Inhalt des Geschauten bezeichnet wird, verwundert die Neueinführung von Begriffen und Sachen nicht. Diese Schilderung wird in V. 4a fortgeführt,[291] nur unterbrochen durch eine verbal (PK) gegebene Zwischenerklärung. Die Schauung des 'Widders' wird abgeschlossen durch zwei verbale Aussagen (AK), die das Ziel des Geschehens bezeichnen: 'und er wird handeln nach seinem Willen, und er wird gross werden' (V. 4b). Auch weiterhin werden wichtige Abschnitte des originalen Textes in dieser Weise zusammengefasst! V. 5aα leitet eine neue Etappe der Schauung ein. Dazu wird auf die Formulierung von V. 2bβ zurückgegriffen (ואני הייתי). והנה eröffnet die direkte Visionsschilderung. Jetzt wird in Gestalt des 'Ziegen-

[289] K. Koch, a.a.O., 417.

[290] In Qumran wurde in V. 8a איל אחד גדול gelesen – für 4QDan[a] zu erschliessen, für 4QDan[b] belegt – und im Übergang zwischen V. 8a und 8b קרנים קרנים – in beiden Handschriften belegt – (vgl. E. Ulrich, BASOR 268 [1987] 33f und BASOR 274 [1989] 15f).

[291] Der Abschreiber von 4QDan[a] ergänzt erstaunlicherweise מנגח י]מה ומזרחה ... צפונה, "und nach Osten" (E. Ulrich, BASOR 268 [1987] 33f), und verkennt so das Wesen des Widders, der ja für die vor allem nach Westen aggressive persische Macht steht.

bocks' eine neue Figur gesehen.[292] Wieder wird ihre Existenzweise zuerst nominal beschrieben.[293] Sodann (ab V. 6) wird das Handeln dieser Figur verbal (PK – Narrative) ausgesagt, nur die Erläuterung zum 'Widder' im Nebensatz in V. 6a wird im Rückgriff auf V. 3 nominal formuliert. V. 7 schildert dann durchgängig verbal (PK – Narrative) den Krieg des 'Ziegenbocks' gegen den 'Widder'. Lediglich die neuerliche Einleitung ist nominal konstruiert. Ausserdem greift V. 7 schon bisher benutzte Terminologie auf und wendet sie in neuer Zuordnung an: כח war in V. 6b dem 'Ziegenbock' zuerkannt worden und wird jetzt dem 'Widder' abgesprochen. עמד לפניו vermag jetzt der 'Widder' nicht mehr, obwohl doch in V. 4a niemand vor dem 'Widder' bestehen konnte. מציל – jetzt kann niemand dem 'Widder' helfen, obwohl in V. 4a niemand vor dem 'Widder' helfen konnte. V. 8a beschliesst diese Aussagereihe mit einer verbal (AK) ausgedrückten Zielaussage: 'der Ziegenbock wird ausserordentlich gross werden' (parallel zu V. 4b).

Mit V. 8b beginnt eine neue Geschehenskette, die aber in abgewandelter Weise eröffnet wird. Damit soll offensichtlich eine erschreckend plötzliche Wahrnehmung weiteren Geschehens ausgedrückt werden: 'während er gewaltig geworden war, war das grosse Horn schon abgebrochen'. Es fällt auf, dass im Unterschied zu V. 5 von הקרן הגדולה die Rede ist. Das hat später den glossierenden Zusatz חזות provoziert, der natürlich nicht original ist.[294] V. 9a leitet innerhalb dieser Etappe der Vision zu einem nächsten Schritt über. Verbal (AK) wird das Aufwachsen eines weiteren 'Hornes' berichtet. Dieses 'Horn' wird als 'ein Horn von Kleinheit' näher charakterisiert und damit abgehoben von dem ersten Horn des Tieres (vgl. V. 5b). Zugleich wird der Gegensatz zur Aussage in V. 9b geschaffen.[295] Ich verändere ואל הצבי am Ende von V. 9 nicht. Hier wird bewusst der Klang des im folgenden so entscheidenden Begriffes צבא angestimmt. Wesentlich ist, dass mit V. 9b eine verbale Aussagefolge (PK – Narative) beginnt, die für die Schilderung der Taten dieses 'Horns' wichtig ist. V. 10 führt diese Reihe mit zwei Verbalsätzen weiter. Es kann erwogen werden, dass ומן הכוכבים sekundärer Zusatz ist.

V. 11f ist der Text problematisch (vgl. BHS). Zuerst fällt auf, dass mit V. 11 zur Afformativkonjugation gewechselt wird. Ausserdem ist das Subjekt

292 Die Unterschiede in der Bezeichnung zwischen den VV.5a.b.8.21 geben m.E. zu literarkritischen Differenzierungen keinen Anhalt.

293 בָּא in V. 5aα ist partizipial zu deuten.

294 In der Septuaginta wird an dieser Stelle interpretierend ετερα eingesetzt.

295 Eine Korrektur zu קרן אחרת צעירה (vgl. BHS) gleicht genau an 7,8 an. M.E. ist eine eigenständige Ausdrucksweise durchaus möglich. Es muss aber festgehalten werden, dass hier in jedem Fall dieselben sprechen, die auch 7,8 verantworteten.

jetzt männlich, was nicht vorschnell korrigiert werden sollte. V. 11a: 'und bis zum Fürsten des Heeres ist er gross geworden'; V. 11bα: 'und von ihm – er hat aufgehoben/hat entrissen das Tamid-Opfer'.[296] V. 11bβ hebt sich von dieser Aussagefolge durch die passivische Form ab: 'und es wurde umgestürzt die Stätte seines Heiligtums'. Dann ist der Übergang zu V. 12 problematisch: וצבא passt nur zur folgenden Aussage, wenn es jetzt als 'Mühsal' verstanden wird. Ist das wahrscheinlich? Dieser in unserem Zusammenhang tragende und wichtige Begriff wird m.E. kaum mit völlig verschiedenem Inhalt verwendet. August Freiherr von GALL hatte ihn einfach weggelassen.[297] Könnte er zu V. 11 genommen werden: 'und es wurde umgestürzt die Stätte seines Heiligtums und das Heer'? Diese Aussage wäre jedenfalls nicht schwieriger als V. 10. Allerdings muss dann an Stelle von בפשע הפשע gelesen werden: 'und es wurde gelegt auf das Tamid-Opfer der Frevel' (V. 12a). V. 12bα fällt durch den Wechsel in die Präformativkonjugation und die aktivische Ausdrucksweise, aber mit ו-Kopulativum auf. Da bei dieser Form die Person vieldeutig ist, wäre eine narrative Vokalisation möglich, durch die der Zusammenhang zu V. 10* hergestellt würde, oder auch die von den Masoreten vorgeschlagene, die dann eine gewisse Sonderstellung der Aussage vermuten lassen könnte. Ich entscheide mich dafür, dass die Aussage ursprünglich narrativ gemeint war, und verbinde mit V. 10*: 'und sie [das Horn] warf die Wahrheit zur Erde'. V. 12bβ bringt wie in den VV. 4b.8a eine zusammenfassende Formulierung mit Afformativkonjugation: 'und sie [das Horn] wird handeln und sie wird zum Ziel führen'. Als Beitrag zur Lösung dieser schwierigen Fragen schlage ich vor, mit Redaktionen zu rechnen, die den Text aufgefüllt haben. Diese Zusätze haben die VV. 9-10 gedeutet, ohne dass eine genaue Korrespondenz im Bereich der Deutung ab V. 20 geschaffen wurde. Original sind die VV. 9.10*.12b. Verdeutlichend wurden dann zum 'Horn' Aussagen über Antiochos IV. Epiphanes hinzugefügt: in einem ersten Anlauf V. 11a.bα, in einem zweiten Anlauf die VV. 11bβ.12a.

Mit V. 13 wechselt die Darstellung überraschend in eine Audition, die gleichwohl in der Erlebnisebene verbleibt. Nicht für Daniel, sondern für neue Personen – אחד קדוש –, die bisher noch nicht in der Vision vorgekommen waren, ist die Frage nach der Dauer des Geschauten bedrängend. All' das ist m.E. so zu erklären, dass hier ein Zusatz greifbar ist. Auch der philologisch problematische V. 13bβ wird am besten als Rückgriff des Redaktors auf schon Gesagtes und als Vorausgriff auf später Kommendes ver-

[296] Ich bleibe bei dem Keṯib: Hifʿil von רום greift m.E. bewusst Priestersprache auf: nicht nur ein Teil des Opfers wird 'abgehoben' (so Lev 2,9), sondern hier das gesamte Opfer 'aufgehoben/weggenommen' (vgl. H.-P. Stähli, THAT II, 755).

[297] Einheitlichkeit, 48.

ständlich. Ich schliesse mich der Lösung an, die schon von GALL gegeben hatte: 'Wie lange gilt das Gesicht, dass aufgehoben worden ist das tägliche Opfer und der Frevel der Verwüstung aufgestellt ist und Heiligtum und Heer zertreten werden?' – התמיד מורם, vgl. V. 11bα; והפשע שמם נתן, vgl. hierzu 9,27; 11,31; 12,11 (allerdings mit שקוץ); וקדש וצבא מרמס, vgl. VV. 10b. 11bβ.[298] V. 14 greift die Frage nach dem 'Wie lange?' auf und gibt eine Antwort, die ganz im Horizont von V. 13 verbleibt. Nur mit V. 14b wird eine überraschende Wendung zum Positiven vollzogen, die offensichtlich die eigentliche Zielaussage des Redaktors ist.

V. 15a verwendet der Originalverfasser erneut 'den Szenenweiser der hebräischen Erzählung ויהי + ב + Infinitiv'[299] und eröffnet so den zweiten Hauptteil seines Textes. Neben der Korrespondenz zu V. 2* – die noch deutlicher durch die Wiederaufnahme des Verbs ראה gelingt –, fällt der Rückgriff auf V. 1b auf: das Subjekt wird wie dort mit 'ich Daniel' hervorgehoben und das Objekt des Geschehens erneut als 'Schauung' bezeichnet. V. 15b macht aber deutlich, dass jetzt keine neue 'Schauung' im eigentlichen Sinne berichtet werden soll. Parallel zur Einleitung von V. 3 wird der Wunsch des Verstehens thematisiert, d.h. mit V. 15 ist der Deutungsteil eröffnet. Allerdings wird dieser Deutungsteil noch einmal mit einleitenden Wahrnehmungen weitergeführt, die die Voraussetzung dafür schaffen, dass dem Visionär Informationen vermittelt werden können: V. 15b (eröffnet mit והנה – vgl. V. 3a) nimmt er eine Gestalt wahr, die als 'wie ein Mann erscheinend' (גבר) beschrieben wird. Diese Vision ist auch insofern der des 'Widders' parallel konstruiert, als die Person jetzt in Richtung auf den Visionär steht. Der 'Widder' in V. 3 stand vor dem Fluss, d.h. der erste Teil des Geschehens lief ohne Bezug auf den Visionär ab, der zweite wird jetzt ganz auf ihn zugeordnet.

Mit V. 16 wendet sich die Darstellung von nominaler Weise zu verbaler (PK – Narrative). Damit entspricht formal gesehen das Geschehen jetzt der Schilderung der Handlungen des 'Ziegenbocks'. Offensichtlich soll so eine Steigerung des bedrängenden Charakters des Geschehens zum Ausdruck gebracht werden. Der Visionär nimmt eine dritte Grösse wahr, einen קול אדם, wodurch er zum Erlebnis einer Audition geführt wird. Diese 'menschliche Stimme' wird in der Mitte des Ulai lokalisiert. Allerdings bleibt eine geheimnisvolle Unbestimmtheit.[300] Die verstandenen Worte – wenig genug – identifizieren den als גבר Erscheinenden als 'Gabriel'

[298] Zur gemeinsamen Aussage über das 'Heiligtum und das Heer' vgl. meine Verbindung zwischen den VV. 11.12.

[299] K. Koch, a.a.O., 416.

[300] P. Kuhn, Offenbarungsstimmen, 43.

(גבריאל). Diesem wird der Auftrag gegeben, die erlebte Schauung (מראה) verständlich zu machen. Obwohl die Wurzel ראה aufgegriffen wird, ist doch eine neue nominale Begrifflichkeit im Vergleich zur bisherigen Terminologie des Kapitels verwendet worden. Hiermit soll weniger zurückverbunden, als – im Bereich der Einleitung eines neuen Hauptteils verständlich – vorausverwiesen werden: Er stellt die Verbindung her zu V. 27b. V. 17 führt die Haupthandlung mit Narrativen fort. Nur der zweite Satz in V. 17a bringt ein fortdauerndes Geschehen zum Ausdruck, das 'vom Schrecken überwältigt Werden'. V. 17b bietet die entscheidende Sachaussage der Deutung (בין): das Geschaute ist Endzeitgeschehen. Hervorgehoben sei die genaue Differenzierung zwischen den verschiedenen Personen: כמראה גבר – V. 15, קול אדם – V. 16, בן אדם – V. 17. Auch diese Beobachtung zeigt, dass die Personen in den VV. 13f sekundär hinzugesetzt sind. VV. 18f wirken wie eine Verdopplung von V. 17: So verdeutlicht und erläutert V. 18 die Aussagen in V. 17a. Jetzt erschüttert nicht nur das Kommen, sondern auch das Reden, womit zugleich die Aussage von V. 17b verarbeitet ist. Gegenüber נפל wird jetzt רדם verwendet. Der Visionär sagt von sich nicht nur: ich liege 'auf meinem Angesicht', sondern ich liege 'auf meinem Angesicht zur Erde hin'. Neu ist, dass der Visionär wieder aufgerichtet werden muss. V. 19 führt nun V. 17b weiter. Die Aussage über die 'Zeit des Endes' wird abgewandelt wiederholt und durch die Feststellung vom 'Abschluss des Zorns' erweitert (vgl. 11,27.35.36).[301] Ich verstehe beide Verse als verstärkenden Zusatz (vgl. V. 2aα.γ.bα!), der offensichtlich mit Dan 11 verbinden will.

In den VV. 20-22 wird die Deutung in Gestalt von Nominalsätzen weitergeführt. 'Wie bei einer mathematischen Gleichung, nur ohne Gleichheitszeichen, wird dem ... geschauten Hauptgegenstand asyndetisch ... eine nominale Erklärung beigegeben.'[302] V. 20a greift die Aussagen in den VV. 4.6 auf. V. 20b hat als neue Information keinen terminologischen Anhalt im bisherigen Text. V. 21aα greift auf V. 5a zurück, allerdings mit abgewandelter Terminologie. V. 21aβ gibt die Deutung. V. 21bα steht in Beziehung zu den VV. 5b.8b. V. 21bβ gibt die neue Information. V. 22a greift auf V. 8b zurück. V. 22b gibt die Lösung. Mit den VV. 23ff wird die Beschreibung eines Geschehens geboten, das offensichtlich die Deutung der Vision ab V. 9 darstellt, ohne dass das hervorgehoben würde. Das Geschehen ist so dramatisch, dass keine Zeit zu Rückverweisen vorhanden ist. Daneben ist aber zu beachten, ob auf Grund der Identifikation sekundärer

[301] Interessant ist, dass Teile der griechischen Texttradition mit der Hinzufügung von η ορασις noch genauer an den Abschluss von V. 17 anpassen.
[302] K. Koch, a.a.O., 419.

Textteile ab V. 11 auch hier Bestanddteile des Textes auf die gleichen Hände zurückgehen könnten. Da fällt zuerst V. 26a auf, der in deutlicher Korrespondenz zu den VV. 13f steht. Die Redaktionen haben aber nicht immer genau harmonisiert, ist doch für weitere Zusätze in den VV. 11f gerade keine Korrespondenz in den VV. 20ff feststellbar. V. 23aβ muss m.E. als glossierender Kommentar verstanden werden. Er ist ausserdem textlich schwer rekonstruierbar: liegt eine Aussage über die Sünder oder über die Sünden vor? Mit dieser Notiz wurde die Abschlusszeit dieser Herrschaftssysteme als ein Überhandnehmen von Sündern/Sünden verstanden. Der Originaltext in V. 23 ist mit Präformativkonjugation konstruiert. V. 24aβ ist eine Glosse aus V. 22. Aber auch V. 24aγ ist schwierig: 'und Wundertaten – er zerstört'. Ich erwäge, dass hier von 11,36 her der Text aufgefüllt worden ist. V. 24aδ dagegen greift V. 12bβ auf und kann als originaler Abschluss der hier gemachten Aussage verstanden werden: 'und er wird es zum Ziel führen und er wird es tun' (vgl. die VV. 4b.8a.12b). Weiterhin problematisch sind die VV. 24b.25aα.β: V. 24bα variiert die Aussage über die Macht. V. 24bβ passt nicht an diese Stelle, weshalb dieser Begriff mit V. 25 zu verbinden ist. Der Zusatz, der also über die heutige Versabteilung zwischen V. 24 und 25 hinwegging, lautete wohl: ועל עם קדשים שׂכלו והצליח. V. 25aβ weist auf dieselben Redaktoren zurück, denn er interpretiert V. 24aδ. Der Originaltext mit Präformativkonjugation liegt dann wieder ab V. 25aγ vor (ab ובלבבו). Der Abschluss von V. 25 beendete die Deutung mit einer positiven Wendung: 'und durch Nicht-Hand wird er zerbrochen'. Diese Andeutung von Hoffnung ist dann später mit der Erinnerung der Zielaussage von V. 14 noch verdeutlicht worden: V. 26a greift bewusst dieses Berechnungsschema auf und vergewissert es. V. 26b ist der Abschluss des originalen Deuteteils und greift mit חזון zurück auf die VV. 17 und 1, steht aber in Spannung zu V. 16b. V. 27 ist der Abschluss des gesamten zweiteiligen Textes. Er steht in Korrespondenz zu den VV. 1.15 ('ich Daniel').16.17 (מראה, בין). Die Aussage über die Krankheit korrespondiert dem Erschrecken in V. 17. Ich schlage vor, die Angaben zu seiner Weiterarbeit am Königshof (V. 27aβ) der Verankerung mit V. 1a zuzuordnen.

Diese Rekonstruktion zu Dan 8 hat einen gut verständlichen **Grundtext** erschlossen, der eine Vision und deren Deutung bietet. Sowohl Vision, als auch Deutung werden eigens eröffnet und am Ende abgeschlossen. Beide Teile haben Unterszenen, die das Geschehen genau berichten: VV. 1b.2aβ.bβ.3aα (Einleitung der Vision); VV. 3aβ-4 (Widderszene); V. 5aα (Einleitung eine Unterszene); VV. 5aβ-8a (Szene mit dem Ziegenbock); V. 8b* (die vier Hörner); VV. 9.10a.b*.12b (das eine Horn); VV. 15-17a (Einleitung der Deutung, davon in den VV. 15bβ-17aα ein Visions- und Auditionsgeschehen); VV. 17b.20-22.23aα.b.24aα.δ.25aγ-b (die Deutung); V.

26b (Anweisung an den Visionär); V. 27aα.b schliesst die gesamte Darstellung ab. Dieser Text ist mehrmals redaktioniert worden. Als **erste Bearbeitung** sei die Verbindung zu den vorhergehenden Kapiteln bestimmt: VV. 1a.27aβ. Eine **zweite Bearbeitung** hat Antiochos IV. Epiphanes noch deutlicher benannt, mit Dan 11 verbunden und erste sachliche Erweiterungen eingetragen: VV. 2aα.γ.bα.11a.bα.18-19.24aγ.Die **dritte Bearbeitung** hat diese Ergänzungen weiter ausgestaltet und dabei das Frevelhafte unterstrichen: VV. 10b (ומן הכוכבים).11bβ.12a.23aβ.24aβ.bα-25aβ. Vielleicht als **letzte Bearbeitung** wurden dann die zeitlichen Berechnungen eingefügt: VV. 13f.26a. Als späte **Glosse** verstehe ich in V. 8b den Begriff חזות.

7.9 Daniel 9

Auch die Untersuchung von Dan 9 wird erst einmal ganz an den beobachtbaren philologischen, terminologischen und formalen Erscheinungen interessiert sein. Das Ziel muss wiederum darin bestehen, die älteste schriftliche Textgestalt zu erschliessen.

V. 1 datiert in die Regierungszeit des Meders Darius und verbindet so mit 6,1.29. Neu ist die Angabe des Vaternamens und der relative Anschluss über die Einsetzung zum König. Der Terminus von der 'chaldäischen Königsherrschaft' verbindet zu 5,30. Dieser erste Vers gehört also der Schicht zu, die das gesamte Datierungssystem auf die Geschichten gelegt hat. Ob dies allerdings von einer Hand geschehen ist, muss jetzt noch offenbleiben. V. 2aα fällt vor allem dadurch auf, dass er die Datierung noch einmal wiederholt. Dass dieser Textteil sekundär ist, ist allgemeine Meinung. Unklar bleibt, warum er eingesetzt wurde. Reinhard Gregor KRATZ macht dafür den Versuch verantwortlich, den Anfang von Dan 9 dem von Dan 10 gleichzugestalten: An beiden Stellen folge auf die Datumsangabe der Name des Regenten, dann ein mit אשר eingeleiteter Rückverweis, sodann die Wiederaufnahme der Datierung, die zum Ich-Bericht überleitet.[303] Allerdings sind die Parallelen nicht wirklich exakt. In Dan 10 wird die Datierung mit anderen Worten aufgegriffen; dort erklärt der אשר-Satz den Visionär näher und nicht den Monarchen; dann sagt 10,1b etwas über die Fähigkeiten des Visionärs aus; schliesslich ist der gesamte V. 1 in Dan 10 eine Überschrift, die in der 3. Person von Daniel redet, wogegen mit V. 2 der Text in die 1. Person wechselt. Da ist eine neue Zeitangabe sinnvoll. Alle diese Gegebenheiten liegen in Dan 9 nicht vor. Es muss also eine andere Erklärung gefunden werden. Ich erwäge, dass die nähere Erklärung des Monarchen in V. 1b später hinzugesetzt worden ist, weshalb ein Ergän-

[303] WMANT 63, 41f, Anm. 118.

zer in V. 2aα die Datierung noch einmal einfügte. Diese Datierung ist also eine Verstärkung. Mit V. 2aβ.γ liegt die eigentliche Eröffnung des Textes vor. Sie knüpft mit אני דניאל und בין an 8,1.27 an und formuliert mit AK – 'ich war achthabend' – die Handlungsweise des Daniel. V. 2b benennt das Problem, das behandelt werden soll: es geht um die Bedeutung der 70 Jahre, von denen Jeremia spricht. Der Begriff דבר יהוה ist offensichtlich die Folge der Zitation (vgl. 2 Chron 36,21f). V. 3a beschreibt das flehentliche Beten zu Gott. In der Anrede, die hier berichtet wird, verwendet der Beter nicht den Gottesnamen, sondern die Bezeichnung אדני האלהים. Diese Terminologie der Anrede wird auch weiterhin auffallen. V. 3b unterstreicht die Entschiedenheit des Betens. Das Geschehen wird narrativ eröffnet und über eine Infinitiv-Konstruktion weitergeführt.

V. 4 verwendet überraschend Narrative, wiederholt aber im Grunde die Aussagen von V. 3. Es fällt die neue Begrifflichkeit פלל, יהוה אלהי und ידה auf, die in V. 20 wiederbegegnet. Dort allerdings wird wegen der Rückkopplung zu V. 4 partizipal konstruiert. Offensichtlich rahmen die VV. 4.20 einen Zusatz in unserem Kapitel. In der Tat schliesst V. 21 an V. 3 an.[304] Jetzt muss aber erst der Zusatz analysiert werden.

V. 4a (+ ואמרה) ist die mit V. 20 korrespondierende Einleitung zur Erweiterung. Mit V. 4b beginnt dieser zusätzliche Textkomplex. V. 4bα ist durch Anrede bestimmt (אדני). Dagegen wechselt V. 4bβ in die 3. Person, in der typisch deuteronomistische Aussagen über Gott gemacht werden. Dieser schon in V. 4b feststellbare Personenwechsel und die Gottesbezeichnungen werden als hauptsächliche Anzeichen einer möglichen Inkonsistenz des zusätzlichen Textes besonders zu beachten sein. V. 5a fährt mit Selbstaussagen des Beters über sich und seine Gemeinschaft fort. V. 5b fasst diese Behauptungen mit einer Infinitivaussage zusammen, die sich in der 2. Person an Gott wendet. V. 6 führt diese Anrede an Gott durch das Aufgreifen des typisch deuteronomistischen Prophetenbildes weiter. Die besondere Nennung der 'Väter' schlägt vielleicht eine Brücke zum 'Gott meiner Väter' in 2,23. V. 7 führt den Gedanken weiter, indem er das Wesen Gottes und das der Gemeinschaft, die sich durch den Beter artikuliert, einander gegenüberstellt. Interessant ist die differenzierende Sicht von der Gemeinschaft Israels, die keine Wertunterschiede zwischen den Exulanten und den in Juda Lebenden kennt. Die das Exil ausdrücklich theologisch deutende Sprache – נדח Hif'il – sei besonders vermerkt. V. 8 behält zwar die 2. Person der Anrede an Gott bei, fällt aber durch die Gottesbezeichnung יהוה

304 Die Anmerkung von BHS, dass die VV. 4-22 sekundär seien, halte ich für zu weit gehend.

und dadurch auf, dass die bisherigen Aussagen wortgleich wiederholt werden: zu V. 8aα vgl. V. 7aβ, zu V. 8aβ vgl. V. 6aβ, zu V. 8b vgl. V. 5aα. Dieser Vers wirkt wie eine verdeutlichende Randbemerkung, die später in den Text gekommen ist. Sie sei deshalb als sekundärer Bestand eingeschätzt. V. 9a schliesst die Gegenüberstellung von Gott und Israeliten von V. 7 ab, indem er das Wesen Gottes (angeredet mit: לאדני אלהינו) noch einmal hervorhebt. V. 9b aber greift wiederholend eine Aussage von V. 5 auf (מרד) und spricht von Gott in der 3. Person. V. 10 führt diesen Text in der 3. Person fort. Gott wird als יהוה אלהינו benannt, die Propheten jetzt als Vermittler der 'Weisung'. V. 11a formuliert wieder eine Anrede an Gott, indem er das 'Übertreten der Weisung' bekennt und den Gedanken des 'Abweichens' (V. 5) abwandelt. V. 11b wechselt wieder in die 3. Person der Rede über Gott. Hervorgehoben wird Mose, 'der Knecht von האלהים'. Besonders fällt auf, dass jetzt das Stilmittel des Narrativs Verwendung findet. Es begegnet noch in den VV. 12.14, die sich somit als formal zusammengehörig erweisen. Allerdings bedarf die Zuordnung von V. 13 in diesem Zusammenhang einer besonderen Prüfung. V. 12 benennt das Thema der 'Richter' und bewertet die Sünde des Volkes superlativisch. V. 13a schliesst sich an diese Bewertung an, indem er die schlimmen Taten als schon in 'der Weisung des Mose' geschrieben klassifiziert. V. 13bα benennt den wichtigen Gedanken der kultisch-liturgisch geformten Fürbitte (חלה את פני Piʿel) und bezeichnet Gott mit יהוה אלהינו. Allerdings fällt V. 13bβ dadurch aus diesem Zusammenhang heraus, dass er Gott wieder in der 2. Person anredet. Könnte es möglich sein, dass diese wie in V.11a mit Infinitiv konstruierte Aussage ursprünglich mit jener verbunden war: 'und ganz Israel übertrat deine Weisung und wich ab, damit es nicht hören (musste) auf deine Stimme ... und nicht achthaben (musste) auf deine Wahrheit'? Jetzt ist diese Aussage in einen ähnlichen Zusammenhang eingerückt: '*und nicht haben wir Jahwe, unseren Gott, mit Bitten bestürmt, um nicht von unseren Sünden umkehren* und auf deine Wahrheit achthaben zu müssen'. V. 14 führt den narrativ gestalteten Text weiter, verbindet in den Bezeichnungen Gottes יהוה und יהוה אלהינו und greift schon angesprochene Themen auf (vgl. die VV. 7 ['Gerechtigkeit'].10 ['Hören auf seine Stimme']). V. 15 beginnt mit dem Gliederungssignal ועתה, führt die Anrede Gottes in der 2. Person weiter – hat deshalb auch wieder אדני אלהינו – und integriert zwei entscheidende Themen: Herausführung aus Ägypten und die Bedeutung des Namens Gottes. Er schliesst ab mit dem erneuten Bekenntnis der Sünde. Dieses Bekenntnis führt nun V. 16 weiter, indem er die Gnade Gottes (angeredet mit אדני) auf Jerusalem und den Tempel konzentriert. Hiermit klingt das Ziel des ganzen Gebets schon auf. Darauf spitzt nun V. 17 zu: Herausgehoben mit einem neuerlichen ועתה bringt sich der Beter selbst in's Blickfeld (seine Situation wird in den VV. 3 und

4 ausgestaltet werden) und formuliert mit der Bitte um Hoffnung für den 'verwüsteten' Tempel sein Anliegen. Dabei wird Gott jeweils für sich angesprochen als אלהינו und als אדני. Die VV. 18f stellen die zusammenfassende Schlussbitte dar. Gott wird als אלהי und אדני angeredet. Theologisch eigenständig, wenn auch mit den schon verwendeten sprachlichen Mitteln, ist V. 18b formuliert. Beide Verse greifen das Thema des Namens Gottes auf, der Jerusalem und dem Volk zugeordnet wird.

Natürlich muss der Versuch der Rekonstruktion einer ursprünglichen Gebetsfassung hypothetisch bleiben. M.E. lässt sich aber ein Text erstellen, der durchgehend Gott anredet, aber den Jahwe-Namen nicht nennt, und eine gute Einheit bildet: VV. 4bα* (ohne ואמרה).5-7.9a.11a.13bβ.15-19. Dieser Text hat zwei Elemente – ein Sündenbekenntnis und eine Bitte. Beide sind an der Nahstelle miteinander verzahnt: Sündenbekenntnis – VV. 4bα.5-7.9a.11a.13bβ.15b.16bα; Bitte – VV. 15a.16a.bβ.17-19. Dieser älteste Gebetstext ist zugespitzt auf die Hoffnung für Jerusalem entgegen dessen Verwüstung, entspricht also der Problemlage dieses Zusammenhangs im Danielbuch. Bei der Verbindung dieses Textes mit Dan 9 wurden noch weitere Themen eingearbeitet bzw. vorhandene ausgestaltet: 'Bund und Gnade' – V. 4bβ; 'Leben nach der Weisung' – V. 10 (von nun an mit dem Jahwe-Namen). Dabei wurde auch der narrativ konstruierte Komplex der VV. 11b.12.13a.bα.14 eingetragen. Der Jahwe-Name in diesen Versen sowie in V. 4a.bα und V. 20 zeigt, dass auch die Zusätze von dem Redaktor stammen, der das Gebet in Dan 9 eingefügt hat. Mit Hilfe von V. 20 hat er den Textabschluss verankert. Dabei greift er neben der Beziehung zu V. 4a (s.o.) auch auf V. 18 zurück (נפל, חנן לפני) und auf V. 21 voraus (ועוד אני מדבר).

Der an V. 3 anschliessende V. 21 verbindet mit Dan 8, indem er Gabriel als Gegenüber des Daniel nennt. Allerdings fällt gegenüber 8,15 die Kennzeichnung dieser Gestalt als האיש auf. Ausserdem ist der Text problematisch. Ich lasse den masoretischen Text im wesentlichen stehen: 'ermüdend in der Ermüdung war er mich berührend zur Zeit der Abend-Mincha'.[305] V. 22 hat wieder drei Narrative, die das Handeln des Gabriel schildern. Mit Sicherheit hat der Text mit 'und er kam' (ויבא) ursprünglich begonnen. V. 22b.23 sind die Einleitung der Deutung, hervorgehoben durch עתה, den Anklang an V. 2f und die Hervorhebung Daniels. Die mit V. 24 beginnende Deutung stellt ein eigenständiges textliches Problem dar und bedarf besonderer Prüfung. Das zeigt wieder der jüngste Versuch, den Antti LAATO

[305] Ich lese also לעת.

vorgelegt hat.[306] Ich halte auf der Basis seiner Erkenntnisse eine neuerliche Sicherung des Textes für notwendig:[307]

24.1 'Siebzig Siebenheiten sind verhängt
2 über dein Volk und über deine heilige Stadt,
3 um zu beenden die Sünde[308]
4 und um voll zu machen die Sünde[309]
5 und um zu sühnen die Schuld
6 und um zu bringen ewig währende Gerechtigkeit
7 und um zu bestätigen Gesicht und Prophetie
8 und um zu salben das heiligst Heilige.
25.1 Und erkenne und wisse:
2 Vom Ausgehen des Wortes,
3 dass zurückgeführt und aufgebaut werden solle Jerusalem
4 bis zu einem gesalbten Fürsten –
5 sieben Siebenheiten.
6 und zweiundsechzig Siebenheiten lang
7 kehrt sie zurück und wird wiedererbaut
8 Platz und Graben
9 unter dem Druck der Zeiten.
26.1 Und nach den zweiundsechzig Siebenheiten
2 wird beseitigt ein Gesalbter
3 und nichts bleibt ihm.[310]
4 Die Stadt aber und das Heiligtum[311]
5 vernichtet wird es von einem Fürsten.[312]

306 A. Laato, ZAW 102 (1990) 212-225.

307 Vgl. meinen Aufsatz in BETL CVI, 484-489. Wegen M. Albani, Astronomie, bes. 95f.244-251, übersetze ich den Begriff (שׁבעים) שׁבעים mit '(siebzig) Siebenheiten'.

308 Hier gebe ich das masoretische Q^{e}re. Das K^{e}tib, das die Masoreten aber korrigieren, lautet: 'um zu hemmen die Sünde'.

309 Hier gebe ich auch das masoretische Q^{e}re. Das K^{e}tib lautet: 'um zu erfüllen die Sünden'.

310 Diese Wortfolge wird gern erweitert, z.B. mit 'Recht' oder 'Mühe' (so BHS). A. Laato, a.a.O., 220, Anm. 22, verbindet mit (ו)העיר: 'die Stadt wird ihm nicht länger gehören'.

311 Hier verbindet A. Laato, a.a.O., von והקדשׁ bis נגיד.

312 Gegenüber der masoretischen Vokalisation lese ich עַם statt עָם. Die Masoreten scheinen auch nahelegen zu wollen, dass 'vernichtet werde das Volk eines Fürsten'. Dann ist aber der Zusammenhang zu והעיר והקדשׁ unklar. Ich denke, dass der Konsonantentext als Auslegung von 7,25 verstanden werden kann.

6 Und es kommt das Ende in der Flut.[313]
7 Und bis zum Ende ist Krieg,
8 vorherbestimmte Verwüstung.[314]
27.1 Aber doch erweist sich als stark der Bund der Vielen[315] –
2 eine Siebenheit lang.
3 Und zur Hälfte der Siebenheit
4 wird ein Ende bereitet dem Schlachtopfer und dem Speiseopfer.
5 Und auf dem Flügel des Greuels[316] ist Verwüstung,
6 bis dass Vertilgung und Beschlossenes
7 sich ergiessen wird auf den Verwüster.'

Es fällt auf, dass dieser Text bis zur Aussage 27.4 einen eigenständigen Charakter hat. Die letzten Feststellungen aber (ab 27.5) stehen in deutlicher Korrespondenz zur Zielaussage des Gebets: Mit der Thematik der 'Verwüstung' wird das Thema von 9,17; 11,31 aufgegriffen, das dann wieder in 8,13; 12,11 begegnen wird. V. 27bβ geht also auf die zurück, die auch 9,17; 11,31 in die Danielbibliothek eigentragen haben.

Diese Analyse von Dan 9 hat einen **Grundtext** ergeben, der im Anschluss an die erlebten Visionen um die Frage des richtigen Verstehens in der Auseinandersetzung mit aus der Tradition überkommenen Aussagen ringt. Daniel bittet um himmlische Hilfe bei diesem Bemühen, die er aus dem Munde des Gabriel erhält. Dieser Textebene gehörten an die VV. 2aβ.b.3.21-27bα. Die **erste Bearbeitung** fand statt, um diesen Text dem jetzigen Schema des Buches einzufügen, indem die Datierung mit V. 1a vorangestellt wurde. Die **zweite Bearbeitung** hat die Möglichkeit des Betens des Daniel ausgestaltet, indem das Gebet eingefügt und im jetzigen Zusammenhang verankert wurde: VV. 4-7.9-20. Jetzt sei nur erinnert, dass dieses Gebet ursprünglich ein sehr viel kürzerer und formal klarer aufgebauter Text war (vgl. die VV. 4bα*.5-7.9a.11a.13bβ.15-19), der aber von dem, der ihn in Dan 9 eingefügt hat, erweitert worden ist. Von dieser

313 Hier korrigiere ich mit der textkritischen Anmerkung zu ובא הקץ.

314 Anders ist das Partizip Nifʿal nicht zu übersetzen (vgl. D. N. Freedman, J. Lundbom, ThWAT III [1982] 234). M.E. darf dieser Versteil nicht gestrichen werden (gegen BHS), denn in V. 27b ist vom Verwüster die Rede.

315 Vgl. für diese Übersetzung J.-Chr. Lebram, VT 20 (1970) 513f.

316 Pl. שקוצים dürfte das Ergebnis der fehlerhaften Doppelschreibung des מ bei משמם sein (vgl. 11,31; 12,11). Die Überlegungen zu ועל כנף sind interessant, entbehren aber der echten textlichen Grundlage. Nur die Variante der Septuaginta sollte beachtet werden, wenn sie nicht lediglich eine Interpretation des schwierigen Textes darstellt: 'und über dem Heiligtum'.

Hand dürfte auch die Erweiterung der Deutung auf die Tempelzerstörung stammen: V. 27bβ. Letzte erweiternde und verdeutlichende **Zusätze** liegen vor mit den VV. 1b.2aα.8. Damit sind aber keine neuen Sachakzente eingetragen worden.

7.10 Daniel 10

Obwohl Kapitel 10 nicht selbständig für sich existiert, sondern in den Zusammenhang der Kapitel 11f gehört, soll es hier der Übersichtlichkeit willen für sich betrachtet werden. In seiner textlinguistischen Untersuchung hatte Bernhard HASSLBERGER die VV. 2-20aα (bis באתי אליך) als spannungsfreien Text bestimmt.[317] Damit kommen zumindest V. 1 und der Text ab V. 20 als problematisch in den Blick. Neben der Diskussion dieser Phänomene – die dazu zwingen wird, über die heutige Kapitelgrenze nach Dan 11 hin zu arbeiten – wird aber auch der gesamte Textbestand eigenständig geprüft werden müssen.

V. 1aα datiert das Geschehen in das 'dritte Jahr des Kyros' und schafft so das Problem des Verhältnisses zur Datierung in 1,21, wo das Wirken des Daniel bis zum 'ersten Jahr des Kyros' bemessen wird. Offensichtlich nehmen hier Jüngere auf dieses Schema Bezug, setzen aber eigene Akzente, die extra diskutiert werden müssen.[318] V. 1aγ erinnert durch den Hinweis auf die Umbenennung des Daniel 1,7; 2,26; 4,5f.15f; 5,12. Neu ist hier die Verwendung des Verbs קרא, die aber sicher durch die gewählte Struktur des Nebensatzes bedingt ist. D.h., dass V. 1a auf den schon vielfältig bearbeiteten Text der Erzählungen und Traumdeutungen zurückschaut. V. 1b schlägt vor allem die Brücke zu den Kapiteln 8f. צבא גדול erinnert 8,9f.11a.12a, was nicht heisst, dass damit alle dort differenzierten Schichten vorausgesetzt werden. אמת erinnert an die junge Notiz in 8,26a. Das Thema von בינה ist bestimmt von 8,27; 9,2.22 und wird wieder in V. 12 vorkommen. Die Bezeichnung der Schauung als מראה erinnert an 8,16.27; 9,23. V. 1 stellt also bewusst den Zusammenhang zu diesen Kapiteln her und ordnet somit das jetzt berichtete Geschehen einem bestimmten Zeitpunkt zu. M.E. gehört auch die Notiz V. 2a derselben Hand an. Sie greift die Datierung von V. 1aα nach den inzwischen gegebenen anderen Erläuterungen wieder auf.

Dagegen beginnt der Originaltext in V. 2b wie auch in Dan 9 mit 'ich, Daniel'. Es wird vermerkt, dass der Visionär über einen bestimmten Zeitraum

[317] Hoffnung, 142.

[318] Die Veränderung zu τω πρωτω in einer griechischen Tradition ist eine Angleichung an das Schema von 1,21.

hin Trauerbräuche beachtet. Ein Grund für diese Handlungsweise wird nicht angegeben. V. 3a beschreibt in drei afformativ konstruierten Handlungen das Trauern des Daniel und kennzeichnet somit die ihn in dieser Zeitspanne bestimmenden Verhaltensweisen. Dieses Fasten entspricht nicht dem Verzicht auf die königlichen Speisen in 1,8ff, denn Daniel verzichtet jetzt auf prinzipiell reine Dinge. Sein Fasten gehört also nicht dem treuen Bekennen der Glaubensidentität zu. V. 3b greift noch einmal die zeitliche Begrenzung auf 'drei Wochen' auf. V. 4 blickt auf einen bestimmten Zeitpunkt innerhalb der Fastenperiode und benennt den Standort des Daniel. Die nähere Erklärung הוא חדקל (V. 4bβ) greift die theologische Geographie von Gen 2,14 auf und stellt hier eine später eingetragene Glosse dar.

V. 5a beschreibt formal identisch mit 8,3a den Beginn des Visionserlebnisses. Mit Hilfe von Narrativen werden die jeweils einmaligen Handlungen des Daniel bezeichnet. Das hinweisende Element והנה eröffnet die Schauung. Die Gegenwart eines durch seine Kleidung auffallenden 'Mannes' wird in V. 5aβ.b beschrieben. Diese Beschreibung setzt sich in V. 6 fort. Allerdings werden jetzt die Vergleichsgrössen mit כ angeschlossen. Darf bei der Beschreibung der Arme und Füsse als 'erzen' an 2,32 gedacht werden? In Anknüpfung an die bisher genau bezeichneten Begegnungen in 8,15f; 9,21 sei versuchsweise an Gabriel gedacht. Allerdings sind noch Argumente für diesen Rückschluss beizubringen. V. 7 setzt neu ein, indem er das Schauen des Daniel afformativ beschreibt (vgl. V. 3). Über V. 7a und 7b wird dramatisch die Einsamkeit des Daniel beschrieben. Ist sie erst eine innere Einsamkeit, weil keiner an seinen Erlebnissen teilhaben kann, so wird sie auch zu einer äusseren Einsamkeit, weil ihn die noch Anwesenden fliehen. Die endgültige Situation wird beschrieben in V. 8aα. Mit V. 8aβ wird wiederum mit Narrativ sein Schauen vermerkt. Da im folgenden weithin ein Auditionsgeschehen geschildert wird, verbindet diese Notiz offensichtlich zurück mit V. 5. Daran schliesst sich die Bezeichnung körperlicher Folgen an. Es fällt auf, dass der Verlust der Kraft mit leichter Variation sowohl in V. 8aγ als auch 8bβ ausgesagt wird. Die zweite Ausdrucksmöglichkeit begegnet auch in 10,16 und 11,6, so dass wohl die Notiz in V. 8aγ eine Glosse ist, die aus der Begrifflichkeit des direkten Zusammenhangs konstruiert und hier in den Text eingetragen wurde. V. 9 wechselt über zum Hinweis auf die Audition. Auch dabei werden körperliche Folgen bezeichnet. Allerdings fällt auf, dass beide Aussagen doppelt im Text stehen. M.E. passt die narrative Ausdrucksweise gut in die Reihe der VV. 5.8aβ. Ich bestimme deshalb den afformativ konstruierten Satz in V. 9bα als Glosse. V. 9bβ führt in die Nähe zu der als sekundär bestimmten Notiz in 8,18. Da er aber durch die Hinzufügung von ופני ארצה besser an 8,18 angepasst wurde – V. 9bγ ist nur als Glosse bestimmbar –, tritt uns also hier die ursprünglichere Ausdrucksweise entgegen.

V. 10 verlässt die Kennzeichnung von Voraussetzungen und beschreibt neues Geschehen, eingeleitet durch והנה. Jetzt wird die eröffnende Handlung mit Afformativkonjugation bezeichnet und die Folgehandlung mit Narrativ. Da keine Person genannt wird, sei geschlussfolgert, dass es sich um dieselbe der VV. 5f, also um Gabriel handelt. V. 11 beginnt das Auditionserlebnis. Die redende Person spricht Daniel wie in 9,23 an (איש חמדות) und gibt sich somit als Gabriel zu erkennen. Allerdings unterbricht V. 11b das Auditionsgeschehen, indem er eine Veränderung des Daniel als Befolgung des gegebenen Befehls beschreibt (vgl. auch V. 15a – allerdings schaut hier diese Notiz zurück). Ich möchte daraus aber keine literarkritischen Konsequenzen ableiten. V. 12 wird die Rede des Gegenübers – also des Gabriel – erneut eingeleitet (אל תירא) und weitergeführt. Dabei greift בין zurück auf die VV. 1b.11a und deutet durch die Verwendung von ענה II Hitpa^cel die Trauerbräuche in VV. 2f als Demütigung. Im ganzen versteht dieser Vers die Trauerbräuche überhaupt als Vorbereitung auf apokalyptische Visionen und Auditionen. V. 13 berichtet Gabriel über himmlisch-jenseitiges Geschehen. Er beschreibt sich selbst als diesem Geschehen einbezogen. Daniel dagegen 'sieht' jetzt nichts. Er erlebt nur die Beschreibung von Geschehen. Wie ist das Verhältnis des Gabriel zum 'Fürsten der persischen Königsherrschaft' zu bestimmen? עמד לנגדו bezeichnet in 8,15 und 10,16b keinerlei feindliches Gegenüber. Für V. 13aα legt dies aber die Rede von der 'Hilfe' in V. 13aβ nahe. Ausserdem muss V. 13 wohl von V. 20 her verstanden werden. Mit והנה wird jetzt eine Wende in dem Erleben bezeichnet, das Gabriel berichtet. V. 13b ist problematisch: 'und ich blieb übrig dort neben den Königen von Persien'. Die Änderung in 'und ich liess ihn dort zurück nebem dem Fürsten der Könige von Persien' harmonisiert mit den VV. 13 und 14. Ich möchte erst einmal den sperrigen Text stehenlassen. V. 14 gibt den Schlüssel zum Verstehen des gesamten Erlebnisses: Die redende Person – nämlich Gabriel – hat die himmlische Welt verlassen, um Daniel das dort ablaufende Geschehen als eines zu erklären, das Daniels Volk im Sinne endzeitlicher Prozesse betrifft (der Verfasser bezieht zurück auf 2,28aβ). Der erklärende Nachsatz – 'denn wieder ist es ein Gesicht für Tage' – verwendet zwar überraschend חזון, sei aber doch dem Grundtext zugeordnet. V. 15 schliesst diese Audition ab und berichtet eine persönliche Reaktion des Daniel. Durch bewusste Wiederholung von V. 11b wird das Geschehen dem dortigen Moment in der Handlung parallelisiert. Jetzt aber vermittelt diese Notiz auch nach vorne, indem in V. 15b ein nicht vorbereitetes Verhalten des Daniel berichtet wird.

V. 16a leitet mit והנה eine neue Etappe des Geschehens ein. Da kein besonderes Visionserlebnis vermerkt wird, entspricht dieser Moment des Geschehens offensichtlich dem von V. 10 (vgl. נגע). Allerdings wird eine neue Person eingeführt. Für die Bezeichnung der erlebten Person als כדמות בני אדם verweise ich auf 8,15.17 und Gen 1,26f; 5,3. Soll die Berührung der Lippen an die Entsühnung des Jesaja in Jes 6,7 erinnern? V. 16b schildert das Verhalten des Daniel mit drei Narrativen, kennt עמד לנגדי nicht in feindlichem Sinne und spricht wieder von körperlichen Folgen. Diese werden dann noch weiter in V. 17 angesprochen. V. 18 beschreibt die auf die Einrede des Daniel notwendige narrative Handlung. Neu ist die Beschreibung des Gegenübers als כמראה אדם. Mit Blick auf 8,15 halte ich das für eine mögliche Abwandlung gegenüber V. 10. D.h., hier wechselt der Text erneut zu Gabriel. V. 19 fällt durch viele Wiederholungen auf, ist aber wohl doch die ursprüngliche Beschreibung des Gestärkt-werdens des Daniel (V. 18 Ende). Wieder wird der befreiende Aufruf אל תירא aufgegriffen (vgl. V. 12), gekoppelt mit der Anrede des Daniel als איש חמדות (vgl. V. 11). In beiden Redewendungen gibt sich der Redende als Gabriel zu erkennen. Neu ist die Zusage des שלום.V. 19bα schliesst die Handlung des Gestärkt-werdens ab. Die zum dritten Mal verwendete Formel (vgl. die VV. 11b.15a, jetzt nur: וכדברו – da wieder eine andere Gesprächssituation berichtet worden war, musste sie wiederholt werden) schaut nun sowohl zurück, als auch voraus: V. 19bβ stellt Daniel sein Gestärkt-sein fest und fordert sein Gegenüber zum Reden auf.

V. 20 beginnt die Dan 11f umfassende Offenbarung. Die Rede wird narrativ auf der Ebene des Erzählers eröffnet. Ihre Eingangsfrage scheint sich auf die VV. 12b.14a zurückzubeziehen. V. 20aβ vermerkt die Notwendigkeit des Kriegführens (לחם) und befindet sich damit auf der Ebene des Geschehens, das dem Daniel nur als Bericht gegeben wurde. Wiederum ist der 'Perserfürst' Gegenüber der redenen Person (vgl. V. 13a), weshalb es sich hier wie dort um Gabriel handeln muss. V. 20b wechselt in der Rede des Gegenübers an den Daniel mit והנה zu einem weiteren Völkerfürsten. Die folgenden VV. 21 und 11,1.2a sind problematisch.[319] Dazu hat Pablo DAVID die These formuliert, dass der gesamte Textzusammenhang original sei.[320] Dabei trägt seine Beobachtung der parallelen Struktur innerhalb von Dan 10 – die VV. 5-14 seien parallel den VV. 16-21; 11,1f – die entschei-

[319] Es wurde schon erwähnt, dass B. Hasslberger, Hoffnung, 142, den Text ab ועתה אשוב in V. 20 bis einschliesslich 11,1 als Zusatz bestimmt. Dann sei hingewiesen auf die Erwägungen in BHS. J.-Chr. Lebram, ZBK 23, 114, meint, dass 10,21b-11,2a von einem späteren Abschreiber stammen.

[320] P. David, BETL CVI, 505-514.

dende Beweislast. Der Gedanke wird gleich ausführlich aufgegriffen werden. V. 21 sei hier aber erst einmal als glossierte Dublette verstanden: V. 21a ist eine erweiterte Dublette zu 11,2a. Sie ist vor die Glosse V. 21b in den Text gekommen, die ihrerseits den Michael als Helfer des Gegenübers des Daniel im Kampf hervorhebt, der gleichzeitig als Fürst des Volkes des Daniel bezeichnet wird. Da aber noch nicht klar ist, wer das Gegenüber des Daniel in den VV. 16f eigentlich ist, muss die Einführung des Michael mit Vorsicht aufgenommen werden. Offensichtlich hatte die Rede des Gegenübers des Daniel (V. 20) den V. 21 nicht als Bestandteil und ging auf alle Fälle mit 11,2a weiter. Wie ist aber 11,1 zu bewerten? Gemeinhin wird 11,1 mit 10,1 parallelisiert und damit den anderen Datierungsschemata des Danielbuches eingeordnet. Dann kann nur gelten: dieser Vers 'fällt völlig aus dem Rahmen'.[321] Wer ist aber das 'ich' dieses Verses? Wenn es nicht Daniel ist, dann könnte die Aussage Bestandteil der Offenbarung sein, die jetzt erteilt wird.[322] V. 1b spricht auch davon, dass dieses 'ich' Dritte stärken werde,[323] nämlich Michael/Israel. Ich lasse den vorliegenden Text gelten und formuliere die Hypothese, dass mit den VV. 1.2a die in 10,20 begonnene Offenbarung fortgesetzt wird. Zeitlich gesehen 'springt' das redende Gegenüber des Daniel von der Endzeitsituation (10,14.20) zurück zur Ausgangssituation dieses Endzeitkampfes (11,1). Ab 11,2b wird offensichtlich ein Geschehen dargestellt, das in Anschluss an den 'Meder Darius' (V. 1) bis in die Endzeitsituation mit dem 'Fürsten von Jawan' reicht. Damit greift dieser Text zurück auf 9,1 und 6,1.29a. Auch die Datierung in 10,1.2a passt gut in den jetzt gedachten Rahmen: Die Verfasser gehen von der Existenz eines Mederreiches unter einem Darius aus[324] und ordnen sich selbst in die Perserherrschaft ein. Erster Herrscher dieses Perserreiches ist ein Kyros (vgl. 6,29b; 10,1). Das nun mit dem folgenden Text enthüllte Geschehen nimmt diese Perserherrschaft in den Blick.

Bevor eine abschliessende Würdigung des originalen Textbestandes von Dan 10 möglich ist, muss die Anregung der Parallelität zweier Schilderungen in diesem Kapitel geprüft werden. Allerdings zeigt eine genaue Untersuchung des Textes gerade keine Parallelität der VV. 5-14 und 15-20; 11,1.2a. Vielmehr wird m.E. deutlich, dass drei Begegnungen geschildert werden, dies allerdings bei Verwendung ähnlicher Ausdrucksweisen.

[321] R.G. Kratz, WMANT 63, 19.

[322] Das ist die These von P. David, a.a.O. 512.

[323] Die Änderungen der syrischen Übersetzung glätten hier: jetzt stärkt jemand Drittes das in V. 1a hineingelesene 'ich', nämlich Daniel.

[324] H. Gese, in: Alttestamentlicher Glaube und Biblische Theologie, 304f.

VV. 5-14		*VV. 15-17*		*VV. 18-20; 11,1f*	
5f.	והנה איש אחד	16a	והנה כדמות בני אדם	18	כמראה אדם
7.8	המראה	16b	מראה		
8b	ולא עצרתי כח	16b	ולא עצרתי כח		
9b	רדם על פני	15b	נתן פני ארצה		
10	והנה יד נגעה בי	16a	נגע על שׂפתי	18	ויסף ויגע בי ויחזקני
11a	איש חמדות			19a	איש חמדות
11b	ובדברו עמי	15a	ובדברו עמי	19b	ובדברו עמי
12a	אל תירא			19a	אל תירא
12b	ואני באתי			20a	הידעת למה באתי
13a	והנה מיכאל			20b	והנה שׂר יון
14	ובאתי להבינך			11,2a	אמת אגיד לך

Diese Übersicht macht deutlich, dass hier drei verschiedene Begegnungen nach ähnlicher, aber eben nicht völlig gleicher Struktur geschildert werden. Die erste und die dritte Szene werden bis zur Ankündigung der Offenbarung geführt. Die mittlere Szene in den VV. (15.[325])16-17 stellt nur ein Zwischenerlebnis dar. Daniel begegnet unterschiedlichen Personen. Das Gegenüber in der ersten und dritten Szene ist *Gabriel* und das in der zweiten ist *Michael*. Diese Deutung würde die Analyse unterstützen, dass 10, 21b eine an dieser Stelle falsche Glosse darstellt. Ausserdem hiesse es, dass Gabriel derjenige sei, der in Dan 11 offenbarend tätig ist!

Folgende Zusammenfassung ist also zu Dan 10 möglich: Der **Grundtext** ist eine Erzählung, die in mehreren Szenen mit wechselnden Personen, die die Rolle des 'ich' übernehmen, aufgebaut ist: Szene I: VV. 2b-3 – Trauerbrauch ('ich' ist Daniel); Szene II: V. 4a.bα – Zeit- und Ortsbestimmung ('ich' ist Daniel); Szene III: VV. 5-6 – Vision ('ich' ist Daniel); Szene IV: VV. 7-8aα – Isolation von anderen ('ich' ist Daniel); Szene V: VV. 8aβ. b.9a.bβ – Vision und körperliche Folgen, Audition und körperliche Folgen ('ich' ist Daniel); Szene VI: VV. 10-11 – Hilfe und Rede mit Daniel ('ich' in Schilderung ist Daniel, 'ich' in Rede ist Gabriel); Szene VII: VV. 12-14 – Rede des Gabriel ('ich' in Redeeröffnung ist Daniel, 'ich' in Rede ist Gabriel); Szene VIII: V. 15 – Handlung des Daniel ('ich' ist Daniel); Szene IX: VV. 16-17 – neues Gegenüber für Daniel, Rede des Daniel ('ich'

325 4QDan^{c} hat hier וכדברו (E. Ulrich, BASOR 274 [1989] 21f). Gleicht hier der masoretische Text an V. 11b an, oder hat die alte Handschrift vom Ende des 2. Jh. v.Chr. an V. 19b angeglichen?

ist Daniel); Szene X: VV. 18-19 – Handlung und Rede des Gegenüber, Aufforderung an Daniel ('ich' ist Daniel); Szene XI: VV. 20; 11,1.2a – Rede des Gegenüber ('ich' ist wieder Gabriel). Dieser Grundtext wurde durch die **erste Bearbeitung** in den Zusammenhang des Danielbuches einbezogen: 10,1.2a. Die so vorgenommene zeitliche Zuordnung entspricht dem Selbstverständnis des Textes ab 11,2b. Eine **zweite Bearbeitung** sehe ich in den VV. 9bα.21b. Vielleicht muss V. 21a als **dritte Bearbeitung** gezählt werden. **Glossierende Zusätze** liegen vor in den VV. 4bβ.8aγ.9bγ.

7.11 Daniel 11

Mit V. 2b beginnt die schon in 10,20; 11,1-2a eröffnete Darstellung der Offenbarung. Der Text ist im wesentlichen einheitlich und schreitet von Aussage zu Aussage fort. Deshalb werde ich im Gesamtdurchgang einzelne Akzente hervorheben und zum Abschluss einige durchgehende Charakteristika prüfen.

V. 2b eröffnet mit הנה. Das folgende עוד stellt im oben erschlossenen Sinne den Rückbezug auf den gedachten ersten Perserherrscher her (6,29b; 10,1a), so dass von diesem Namen an die weiteren Könige gezählt werden müssten.[326] Das Ende von V. 2b ist sprachlich problematisch. Der masoretische Text könnte verstanden werden: 'er wird aufreizen das Ganze; das Reich Jawans'. V. 3 benennt eine neue Gestalt, den מלך גבור. Zu dieser Gestalt bietet dann V. 4 noch weitere Informationen. Warum kann der Text nicht beginnen: 'und mit seinem Auftreten'?[327] Diese Aussage würde ganz auf der Linie der sonstigen Terminologie des Kapitels liegen. V. 5a greift die Zerstreuung in alle vier Himmelsrichtungen auf (V. 4) und lenkt den Blick auf den 'König des Südens'. Damit ist diese Aussage zum Abschluss gekommen, weshalb das Atnach unter הנגב zu versetzen und bei ויחזק in V. 5b das ו zu streichen ist. V. 5b benennt eine neue Etappe: Einer der Generäle des 'Königs des Südens' gewinnt die Macht. V. 6 deutet ein besonderes Geschehen zwischen dem 'König des Südens' und dem 'König

[326] Selbstverständlich muss das hier vorliegende Geschichtsbild nicht exakt sein. Wir kennen ja auch nicht die Quelle, aus der der Verfasser geschöpft hat. Auf Grund unserer modernen Geschichtskenntnis kämen folgende vier Könige in Frage: Dareios I. Hystaspes (522-486 v.Chr.); Xerxes I. (486-465/4 v.Chr.); Artaxerxes I. Longimanus (465/4-425 v.Chr.); Dareios II. (424-404 v.Chr.). Letzterer wäre nach der vorgeschlagenen Zählung der vierte König. Zu ihm passt die hier gegebene Wertung ausgesprochen gut. Vgl. auch M. Delcor, BETL CVI, 365-386.
[327] Vgl. den Hinweis in BHS.

des Nordens' an.[328] Damit werden erstmals die beiden entscheidenden Kontrahenten dieses Textes genannt. Die VV. 7-8 sprechen von einem neuen Herrscher im Süden, der gegen den Norden Krieg führen wird und lange Zeit die Macht behalten kann. V. 9 benennt kurz den Versuch einer Gegenaktion. V. 10[329] thematisiert eine besonders machtvolle Aktion gegen den Süden, die mit einem Gegenangriff beantwortet wird (V. 11a). In den VV. 11b-12 wird dann dieses Kriegsgeschehen geschildert. V. 13 beginnt eine neue Aktion seitens des 'Königs des Nordens'. V. 13bα ist überfüllt. Im Vergleich zu V. 6a halte ich ולקץ שׁנים für original. Das העתים ist eine Glosse, die beeinflusst durch V. 6b Ende und V. 14 Anfang in den Text gekommen ist. V. 14 lenkt für diese Zeit überraschenderweise den Blick von der Ebene der Könige auf niedrigere Akteure, die sich den Aktionen des 'Königs des Nordens' anschliessen. Erstmals wird dabei auch auf Personen aus dem Volk des Daniel ('deinem Volk') hingewiesen, das Geschehen also von der internationalen Ebene auf die nationale der Juden bezogen. V. 15 kehrt in den internationalen Bereich zurück und beginnt die Schilderung des Kriegsgeschehens.[330] In dieses ist auch das Land Juda einbezogen (ארץ הצבי - V. 16b; vgl. 8,9). Mit dreimaligem וישׂם פניו (VV. 17.18.19[331]) werden Kriegsziele benannt und die Wende zum Scheitern geschildert.[332]

V. 20 redet von einer Zwischenperiode, die wohl vor allem der Heimat des Sehers gilt (הדר מלכות ist ja wohl eine Selbstbezeichnung, vgl. V. 16b), bevor dann mit V. 21 das weitere Geschehen eröffnet wird. Der Hinweis auf חלקלקות – 'Ränke' – deutet eine neue Dimension des politischen Handelns dieses Königs an. Zu V. 22 hebe ich vor allem die Probleme der zweiten Texthälfte hervor. Der masoretische Text hat hier 'und sie werden zerbrochen; und auch ein Fürst des Bundes'. Aus der Kairoer Geniza ist belegt: 'und auch zerbrochen wird ein Fürst des Bundes'. Offensichtlich ist am Text gearbeitet worden. Ich meine aber, dass auch V. 23 den lokalen Bereich Judas im Blick hat, so dass die Erwähnung des 'Fürsten des Bundes'

328 Das ist die zu Dan 2,43 angemerkte Eheverbindung des Jahres 252 v.Chr.

329 Ich belasse den pluralischen Beginn des Verses im Sinne des Q^e^re.

330 Sowohl 4QDan^c^ als auch 4QDan^a^ haben Afformativkonjugation mit ו, also auf futurisches Geschehen gedeutet: מלך הצפון ושפך (E. Ulrich, BASOR 268 [1987] 35 und BASOR 274 [1989] 22ff).

331 Ich beziehe hier das in den VV. 18.19 mögliche Q^e^re ein.

332 4QDan^c^ liest am Ende von V. 16 בעזו für בידו und am Anfang von V. 17 וישׂם את בינו לבא für פניו (E. Ulrich, BASOR 274 [1989] 22ff). Mit beiden Veränderungen interpretiert der Abschreiber im Sinne eines theologisierenden Arbeitsganges, wie er auch in früheren Traditionsphasen immer wieder festgestellt wurde!

in V. 22 zum Originaltext gehören dürfte. Das Thema der Intrigen wird mit dem Begriff מרמה – 'Trug' – weitergeführt. V. 24 deutet eine Steigerung gegenüber den Verhaltensweisen früherer Zeiten an, indem das Handeln dieses Königs von seinen Vorvätern abgehoben wird. Ich bleibe bei dem masoretischen Text: 'Mitten im Frieden – und in die besten Gegenden der Provinz kommt er. Und er wird tun ...' Auch hier ist die Intrige der höchste Gipfel verworfener Machtausübung (חשב מחשבות). Allerdings fällt das angehängte ועד עת auf und muss als sekundärer Zusatz bestimmt werden, der auf V. 27 vorgreift. V. 25aα nennt den 'König des Südens' als neues Ziel der Aktivitäten des Handelnden. Mit V. 25aβ wird der Blick auf die Massnahmen des 'Königs des Südens' gelenkt. Dabei werden intrigante politische Machenschaften als wirkungsvoller eingeschätzt als militärische Massnahmen, weshalb der 'König des Südens' keinen Erfolg haben wird. Diese so wirkungsvollen Intrigen werden dann in den VV. 26.27 andeutend geschildert. Dabei endet V. 27 mit der Feststellung, dass 'bis zum Ende noch ein Zeitabschnitt ist'. Der Text weiss zwar von eschatologischem Geschehen, redet aber hier davon gerade noch nicht (vgl. unten V. 35). V. 28 schaut offensichtlich – auch wenn das nicht genau gesagt wird – auf das Handeln des 'Königs des Nordens'. Das Geschenen spitzt sich auf Juda zu (ברית קדש). V. 29 erwähnt neue Kriegszüge des 'Königs des Nordens', die nun zur Konzentration des Geschehens auf Juda führen (VV. 30aβ-32a). Hervorgehoben sei hier nur, dass die Identität der Gemeinschaft von Juda wieder mit dem Begriff ברית קדש bezeichnet wird. V. 31b benennt die Eingriffe in den Tempelkult, die auch im Zusatz in 8,13 Erwähnung finden (vgl. 9,27; 12,11). V. 32b wird dann auf die Situation in Juda und dort auf das Schicksal einer bestimmten Gruppe zugespitzt. Diese Gruppe ist Trägerin der Sympathie des Verfassers. In welchem Verhältnis stehen der עם ידעי אלהיו (V. 32b) und die מַשְׂכִילֵי עם (V. 33)? Aber auch dieser Personenkreis ist nicht gefeit vor dem Scheitern (V. 35). Allerdings wird solchem Scheitern ein spezifischer Sinn zuerkannt: לצרוף ... ולברר וללבן. V. 35 schliesst mit dem Hinweis auf die eschatologische Wende und weist so auf V. 40 voraus. V. 36 wendet den Blick wieder auf den agierenden König. Sein gesamtes Tun, das auch für andere Religionen gotteslästerliche Dimensionen hat, wird gedeutet als זעם, 'Zorn' (vgl. 8,19 und Dan 9), der gewiss nur als Regung Gottes zu begreifen ist. V. 37 redet von Handlungsweisen, die sich sogar gegen die diesem König angestammte religiöse Tradition richten. M.E. ist die Notiz in V. 37a ועל כל אלוה glossierender Zusatz. Sie ist deutende Randbemerkung, die hier falsch in den Text geraten ist. Die VV. 38f beschliessen in bekanntem Sinne die Darstellung über diesen König. V. 39a muss dunkel bleiben: 'und er wird zu Befestigungen machen Festungen mit einem fremden Gott'.

Ab V. 40 wird schliesslich Endzeitgeschehen geschildert, wenngleich alles in Raum und Zeit der damaligen politischen Ereignisse angesiedelt wird. Es bleiben der 'König des Südens' und der 'König des Nordens' als Kontrahenten. Juda als ארץ הצבי und als Ort des הר צבי קדש ist weiterhin der Mittelpunkt (VV. 41.45). Die letzte und entscheidende Hoffnung wird merkwürdig verhalten und verneinend ausgedrückt: 'Und er wird kommen zu seinem Ende. Und nicht wird sein eine Hilfe für ihn' (V. 45b).

Eine ganze Reihe von Termini bestimmen diese Darstellung. Ich möchte einige herausheben. Sowohl ihre gleichartige Verwendung, als auch die gezielte Abwandlung des Sinnes zeigen die Einheit des Textes: Als Vokabeln für die Macht greife ich heraus עמד, חזק und עשׂה כרצונו; als Vokabeln der Niederlage לא עמד und כשל: עמד meint vor allem den Anfang einer Machtstruktur – VV. 2b.3.7.14.16b.20.21. Ausserdem wird mit Hilfe dieses Wortes auch die Fortdauer der Herrschaft bezeichnet – VV. 4a.8b.(16a). Eine besondere Bedeutung ist die Aufstellung von Truppen – VV. 11b.13a.(31a.). חזק beschreibt meistens den Erstarkungsprozess – VV. 5a.b.21b.32b. Dann benennt dieser Begriff auch das aktuelle Machtpotential – VV. 2b.7b. עשׂה כרצונו kennzeichnet den z.T. nur kurzzeitigen tatsächlichen Erfolg – VV. 3b.16a.36a. Mit Hilfe der Verneinung von עמד wird die Wende zur Niederlage gekennzeichnet – VV. 6b.15b (2x).17b.25b. כשל dagegen wird in unterschiedlichen Zusammenhängen benutzt – V. 14b als falsches Verstehen der Schauung (der Zeichen der Zeit?), V. 19b als Ende eines Herrschers, V. 33b als Hinrichtungen, V. 35a als Erliegen gegenüber Versuchungen (?), V. 41a für Kriegstote (?).

Abschliessend kann zusammengefasst werden: Der **Grundtext** von Dan 11 ist in mehreren Szenen gegliedert: VV. 2b-4; V. 5a; V. 5b; V. 6; VV. 7-8; V. 9; VV. 10-11a; VV. 11b-12; V. 13*; V. 14; VV. 15-19; V. 20; VV. 21-23.24*.25aα; VV. 25aβ-27; V. 28; VV. 29-32a; VV. 32b-35; VV. 36.37*. 38-39; VV. 40-45. Dieser Text wurde nur durch **Glossen** erweitert: V. 13 (העתים); V. 24 (ועד עת); V. 37 (ועל כל אלוה). Diese Glossen brauchen bei der Interpretation nicht weiter berücksichtigt zu werden.

7.12 Daniel 12

Erstaunlicherweise endet das Danielbuch mit zwei parallelen Abschlüssen – Dan 12,1-4 und Dan 12,5-10.13. Otto PLÖGER hatte die Entsprechung zwischen den Abschlussbemerkungen in V. 4 und in V. 13 hervorgehoben und den ersten Komplex Dan 11 und den zweiten Dan 10 zugeordnet.[333]

[333] O. Plöger, KAT 18, 170.

Jürgen-Christian LEBRAM setzte sie in das Verhältnis von Vision und Deutung, vergleichbar den Phänomenen in Dan 7 und Dan 8.[334] Bernhard HASSLBERGER hat ebenfalls die VV. 5-13 als Zusatz bestimmt,[335] der aber selbst auf mehrere Verfasser zurückgehe – vielleicht drei –, deren Zuordnung zueinander unklar bleiben müsse.[336] Meine Analyse des Textes geht davon aus, dass in 11,2b-45* Gabriel zu Daniel redet. Diese Rede ist eingeordnet in das Erlebnis des 'Schauens' (10,5.7) und 'Hörens' (10,9) seitens Daniels. Wenn jetzt nicht der Anfang eines besonderen Visionserlebnisses vermerkt ist – was auch nicht der Fall ist –, dann ist Dan 12* als weiterer Schritt des in Dan 10-11 Berichteten zu verstehen.

12,1 knüpft mit בעת ההיא an die Zeitbestimmung in 11,40 an. Jetzt wird von Michael in der 3. Person geredet. Sein Auftreten und Handeln wird mit dem bisher tragenden Begriff עמד beschrieben. Die Kennzeichnung als שׂר הגדול greift die Begriffe in 10,13.20 auf, stellt aber einen neuen Bezug her, indem der 'Fürst' jetzt nicht ausdrücklich einem Königreich zugeordnet sondern offensichtlich im Vergleich zu anderen 'Fürsten' – die jetzt gleichwohl nicht genannt sind – als 'gross' beschrieben wird. Zu der Formulierung העמד על בני עמך verweise ich auf עמד על in 11,14. (20.21). Kann jetzt ein feindliches Gegenüber zum eigenen Volk (vgl. dazu 11,14b) gemeint sein? Im Sinne der schillernden Aussage עמד לנגדו (10,13.16) sei hier die positive Bedeutung erwogen: Michael tritt für sein Volk ein. V. 2 bringt ein völlig neues Thema, das durch nichts vorbereitet wird, legt aber seinerseits die Grundlage für V. 3. In V. 2b muss das überzählige לחרפות als sekundäre Glosse bestimmt werden. Die VV. 1-3* stellen ein Lied dar, das in sich einheitlich ist. V. 4a beschliesst dieses Hoffnungsgedicht, indem er Themen aufgreift, die auch in 8,26b und 12,9 begegnen (סתם, חתם). Für עד עת קץ verweise ich auf 11,35.40; 12,9. In diese 'Endzeit' wird das Geschehen der VV. 1-3 eingeordnet (12,1: בעת ההיא). Steht V. 4b im Widerspruch zu V. 4a? Der masoretische Text lautet: 'viele durchforschen und gross wird das Wissen'. Die Versuche, die Textaussage in den direkten Zusammenhang einzupassen[337] zeigen, dass hier offensichtlich eine Randbemerkung in den Text gekommen ist, die auf der Grundlage von 12,10 formuliert wurde.

V. 5 setzt völlig neu ein. Er ist parallel zu 10,(5.)7 (vgl. 8,3.15) konstruiert. Jetzt wird die nächste Schauung im Rahmen der Vision und Audition von

[334] J.-Chr. Lebram, ZBK 23, 122.
[335] Hoffnung, 142.
[336] A.a.O., 370f.
[337] Vgl. den Vorschlag von BHS: "viele weichen ab und gross wird das Böse".

Kap. 10-11 berichtet. Mit V. 5 ging wohl ursprünglich der Originaltext nach 11,45 weiter, so dass 12,1-4* im ganzen als sekundär gegenüber diesem originalen Zusammenhang bestimmt werden muss.[338] Daniel nimmt jetzt zwei völlig neue Gestalten wahr. Die Lokalisierung im Umfeld eines Flusses greift die von 10,4 auf, allerdings hier mit anderer Terminologie (10,4: הנהר הגדול; 12,5: היאר). Die VV. 6.7 beziehen das Geschehen wieder auf Gabriel (vgl. 10,5). Lief die Darstellung bisher auf die eschatologische Dimension zu, so wurde diese jetzt erstmals eigens als Problem thematisiert. Die Antwort in V. 7 greift 7,25bβ auf und benennt noch eine weitere Ereignisfolge: 'wenn zu Ende ist die Zerschlagung der Kraft des heiligen Volkes'. V. 8 bringt ein retardierendes Element, indem er das Unverstehen des Daniel und seine Frage, 'wie dies ausgehe', ausspricht. V. 9 antwortet und entlässt Daniel in das normale Leben und verpflichtet ihn zum Verbergen seines Sonderwissens bis zum Ende. Damit ist hier der Aussagestand erreicht, der in V. 4a wiederholt wird. V. 10 beschreibt den Zeitraum bis zum 'Ende'. Die Aussagen, die in 11,35 den Lehrern galten, werden jetzt auf die Allgemeinheit bezogen: 'so dass viele gereinigt, reingewaschen und geläutert werden, während die Gottlosen gottlos handeln und kein Gottloser Einsicht gewinnt, die Lehrer aber doch lehren'. Ich denke, dass die letzte Notiz Daniel im Blick hat. Bezogen auf ihn wird dann beispielhaft für alle Lehrer die Hoffnung ausgedrückt: 'und du wirst aufstehen zu deinem Lohn am Ende der Tage' (V. 13, vgl. auch 2,28aβ; 10,14). Dagegen sind die VV. 11.12 sicher als sekundär bestimmt. Sie gehören in den Zusammenhang von 8,13f.26a.

Diese Untersuchung des Textes von Dan 12 hat wahrscheinlich gemacht, dass die **Grundschicht** dem Grundtext von Dan 10-11 als neue Visionsetappe zugehört: VV. 5-10.13. Eine **erste Bearbeitung** hat das Michaellied eingebaut und mit V. 4a verankert: VV. 1-2a.b*.3-4a. Auf dem Wege einer **zweiten Bearbeitung** wurde die Tagesberechnung der Dauer bis zum Ende hier gegenüber 8,13f.26a eigenständig erneuert: VV. 11.12. Eine vielleicht noch jüngere **Hinzufügung** sehe ich in der Notiz V. 4b. **Glossiert** worden ist der Text dann noch in V. 2b (לחרפות).

[338] Diese These steht natürlich im Widerspruch zu der normalen Auslegung, die 12,5ff für einen Anhang hält.

Literaturverzeichnis

Die Abkürzungen richten sich nach den in der Theologischen Realenzyklopädie (TRE) gegebenen.

Alt, Albrecht: Zur Menetekel-Inschrift, VT 4 (1954) 303-305

Ackroyd, Peter R.: The Chronicler in His Age, JSOT, SS 101, Shefffield 1991

Albani, Matthias: Astronomie und Schöpfungsglaube. Das astronomische System im 'Buch vom Umlauf der Himmelslichter', Diss., Leipzig 1992

Albani, Matthias: Die lunaren Zyklen im 364-Tage-Festkalender von 4QMishmerot/4QS[e], Kirchliche Hochschule Leipzig, Forschungsstelle Judentum, Mitteilungen und Beiträge 4, Leipzig 1992, 3-47

Albertz, Rainer: Der Gott des Daniel. Untersuchungen zu Daniel 4-6 in der Septuagintafassung sowie zu Komposition und Theologie des aramäischen Danielbuches, SBS 131, Stuttgart 1988

Albertz, Rainer: Religionsgeschichte Israels in alttestamentlicher Zeit, ATD, Ergänzungsreihe 8/1 und 2, Vandenhoeck & Ruprecht, Göttingen 1992

Amsler, Samuel: Zacharie et l'Origine de l'Apocalyptique, SVT 22 (1972) 227-231

Asen, Ben: Reflections on Daniel and Apocalyptic, CThMi 15 (1988) 263- 266

Barth, Christoph: Die Errettung vom Tode in den individuellen Klage- und Dankliedern des Alten Testaments, Theologischer Verlag, Zürich [2]1987

Baumgartner, W.: Ein Vierteljahrhundert Danielforschung, ThR 11 (1939) 59-83.125-144.201-228

Baumgartner, Walter: Librum Daniel, BHS 14, Württembergische Bibelanstalt, Stuttgart 1976

Begg, Christopher: Daniel and Josephus: Tracing Connections, in: The Book of Daniel in the Light of new Findings, hrg. von A.S. van der Woude, BETL CVI, University Press, Leuven 1993, 539-545

Die Bekenntnisschriften der Evangelisch-Lutherischen Kirche, Göttingen [2]1955

Bentzen, Aage: Daniel, HAT I/19, Tübingen [2]1952

Berkovits, Eliezer: Das Verbergen Gottes, in: Wolkensäule und Feuerschein. Jüdische Theologie des Holocaust, hrsg. von M. Brocke und H. Jochum, Abhandlungen zum christlich-jüdischen Dialog 13, Chr. Kaiser, München 1982, 43-72

Besier, Gerhard und Stephan Wolf (Hrg.): 'Pfarrer, Christen und Katholiken.' Das Ministerium für Staatssicherheit der ehemaligen DDR und die Kirchen, Historisch-Theologische Studien zum 19. und 20. Jahrhundert (Quellen), Band I, Neukirchener Verlag, Neukirchen [2]1992.

Betz, Otto: Offenbarung und Schriftforschung in der Qumransekte, WUNT 6, Tübingen 1960

Betz, Otto: Art. Essener und Therapeuten, TRE X (1982) 386-391

Betz, Otto: Jesus und das Danielbuch II, Arbeiten zum NT und Judentum 6/II, Frankfurt/Bern/New York 1985

Betz, Otto: Das Geheimnis der Zahlen, Stuttgart 1989

Beyer, Klaus: Die aramäischen Texte vom Toten Meer samt den Inschriften aus Palästina, dem Testament Levis aus der Kairoer Genisa, der Fastenrolle und den alten talmudischen Zitaten, Göttingen 1984

Beyer, Oskar: Die Katakombenwelt. Grundriss, Ursprung und Idee der Kunst in der römischen Christengemeinde, Verlag von J.C.B. Mohr (Paul Siebeck), Tübingen 1927

Biale, David: Kommt der Erlöser? Kommt die Erlösung? Zum Verhältnis von Messianismus und Orthodoxie, in: Jüdische Lebenswelten. Essays, hrg. von A. Nachama, J.H. Schoeps, E. van Voolen, Jüdischer Verl., Suhrkamp, Frankfurt/Main 1991, 50-67

Bittner, W. J.: Gott-Menschensohn-Davidssohn, FzPhTh 32 (1985) 343-372

Black, M.: Aramaic Barnasha and the Son of Man, ET 95 (1984) 200-206

Blum, Erhard: Die Komposition der Vätergeschichte, WMANT 57, Neukirchen 1984

Bogaert, Pierre-Maurice: Daniel 3 LXX et son supplément grec, in: The Book of Daniel in the Light of new Findings, hrg. von A.S. van der Woude, BETL CVI, University Press, Leuven 1993, 13-37

Böttrich, Christfried: Weltweisheit - Menschheitsethik - Urkult. Studien zum slavischen Henochbuch, Diss. Leipzig 1990

Brekelmans, C. H. W.: The Saints of the Most High and their Kingdom, OTS 14 (1965) 305-329

Brodersen, K.: Art. Hellenismus, Neues Bibel-Lexikon II (Lfg. 6 von 1991) 113-116

Brueggemann, Walter: A Poem of Summons (Is. 55:1-3)/A Narrative of Resistance (Dan 1:1-21), in: Schöpfung und Befreiung, FS. C. Westermann, hrg. von R. Albertz, Stuttgart 1989, 126-138

Brueggemann, Walter: At the Mercy of Babylon: A Subversive Re-reading of the Empire, JBL 110 (1991) 3-22

Büchmann, Georg: Geflügelte Worte, Berlin [23]1907

Burgmann, Hans: Die vier Endzeittermine im Danielbuch, ZAW 86 (1974) 543-550

Caragounis, Chrys C.: The Son of Man. Vision and Interpretation, WUNT 38, Tübingen 1986

Caragounis, Chrys C.: Greek Culture and Jewish Piety: The Clash and the Fourth Beast of Daniel 7, EThL 65 (1989) 280-308

Carroll, Robert P.: Twilight of Prophecy or Dawn of Apocalyptic? JSOT 14 (1979) 3-35

Casetti, Pierre: Gibt es ein Leben vor dem Tod? Eine Auslegung von Psalm 49, OBO 44, Universitätsverlag, Freiburg, Vandenhoek & Ruprecht, Göttingen 1982

Cochlovius, Joachim: Daniel als Seelsorger Israels, in: Lebendige Hoffnung. Apokalyptik als zentrales Thema der Theologie, hrg. von O. Rodenberg, Stuttgart 1989, 101-123

Collins, John J.: The Son of Man and the Saints of the Most High in the Book of Daniel, JBL 93 (1974) 50-66

Collins, John J.: Apocalyptic Eschatology as the Transcendence of Death, CBQ 36 (1974) 21-43

Collins, John J.: The Court Tales in Daniel and the Development of Apocalyptic, JBL 94 (1975) 218-234

Collins, John J.: Jewish Apocalyptic against its Hellenistic Near Eastern Environment, BASOR 220 (1975) 27-36

Collins, John J.: The Mythology of Holy War in Daniel and the Qumran War Scroll. A Point of Transition in Jewish Apocalyptic, VT 25 (1975) 596-612

Collins, John J.: The Apocalyptic Vision of the Book of Daniel, HSM 16 (1977) 201-205

Collins, John J.: Apocalyptic Genre and Mythic Allusions in Daniel, JSOT 21 (1981) 83-100

Collins, John J.: Daniel with an Introduction to Apocalyptic Literature, Eerdmans, Grand Rapids 1984

Collins, John J.: Daniel and His Social World, Interpretation 39 (1985) 131-143

Collins, John J.: Stirring up the Great Sea. The Religio-historical Background of Daniel 7, in: The Book of Daniel in the Light of new Findings, hrg. von A.S. van der Woude, BETL CVI, University Press, Leuven 1993, 121-136

Colpe, Carsten: Art. ο υιος του ανθρωπου, ThWNT VIII (1969) 403-481

Colpe, Carsten: Neue Untersuchungen zum Menschensohn-Problem, ThR 77 (1981) 353-372

Cook, Edward M.: 'In the Plain of the Wall' (Dan 3:1), JBL 108 (1989) 115-116

Coxon, Peter W.: Daniel III 17: A Linguistic and Theological Problem, VT 26 (1976) 400-409

Coxon, Peter, W.: Another Look at Nebuchadnezzar's Madness, in: The

Book of Daniel in the Light of new Findings, hrg. von A.S. van der Woude, BETL CVI, University Press, Leuven 1993, 211-222

David, Pablo: Daniel 11,1: A late Gloss?, in: The Book of Daniel in the Light of new Findings, hrg. von A.S. van der Woude, BETL CVI, University Press, Leuven 1993, 505-514

Davies, Philip R.: Hasidim in the Maccabean Period, JJS 28 (1977) 127-140

Davies, Philip R.: Daniel, JSOT Press, Sheffield 1985

Davies, Philip R.: Reading Daniel Sociologically, in: The Book of Daniel in the Light of new Findings, hrg. von A.S. van der Woude, BETL CVI, University Press, Leuven 1993, 345-361

Day, John: The Daniel of Ugarit and Ezekiel and the Hero of the Book of Daniel, VT 30 (1980) 174-184

Decoster, Koen: Flavius Josephus and the Seleucid Acra in Jerusalem, ZDPV 105 (1989) 70-84

Deissler, A.: Der 'Menschensohn' und 'das Volk der Heiligen des Höchsten' in Dan 7, in: Jesus und der Menschensohn, FS. A. Vögtle, hrg. von R. Pesch und R. Schnackenburg, Freiburg 1975, 81-91

Delcor, M.: Les Sources du chapitre VII de Daniel, VT 18 (1968) 290-312

Dequekker, C.: The 'Saints of the Most High' in Qumran and Daniel, OTS 18 (1973) 111-133

Dequekker, L.: King Darius and the Prophecy of Seventy Weeks Daniel 9, in: The Book of Daniel in the Light of new Findings, hrg. von A.S. van der Woude, BETL CVI, University Press, Leuven 1993, 187-210

Diebner, B. J.: Art. Heilsgeschichte, Neues Bibel-Lexikon II (Lfg. 6 von 1991) 104-108

Dietrich, Walter: Leben beiderseits der Todesgrenze. Israels Ringen um den Auferstehungsglauben als Chance für uns, PTh 76 (1987) 154-171

Dommershausen, W.: Nabonid im Buche Daniel, Mainz 1964

Dommershausen, W.: 1 Makkabäer, 2 Makkabäer, NEB 12, Echter Verlag, Würzburg 1985

Drewermann, Eugen: Tiefenpsychologie und Exegese, Band II: Die Wahrheit der Werke und der Worte. Wunder, Vision, Weissagung, Apokalypse, Geschichte, Gleichnis, Walter Verlag, Olten, Freiburg i.Br. [3]1987

Dupont-Sommer, A.: Das Problem der Fremdeinflüsse auf die jüdische Qumransekte (1955), in: Qumran, hrg. von E. Grözinger u.a., Darmstadt 1981, 201-224

Ehrlich, Erich Ludwig: Der Traum im Alten Testament, BZAW 73, Berlin, New York 1953

Eicher, P.: 'Offenbarungsreligion'. Zum sozio-kulturellen Stellenwert eines theologischen Grundkonzepts, in: Gottesvorstellung und Gesellschaftsentwicklung, hrg. von P. Eicher, München 1979, 109-126

Eissfeldt, Otto: Einleitung in das Alte Testament, Tübingen [3]1964

Fait, Joachim: Das Danielbuch in Stein. Deutung und Bedeutung der Kapitellbilder im Chorumgang des Magdeburger Domes, Evangelische Verlagsanstalt, Berlin 1986

Fassberg, St.: The Origin of KETIB/QERE in the Aramaic Portions of Ezra and Daniel, VT 39 (1989) 1-12

Ferch, A. J.: The Book of Daniel and the 'Maccabean Thesis', AUSS 21 (1983) 129-141

Ferrua, Antonio: Katakomben. Unbekannte Bilder des frühen Christentums unter der Via Latina, Urachhaus, Stuttgart 1991

Fischer, Klaus: Die Herrschaft der Hasmonäer – Idee und Wirklichkeit, in: Theologische Versuche XI, hrg. v. Gottfried Schille, Berlin 1979, 45-65

Fischer, Thomas: Seleukiden und Makkabäer. Beiträge zur Seleukidengeschichte und zu den politischen Ereignissen in Judäa während der 1. Hälfte des 2. Jahrhunderts v. Chr., Bochum 1980

Fischer, Thomas: Heliodor im Tempel zu Jerusalem – ein 'hellenistischer' Aspekt der 'frommen Legende', in: Prophetie und geschichtliche Wirklichkeit im alten Israel, FS. S. Herrmann, hrg. von R. Liwak und S. Wagner, Verlag W. Kohlhammer, Stuttgart, Berlin, Köln 1991, 122-133

Flusser, David: Pharisäer, Sadduzäer und Essener im Pescher Nahum (1970), in: Qumran, hrg. von E. Grözinger u.a., Darmstadt 1981, 121-166

Fohrer, Georg: Die Strukturen der alttestamentlichen Eschatologie, ThLZ 85 (1960) 401-420

Fohrer, Georg: Das Geschick des Menschen nach dem Tode im Alten Testament, KuD 14 (1968) 249-262

Freedman, D.N., Lundbom, J.: Art חרץ ḥaraṣ II-III, ThWAT III (1982) 232-234

Fritzsch, Harald: Am Anfang war das Licht. Physik vom Entstehen des Kosmos, in: Der Gang der Evolution, hrg. von F. Wilhelm, Verlag C. H. Beck, München 1987, 15-27

Fuhs, Hans Ferdinand: Ezechiel I und II, NEB 7 und 22, Echter Verlag, Würzburg 1984, 1988

Gall, August Frhr. von: Die Einheitlichkeit des Buches Daniel, Giessen 1895

Gall, August Frhr. von: ΒΑΣΙΛΕΙΑ ΤΟΥ ΘΕΟΥ. Eine religionsgeschichtliche Studie zur vorkirchlichen Eschatologie, RWB 7, Heidelberg 1926

Gammie, J. G.: Spatial and Ethical Dualism in Jewish Wisdom and Apocalyptic Literature, JBL 93 (1974) 356-385

Gammie, J. G.: A Journey Through Danielic Spaces. The Book of Daniel in the Theology and Piety of the Christian Community, Interpretation 39 (1985) 144-156

Geissen, A.: Der Septuaginta-Text des Buches Daniel, Kap. 5-12, zusammen mit Susanna, Bel et Darco, PTA 5, Bonn 1968

Gese, Hartmut: Geschichtliches Denken im Alten Orient und im Alten Testament (1958), in: Vom Sinai zum Zion. Alttestamentliche Beiträge zur biblischen Theologie, München 1974, 81-98

Gese, Hartmut: Anfang und Ende der Apokalyptik, dargestellt am Sacharjabuch (1972), in: Vom Sinai zum Zion. Alttestamentliche Beiträge zur biblischen Theologie, München 1974, 202-238

Gese, Hartmut: Die Bedeutung der Krise unter Antiochos IV. Epiphanes für die Apokalyptik des Danielbuches, ZThK 80 (1983) 373-388

Gese, Hartmut: Das Geschichtsbild des Danielbuches und Ägypten, in: Fontes atque pontes, FS H. Brunner, 1983, 139-154

Gese, Hartmut: Die dreieinhalb Jahre des Danielbuches, in: Ernten, was man sät, FS K. Koch, hrg. von D. R. Daniels, U. Glessmer und M. Rösel, Neukirchener Verlag, Neukirchen 1991, 399-421

Gese, Hartmut: Das medische Reich im Geschichtsbild des Danielbuches – eine hermeneutische Frage, in: Alttestamentlicher Glaube und Biblische Theologie, FS H. D. Preuss, hrg. von J. Hausmann und H.-J. Zobel, Stuttgart 1992, 298-308

Gilbert, M.: La prière de Daniel. Dn 9,4-19, RThL 3 (1972) 284-310

Ginsberg, H. L.: The Composition of the Book of Daniel, VT 4 (1954) 246-275

Glessmer, Uwe: Der 364-Tage-Kalender und die Sabbatstruktur seiner Schaltungen in ihrer Bedeutung für den Kult, in: Ernten, was man sät, FS K. Koch, hrg. von D. R. Daniels, U. Glessmer und M. Rösel, Neukirchener Verlag, Neukirchen 1991, 379-398

Goldingay, John: 'Holy ones on high' in Daniel 7:18, JBL 107 (1988) 495-497

Goudoever, Jan van: Time Indications in Daniel that Reflect the Usage of the Ancient Theoretical so-called Zadokite Calendar, in: The Book of Daniel in the Light of new Findings, hrg. von A.S. van der Woude, BETL CVI, University Press, Leuven 1993, 533-538

Grabbe, Lester L.: The Belshazzar of Daniel and the Belshazzar of History, AUSS 26 (1988) 59-66

Grabbe, Lester L.: Another Look at the Gestalt of 'Darius the Mede', CBQ 50 (1988) 198-213

Greenberg, Irving: Augenblicke des Glaubens, in: Wolkensäule und Feuerschein. Jüdische Theologie des Holocaust, hrg. von M. Brocke und H. Jochum, Abhandlungen zum christlich-jüdischen Dialog 13, Chr. Kaiser, München 1982, 136-177.

Grimm, W.: Jesus und das Danielbuch I, Arbeiten zum NT und Judentum 6/I, Frankfurt/Bern/New York 1984

Grimm, W. u. K. Dittert: Deuterojesaja. Deutung – Wirkung – Gegenwart, Stuttgart 1990

Gritsch, Eric W.: Thomas Müntzers Weg in die Apokalyptik, Luther 60 (1989) 53-65

Grundmann, Walter: Das palästinensische Judentum im Zeitraum zwischen der Erhebung der Makkabäer und dem Ende des Jüdischen Krieges, in: Umwelt des Urchristentums I, hrg. von J. Leipoldt und W. Grundmann, Berlin, [2]1967, 143-291

Gunneweg, A. H. J.: Geschichte Israels bis Bar Kochba, Stuttgart [2]1976

Gutbub, Adolphe: Die vier Winde im Tempel von Kom Ombo (Oberägypten), in: O. Keel, SBS 84/85, Stuttgart 1977, 328-353

Ha, John: Genesis 15, BZAW 181, Berlin 1989

Haag, Ernst: Die Errettung Daniels aus der Löwengrube. Untersuchungen zum Ursprung der biblischen Danieltradition, SBS 110, Stuttgart 1983

Haag, Ernst: Die drei Männer im Feuer nach Daniel 3,1-30, TThZ 96 (1987) 21-50

Haag, Ernst: Art. Daniel, in: Neues Bibel-Lexikon I (1991) 383f

Haag, Ernst: Art. Daniel (Buch), in: Neues Bibel-Lexikon I (1991) 384-387

Haag, Ernst: Zeit und Zeiten und ein Teil einer Zeit (Dan 7,25). Eine eschatologische Zeitangabe in apokalyptischer Gestalt, TThZ 101 (1992) 65-68

Haag, Ernst: Der Menschensohn und die Heiligen des Höchsten. Eine literar-, form- und traditionsgeschichtliche Untersuchung zu Daniel 7, in: The Book of Daniel in the Light of new Findings, hrg. von A.S. van der Woude, BETL CVI, University Press, Leuven 1993, 137-185

Haag, Ernst: Art. Jahrwochenprophetie, in: Neues Bibel-Lexikon II (Lfg. 7 von 1992) 259f

Haag, Herbert: Art. בן אדם, ThWAT I (1973) 682-689

Hall, R. A.: Post-exilic theological streams and the book of Daniel, Yale 1974

Hamm, W.: Der Septuaginta-Text des Buches Daniel, Kap. 1-2, PTA 10, Bonn 1969

Hamm, W.: Der Septuaginta-Text des Buches Daniel, Kap. 3-4, PTA 21, Bonn 1977

Hampel, Volker: Menschensohn und historischer Jesus. Ein Rätselwort als Schlüssel zum messianischen Selbstverständnis Jesu, Neukirchener Verlag, Neukirchen 1990

Hanhart, R.: Die Heiligen des Höchsten, in: Hebräische Wortforschung, FS. W. Baumgartner, SVT 16 (1967) 90-101

Hanson, Paul D.: Alttestamentliche Apokalyptik in neuer Sicht (1971), in: Apokalyptik, hrg. von K. Koch und J. M. Schmidt, Darmstadt 1982, 440-470

Hanson, Paul D.: The Dawn of Apocalpytic, Philadelphia ³1975
Hanson, Paul D.: Biblical Apocalypticism: The Theological Dimension, Horizons in Biblical Theology 7, Pittsburgh 1985, 1ff
Hanson, Paul D.: Old Testament Apocalyptic, Nashville 1987
Hasel, Gerhard F.: The Identity of 'The Saints of the Most High' in Daniel 7, Bib 56 (1975) 172-192
Hasel, Gerhard F.: The Four World Empires of Daniel 2 against its Near Eastern Environment, JSOT 12 (1979) 17-30
Hasel, Gerhard F.: Resurrection in the Theology of Old Testament Apocalyptic, ZAW 92 (1980) 267-284
Hasslberger, Bernhard: Hoffnung in der Bedrängnis. Eine formkritische Untersuchung zu Dan 8 und 10 – 12, ATS 4, EOS Verlag, St. Ottilien 1977
Heichelheim, Fritz Moritz: Wirtschaftsgeschichte des Altertums, A. W. Sijthoff's, Leiden 1938
Hengel, Martin: Juden, Griechen und Barbaren, Aspekte der Hellenisierung des Judentums in vorchristlicher Zeit, SBS 76, Stuttgart 1976
Hengel, Martin: Judentum und Hellenismus. Studien zu ihrer Begegnung unter besonderer Berücksichtigung Palästinas bis zur Mitte des 2. Jh.s v.Chr., WUNT 10, Tübingen ³1988
Hengel, Martin: The 'Hellenization' of Judaea in the First Century after Christ, SCM Press, London 1989
Herrmann, K.: Art. Hasidäer, Neues Bibel-Lexikon II (Lfg. 6 von 1991) 47f
Herrmann, Siegfried: Geschichte Israels in alttestamentlicher Zeit, Evangelische Verlagsanstalt, Berlin 1981
Hilgenfeld, Adolf: Die jüdische Apokalyptik, Jena 1857
Hilgenfeld, Adolf: Jüdische Apokalyptik als Vorgeschichte des Christentums, in: Apokalyptik, hrg. von K. Koch und J. M. Schmidt, Darmstadt 1982, 41-54
Hinz, Christoph: Entdeckung der Juden als Brüder und Zeugen, in: Volk Gottes im Bund Gottes, hrg. von G. Särchen, Magdeburg 1987, 57-93
Hirth, Volkmar: Gottes Boten im Alten Testament. Die alttestamentliche Mal'ak-Vorstellung unter besonderer Berücksichtigung des Mal'ak-Jahwe-Problems, ThA XXXII, Evangelische Verlagsanstalt, Berlin 1975
Hsü, Kenneth J.: Die letzten Jahre der Dinosaurier. Meteoriteneinschlag, Massensterben und die Folgen für die Evolutionstheorie, Birkhäuser Verlag, Basel, Boston, Berlin 1990
Hughes, J.: Secrets of Times, Myth and History in Biblical Chronology, Sheffield 1990
Humphreys, W. L.: A Life-Style for the Diaspora: A Study of the Tales of Esther and Daniel, JBL 92 (1973) 211-223
Huonder, Vitus: Daniel. Geschichte als Herausforderung an den Glauben, Theologische Berichte 5, 1976, 37-70

Jepsen, Alfred: Bemerkungen zum Danielbuch, VT 11 (1961) 386-391
Jeremias, Joachim: Art. λιθος ThWNT IV (1942) 272-283
Jones, Bruce William: The Prayer in Daniel IX, VT 18 (1968) 488-493
Kaiser, Otto: Der Prophet Jesaja, Kapitel 13-39, ATD 18, Vandenhoeck & Ruprecht, Göttingen 1973
Kaiser, Otto; Lohse, Eduard: Tod und Leben, Biblische Konfrontationen 1, Verlag W. Kohlhammer, Stuttgart, Berlin, Köln, Mainz 1977, 8-80
Kaiser, Otto: Judentum und Hellenismus, VuF 27 (1982) 68-88
Kampen, John: The Hasideans and the Origin of Pharisaism. A Study in 1 and 2 Maccabees, Atlanta 1988
Keel, Othmar: Jahwe-Visionen und Siegelkunst, SBS 84/85, Stuttgart 1977
Kellermann, Ulrich: Überwindung des Todesgeschicks in der alttestamentlichen Frömmigkeit vor und neben dem Auferstehungsglauben, ZThK 73 (1976) 259-282
Kellermann, Ulrich: Auferstanden in den Himmel. 2 Makkabäer 7 und die Auferstehung der Märtyrer, SBS 95, Stuttgart 1979
Kellner, Wendelin: Die politisch-theologische Botschaft der Apokalyptik. Zu Daniel 7 und äthiopischer Henoch VI-X, Religionsunterricht an höheren Schulen 31 (1988) 386-393
Kippenberg, Hans G.: Ein Vergleich jüdischer, christlicher und gnostischer Apokalyptik, in: Apocalypticism in the Mediterranean World and the Near East, hrg. von D. Hellholm, Tübingen 1983, 751-768
Knibb, M. A.: 'You are indeed wiser than Daniel'. Reflections on the Character of the Book of Daniel, in: The Book of Daniel in the Light of new Findings, hrg. von A.S. van der Woude, BETL CVI, University Press, Leuven 1993, 399-411
Koch, Klaus: Die Weltreiche im Danielbuch, ThLZ 85 (1960) 829-832
Koch, Klaus: Ratlos vor der Apokalyptik, Gütersloh 1970
Koch, Klaus: Die Herkunft der Proto-Theodotion-Übersetzung des Danielbuches, VT 23 (1973) 362-365
Koch, Klaus: Die mysteriösen Zahlen der judäischen Könige und die apokalyptischen Jahrwochen, VT 28 (1978) 433-441
Koch, Klaus: Das Buch Daniel, EdF 144, Darmstadt 1980
Koch, Klaus: Spätisrealitisches Geschichtsdenken am Beispiel des Buches Daniel, in: Apokalyptik, hrg. von K. Koch und J. M. Schmidt, Darmstadt 1982, 276-310
Koch, Klaus: Vom profetischen zum apokalyptischen Visionsbericht, in: Apocalypticism in the Mediterranean World and the Near East, hrg. von D. Hellholm, Tübingen 1983, 413-446
Koch, Klaus: Sabbatstruktur der Geschichte. Die sogenannte Zehn-Wochen-Apokalypse (I Hen 93 1-10, 91 11-17) und das Ringen um die alttestamentlichen Chronologien im späten Israelitentum, ZAW 95 (1983) 403-429

Koch, Klaus: Dareios der Meder, in: The World of the Lord Shall Go Forth, FS D. N. Freedman, Winona Lake 1983, 287-299

Koch, Klaus: Is Daniel Also Among the Prophets? Interpretation 39 (1985) 117-130

Koch, Klaus: Daniel, BK XXII/1, Neukirchen 1986

Koch, Klaus: Die Bedeutung der Apokalyptik für die Interpretation der Schrift, in: Mitte der Schrift? Ein jüdisch-christliches Gespräch. Texte des Berner Symposions vom 6.-12. Januar 1985, hrg. v. M. Klopfenstein, U. Luz, S. Talmon und E. Tov, Judaica et Christiana 11, Peter Lang, Bern, Frankfurt a.M., New York, Paris 1987, 185-215

Koch, Klaus: Deuterokanonische Zusätze zum Danielbuch, Entstehung und Textgeschichte, AOAT 38/1-2, Neukirchen 1987

Koch, Klaus: Rez. zu J. J. Collins, Daniel with an Introduction to Apocalyptic Literature, Grand Rapids 1984, ThLZ 112 (1987) 261-263

Koch, Klaus: Art. Apokalyptik, Reclams Bibellexikon, Philipp Reclam jun., Stuttgart ^{4}1987, 39-41

Koch, Klaus: Art. Daniel, Reclams Bibellexikon, Philipp Reclam jun., Stuttgart ^{4}1987, 102f

Koch, Klaus: Art. Danielbuch, Reclams Bibellexikon, Philipp Reclam jun., Stuttgart ^{4}1987, 103

Koch, Klaus: Rez. zu S. P. Jeansonne, The Old Greek Translation of Daniel 7-12, Washington, D.C. 1988, ThLZ 114 (1989) 727

Koch, Klaus: Rez. zu D. N. Fewell, Circle of Sovereignty. A Story of Stories in Daniel 1-6, Sheffield 1988, ThLZ 116 (1991) 23-24

Koch, Klaus: Weltgeschichte und Gottesreich im Danielbuch und die iranischen Parallelen, in: Prophetie und geschichtliche Wirklichkeit im alten Israel, FS S. Herrmann, hrg. von R. Liwak und S. Wagner, Verlag W. Kohlhammer, Stuttgart, Berlin, Köln 1991, 189-205

Koch, Klaus: Rez. zu Davies, Philip R.: Daniel, JSOT Press, Sheffield 1985, ThLZ 117 (1992) 108f.

Koch, Klaus: Gottes Herrschaft über das Reich des Menschen. Daniel 4 im Licht neuer Funde, in: The Book of Daniel in the Light of new Findings, hrg. von A.S. van der Woude, BETL CVI, University Press, Leuven 1993, 77-119

Kocis, Elemér: Apokalyptik und politisches Interesse im Spätjudentum, Jud 27 (1971) 71-89

Konrad, Robert: Art. Apokalyptik/Apokalypsen VI, TRE III (1978) 275-280

Körtner, Ulrich H. J.: Theologie der Angst. Systematisch-theologische Perspektiven apokalyptischen Denkens, Religionsunterricht an höheren Schulen 31 (1988) 351-361

Körtner, Ulrich H. J.: Weltangst und Weltende. Eine theologische Interpretation der Apokalyptik, Göttingen 1988

Körtner, Ulrich H. J.: Weltzeit, Weltangst und Weltende. Zum Daseins- und Zeitverständnis der Apokalyptik, ThZ 45 (1989) 32-52

Kratz, Reinhard Gregor: Rez. zu Paul A. Porter, Metaphors and Monsters, Toronto 1985, ThLZ 114 (1989) 422-423

Kratz, Reinhard Gregor: Translatio imperii. Untersuchungen zu den aramäischen Danielerzählungen und ihrem theologiegeschichtlichen Umfeld, WMANT 63, Neukirchen 1991

Kratz, Reinhard Gregor: Kyros im Deuterojesaja-Buch. Redaktionsgeschichtliche Untersuchungen zu Entstehung und Theologie von Jes 40-55, Forschungen zum Alten Testament 1, Tübingen 1991

Kratz, Reinhard Gregor: Die Gnade des täglichen Brots. Späte Psalmen auf dem Weg zum Vaterunser, ZThK 89 (1992) 1-40

Kratz, Reinhard Gregor: Reich Gottes und Gesetz im Danielbuch und im werdenden Judentum, in: The Book of Daniel in the Light of new Findings, hrg. von A.S van der Woude, BETL CVI, University Press, Leuven 1993, 435-479

Kronholm, T.: Art. נדח nadaḥ, ThWAT V (1986) 254-260

Kuhn, Peter: Offenbarungsstimmen im Antiken Judentum. Untersuchungen zur Bat Qol und verwandten Phänomenen, Texte und Studien zum Antiken Judentum 20, J. C. B. Mohr (Paul Siebeck), Tübingen 1989

Kvanvig, Helge S.: Struktur und Geschichte in Dan 7,1-14, StTh 32 (1978) 95-117

Kvanvig, Helge S.: An Akkadian Vision as Background for Dan 7?, StTh 35 (1981) 85-89

Kvanvig, Helge S.: Henoch und der Menschensohn. Das Verhältnis von Hen 14 zu Dan 7, StTh 38 (1984) 101-133

Kvanvig, Helge S.: Roots of Apocalyptic. The Mesopotamian Background of the Enoch Figure and of the Son of Man, WMANT 61, Neukirchen 1988

Lacocque, André: The Socio-spiritual Formative Milieu of the Daniel Apocalypse, in: The Book of Daniel in the Light of new Findings, hrg. von A.S. van der Woude, BETL CVI, University Press, Leuven 1993, 315-343

Laato, Antti: The Seventy Yearweeks in the Book of Daniel, ZAW 102 (1990) 212-225

Lampe, Peter: Die Apokalyptiker – ihre Situation und ihr Handeln, in: Eschatologie und Friedenshandeln. Exegetische Beiträge zur Frage christlicher Friedensverantwortung, SBS 101, Stuttgart 1981, 59-93; schon einmal veröffentlicht in: Eschatologie und Frieden, Bd. II, hrg. von G. Liedke, Heidelberg 1978, 61-125

Lanczkowski, Günter: Art. Apokalyptik/Apokalypsen I, TRE III (1978) 189-191

Lang, B.: Die höheren Offenbarungen: Zur kulturellen Strategie der jüdischen Apokalyptik, in: Gottesvorstellung und Gesellschaftsentwicklung, hrg. von P. Eicher, München 1979, 127-129

Lanius, Karl: Mikrokosmos/Makrokosmos. Das Weltbild der Physik, Urania-Verlag, Leipzig, Jena, Berlin 1988

Lebram, Jürgen-Christian: Die Weltreiche in der jüdischen Apokalyptik (Tobit 14,4-7), ZAW 35 (1964) 328-331

Lebram, Jürgen-Christian: Apokalyptik und Hellenismus im Buche Daniel. Bemerkungen und Gedanken zu Martin Hengels Buch über 'Judentum und Hellenismus', VT 20 (1970) 503-524

Lebram, Jürgen-Christian: König Antiochus im Buch Daniel, VT 25 (1975) 737-772

Lebram, Jürgen-Christian: Art. Apokalyptik/Apokalypsen II, TRE III (1978) 192-202

Lebram, Jürgen-Christian: Art. Daniel/Danielbuch, TRE VIII (1981) 325- 349

Lebram, Jürgen-Christian: The Piety of the Jewish Apocalyptists, in: Apocalypticism in the Mediterranean World and the Near East, hrg. von D. Hellholm, Tübingen 1983, 171-210

Lebram, Jürgen-Christian: Das Buch Daniel, ZBK 23, Zürich 1984

Lenglet, A.: La structure littéraire de Daniel 2-7, Bib 53 (1972) 169-190

Liebi, Roger: Weltgeschichte im Visier des Propheten Daniel, TELOS-Bücher 1274, Berneck ^{2}1987

Lindenberger, J. M.: Daniel 12:1-4, Interpretation 39 (1985) 181-186

Lindner, Eberhard: Evolution – Weltende – Freiheit. Drei Schlüssel zum Sinn menschlichen Lebens, M. Lindner Verlag, Karlsruhe ^{2}1988

Link, Christian: Schöpfung, HST 7/1-2, Gütersloh 1991

Lohse, Eduard: Die Texte aus Qumran, Kösel-Verlag, München ^{2}1971

Loretz, Oswald: Ugarit und die Bibel. Kanaanäische Götter und Religion im Alten Testament, Wissenschaftliche Buchgesellschaft, Darmstadt 1990

Luck, U.: Das Weltverständnis der jüdischen Apokalyptik dargestellt am äthiopischen Henoch und am 4. Esra, ZThK 73 (1976) 283-305

Lücke, F.: Versuch einer vollständigen Einleitung in die Offenbarung des Johannes oder Allgemeine Untersuchungen über die apokalyptische Litteratur überhaupt und die Apokalypse des Johannes insbesondere, Bonn ^{2}1852

Lurie, David H.: A New Interpretation of Daniel's 'Sevens' and the Chronology of the Seventy 'Sevens', Evangelical Theological Society 33 (1990) 303-310

Lust, J.: The Septuagint Version of Daniel 4-5, in: The Book of Daniel in the Light of new Findings, hrg. von A.S. van der Woude, BETL CVI, University Press, Leuven 1993, 39-53

Luther, Martin: Heerpredigt wider den Türken (1529), WA 30/2, 160-197

Luther, Martin: Vorrede über den Propheten Daniel (1530/1541/1545), WA DB 11/2, 1-31

Luther, Martin: Widmungsbrief zur Danielübersetzung (1530), WA DB 11/2, 381-387

Maier, Johann: Apokalyptik im Judentum, in: Apokalyptik und Eschatologie, hrg. von H. Althaus, Freiburg 1987, 43-72

Margalit, Baruch: The Ugaritic Poem of AQHT. Text, Translation, Commentary, BZAW 182, Walter de Gruyter, Berlin, New York 1989

Martin, Gerhard Marcel: Weltuntergang. Gefahr und Sinn apokalyptischer Visionen, Buchreihe Symbole, Kreuz Verlag, Stuttgart 1984

Mason, Rex A.: The Treatment of Earlier Biblical Themes in the Book of Daniel, Perspectives in Religious Studies 15 (1988) 81-100

Mastin, B.: Reading of 1QDan[a] at Daniel II 4, VT 38 (1988) 341-346

Mayer, Georg: Zur jüdischen Geschichte, ThR 55 (1990) 1-20

McKane, William: Jeremiah 27,5-8, especially 'Nebuchadnezzar, my servant', in: Prophet und Prophetenbuch, FS. O. Kaiser, hrg. von V. Fritz, K.-F. Pohlmann, H.-Chr. Schmitt, BZAW 185, Walter de Gruyter, Berlin, New York 1989, 98-110

Mercer, Mark K.: Daniel 1:1 and Jehoiakim's Three Years of Servitude, AUSS 27 (1989) 179-192

Mertens, Alfred: Das Buch Daniel im Lichte der Texte vom Toten Meer, SBM 12, Stuttgart 1971

Metzger, Martin: Zeder, Weinstock und Weltenbaum, in: Ernten, was man sät, FS Klaus Koch, hrg. von D.R. Daniels, U. Glessmer und M. Rösel, Neukirchener Verlag, Neukirchen 1991, 197-229

Meyer, Rudolf: Der Prophet aus Galiläa. Studien zum Jesusbild der drei ersten Evangelien, Leipzig 1940

Meyer, Rudolf: Art. προφητης C. Prophetentum und Propheten im Judentum der hellenistisch-römischen Zeit, ThWNT VI (1959) 813-828

Meyer, Rudolf: Das Qumranfragment 'Gebet des Nabonid', ThLZ 85 (1960) 831-834

Meyer, Rudolf: Art. Σαδδουκαιος, ThWNT VII (1964) 35-54

Meyer, Rudolf: Art. Φαρισαιος A. Pharisäismus im Judentum, ThWNT IX (1973) 11-36

Meyer, Rudolf: Das Gebet des Nabonid (1962), in: Zur Geschichte und Theologie des Judentums in hellenistisch-römischer Zeit, hrg. von W. Bernhardt, Berlin 1989, 71-129

Meyer, Rudolf: Tradition und Neuschöpfung im antiken Judentum, Dargestellt an der Geschichte des Pharisäismus (1965), in: Zur Geschichte und Theologie des Judentums in hellenistisch-römischer Zeit, hrg. von W. Bernhardt, Berlin 1989, 130-187

Meyer, Rudolf: Jüdische Charismatiker und Propheten in hellenistisch-römischer Zeit, in: Erfüllung und Erwartung. Studien zur Prophetie auf dem Weg vom Alten zum Neuen Testament, hrg. von G. Wallis, Berlin 1990, 129-160

Michel, Diethelm: Weisheit und Apokalyptik, in: The Book of Daniel in the Light of new Findings, hrg. von A.S. van der Woude, BETL CVI, University Press, Leuven 1993, 413-434

Milik, J. T.: Die Geschichte der Essener (1959), in: Qumran, hrg. von E. Grözinger u.a., Darmstadt 1981, 58-120

Miller, James E.: Dreams and Prophetic Visions, Bib 71 (1990) 401-404

Moltmann, Jürgen: Die atomare Katastrophe: wo bleibt Gott, EvTh 47 (1987) 50-60

Montgomery, James A.: The Book of Daniel, ICC, Edinburgh 1927

Morrow, W. S.; E. G. Clarke: The Ketib/Qere in the Aramaic Portions of Ezra and Daniel, VT 36 (1986) 406-422

Müller, Hans-Peter: Magisch-mantische Weisheit und die Gestalt Daniels, UF 1 (1969) 79-94

Müller, Hans-Peter: Mantische Weisheit und Apokalyptik, SVT 22 (1972) 268-293

Müller, Hans-Peter: Märchen, Legende und Enderwartung. Zum Verständnis des Buches Daniel, VT 26 (1976) 338-350

Müller, Karlheinz: Der Menschensohn im Danielzyklus, in: Jesus und der Menschensohn, FS. A. Vögtle, hrg. von R. Pesch und R. Schnackenburg, Freiburg 1975, 37-80

Müller, Karlheinz: Art. Apokalyptik/Apokalypsen III, TRE III (1978) 202-251

Müller, Karlheinz: Art. Apokalyptik, in: Neues Bibel-Lexikon I (1991) 124-132

Müller, U. B.: Messias und Menschensohn in jüdischen Apokalypsen und in der Offenbarung des Johannes, StNT 6, Gütersloh 1972

Münchow, Chr.: Ethik und Eschatologie. Ein Beitrag zum Verständnis der frühjüdischen Apokalyptik, Berlin 1981

Nickelsburg, George W. E.: Social Aspects of Palestinian Apocalypticism, in: Apocalypticism in the Mediterranean World and the Near East, hrg. von D. Hellholm, Tübingen 1983, 641-654

North, Robert: Prophecy to Apocalyptic via Zechariah, SVT 22 (1972) 47-71

Noth, Martin: Das Geschichtsverständnis der alttestamentlichen Apokalyptik (1954), in: Gesammelte Studien zum Alten Testament, München 1957, 248-273

Noth, Martin: Die Heiligen des Höchsten (1955), in: Gesammelte Studien zum Alten Testament, München 1957, 274-290

Oepke, Albrecht: Art. αποκαλυπτω, ThWNT III (1938) 565-597

Oepke, Albrecht: Art. κρυπτω, ThWNT III (1938) 959-979

Osten-Sacken, Peter von der: Die Apokalyptik in ihrem Verhältnis zu Prophetie und Weisheit, München 1969

Osswald, Eva: Zur Hermeneutik des Habakuk-Kommentars, ZAW 68 (1956) 243-256

Osswald, Eva: Zum Problem der Vaticinia ex eventu, ZAW 75 (1963) 27-44

Otzen, Benedikt: Michael and Gabriel: Angelological Problems in the Book of Daniel, Leuven (nicht veröffentlicht)

Pierce, Ronald W.: Spiritual Failure, Postponement, and Daniel 9, Trinity Journal 10 (1989) 211-222

Pfeifer, Gerhard: Ursprung und Wesen der Hypostasenvorstellungen im Judentum, Aufsätze und Vorträge zur Theologie und Religionswissenschaft, Heft 37, hrg. von E. Scholt u. H. Urner, Evangelische Verlagsanstalt, Berlin 1967

Plöger, Otto: Theokratie und Eschatologie, Neukirchen 1959

Plöger, Otto: Das Buch Daniel, KAT 18, Berlin 1969

Plöger, Otto: Tod und Jenseits im Alten Testament, in: Tod und Jenseits im Glauben der Völker, hrg. v. H.-J. Klimkeit, Otto Harrassowitz, Wiesbaden 1978, 77-85

Pöhlmann, Wolfgang: Apokalyptische Geschichtsdeutung und geistiger Widerstand, KuD 34 (1988) 60-75

Pöhlmann, Wolfgang: Beobachtungen zur jüdisch-christlichen Apokalyptik und zur apokalyptischen Geschichtsdeutung im Dritten Reich, KuD 37 (1991) 160-171

Porter, Paul A.: Metaphors and Monsters. A Literary-critical Study of Daniel 7 and 8, CB.OT 20, Lund 1983

Preuss, Horst Dietrich: Art עולם 'olam, in: ThWAT V (1986) 1144-1159

Preuss, Horst Dietrich: 'Auferstehung' in Texten alttestamentlicher Apokalyptik (Jes 26,7-19; Dan 12,1-4), in: 'Linguistische' Theologie, hrg. von U. Gerber und E. Güttgemanns, Forum Theologiae Linguistica 3, Bonn ²1975, 101-133

Rad, Gerhard von: Theologie des Alten Testaments II, Berlin ⁵1969

Rahlfs, Alfred: Septuaginta, Bd. II, Württembergische Bibelanstalt, Stuttgart ⁸1965

Reichelt, Hansgünter: Angelus Interpres-Texte in der Johannes-Apokalypse. Strukturen, Aussagen und Hintergründe, Diss. Leipzig 1992

Rendtorff, Rudolf: Studien zur Geschichte des Opfers im Alten Israel, WMANT 24, Neukirchen 1967

Resch, Andreas: Der Traum im Heilsplan Gottes. Deutung und Bedeutung des Traums im Alten Testament, Freiburg 1964

Richter, Wolfgang (Hrg.): Biblia Hebraica transcripta, ATS 33.14, EOS Verlag, St. Ottilien 1993, 2-151

Robinson, Gnana: Das Jobel-Jahr. Die Lösung einer sozial-ökonomischen

Krise des Volkes Gottes, in: Ernten, was man sät, FS K. Koch, hrg. von D.R. Daniels, U. Glessmer und M. Rösel, Neukirchener Verlag, Neukirchen 1991, 471-494

Rosenthal, F.: A Grammar of Biblical Aramaic, Wiesbaden [4]1974

Rowland, Christopher: The Open Heaven. A Study of Apocalyptic in Judaism and Early Christianity, London 1985

Rowley, Harold Henry: The bilingual problem of Daniel, ZAW 50 (1932) 256-268

Rowley, Harold Henry: Darius the Mede and the four World Empires in the Book of Daniel. A Historical Study of Contemporary Theories, Cardiff 1935

Rowley, Harold Henry: The Composition of the Book of Daniel, some comments on Prof. Ginsberg's article, VT 5 (1955) 272-276

Rowley, Harold Henry: Apokalyptik. Ihre Form und Bedeutung zur biblischen Zeit, Einsiedeln [3]1965

Rowley, Harold Henry: Die Geschichte der Qumransekte (1966/67), in: Qumran, hrg. von E. Grözinger u.a., Darmstadt 1981, 23-57

Rudolph, Kurt: 'Apokalyptik in der Diskussion', in: Apocalypticism in the Mediterranean World and the Near East, hrg. von D. Hellholm, Tübingen 1983, 771-789

Rudolph, Wilhelm: Jeremia, HAT I/12, Tübingen 1947

Russell, D.S.: The Methods and Message of Jewish Apocalyptic. 200 BC – AD 100, Philadelphia 1976

Saebo, Magne: Eschaton und Eschatologia im Alten Testament – in traditionsgeschichtlicher Sicht, in: Alttestamentlicher Glaube und Biblische Theologie, FS H.D. Preuss, hrg. v. J. Hausmann und H.-J. Zobel, W. Kohlhammer, Stuttgart, Berlin, Köln 1992, 321-330

Sahlin, H.: Antiochus IV. Epiphanes und Judas Mackabäus. Einige Gesichtspunkte zum Verständnis des Danielbuches, StTh 23 (1969) 41-68

Sahlin, H.: Wie wurde ursprünglich die Benennung 'Der Menschensohn' verstanden? StTh 37 (1983) 147-179

Sanders, E. P.: The Genre of Palestinian Jewish Apocalypses, in: Apocalypticism in the Mediterranean World and the Near East, hrg. von D. Hellholm, Tübingen 1983, 447-459

Schenker, A.: Nebukadnezzars Metamorphose vom Unterjocher zum Gottesknecht. Das Bild Nebukadnezzars und einige mit ihm zusammenhängende Unterschiede in den beiden Jeremia-Rezensionen, RB 89 (1982) 498-527

Schmid, Herbert: Daniel, der Menschensohn, Jud 27 (1971) 192-220

Schmidt, J. M.: Die jüdische Apokalyptik. Die Geschichte ihrer Erforschung von den Anfängen bis zu den Textfunden von Qumran, Neukirchen 1969

Schmidt, J. M.: Apokalyptik, in: Altes Testament, hrg. von H. J. Boecker, H.-J. Hermisson, J. M. Schmidt und L. Schmidt, Neukirchen 1983, 189- 205

Schreiner, J.: Alttestamentlich-jüdische Apokalyptik, München 1969
Schreiner, J.: Jeremia I und II, NEB 3 und 9, Echter Verlag, Würzburg 1981, 1984
Schreiner, Stefan: Jüdisch-theologisches Denken nach Auschwitz – ein Versuch seiner Darstellung, Judaica 36 (1980) 1-13.49-56
Schurig, A.: Die Adressaten von Dan 10-12 aufgrund der Bilderwelt, Examensarbeit, Leipzig 1989
Schwarte, Karl-Heinz: Art. Apokalyptik/Apokalypsen V, TRE III (1978) 257-275
Seebass, Gottfried: Art. Apokalyptik/Apokalypsen VII, TRE III (1978) 280-289
Seebass, Gottfried: Reich Gottes und Apokalyptik bei Thomas Müntzer, Lutherjahrbuch 58 (1991) 75-99
Seybold, K.: Art. חלה ḥalah, ThWAT II (1977) 960-971
Seybold, K.: Art. משח mašaḥ, משיח mašiaḥ, ThWAT V (1986) 46-59
Shea, William H.: Bel(te)shazzar Meets Belshazzar, AUSS 26 (1988) 67ff
Smend, Rudolf: Die Entstehung des Alten Testaments, Theologische Wissenschaft, Bd. 1, Stuttgart 1978
Smend, Rudolf: Art. Eschatologie II, TRE X (1986) 256-264
Soden, Wolfram von: Eine babylonische Volksüberlieferung von Nabonid in den Danielerzählungen (1935), in: ders.: Bibel und Alter Orient, hrg. von H.-P. Müller, BZAW 161, Walter de Gruyter, Berlin, New York 1985, 1-9
Spengler, Oswald: Der Untergang des Abendlandes. Umrisse einer Morphologie der Weltgeschichte, Bd. 2, München 1922
Stahl, Rainer: Aspekte der Geschichte deuteronomistischer Theologie. Zur Traditionsgeschichte der Terminologie und zur Redaktionsgeschichte der Redekompositionen, masch., Jena 1982
Stahl, Rainer: Das Verhältnis von Frieden und Gerechtigkeit als theologisches Problem, ThLZ 109 (1984) 161-172
Stahl, Rainer: Zur Möglichkeit der Predigt alttestamentlicher Texte im Rahmen des christlichen Gottesdienstes, Amtsblatt der Evang.-Luth. Landeskirche Sachsens, Dresden 1989, B25-B31
Stahl, Rainer: Erlaßjahr und Sabbatjahr – Möglichkeiten wirtschaftlichen Verhaltens heute?, Kirchliche Hochschule Leipzig, Forschungsstelle Judentum, Mitteilungen und Beiträge 3, Leipzig 1991, 1-22
Stahl, Rainer: Schuldenerlaß – eine alte Institution, caritas 93 (1992) 114- 121
Stahl, Rainer: 'Eine Zeit, Zeiten und die Hälfte einer Zeit'. Die Versuche der Eingrenzung der bösen Macht im Danielbuch, in: The Book of Daniel in the Light of new Findings, hrg. von A.S. van der Woude, BETL CVI, University Press, Leuven 1993, 480-494
Stahl, Rainer: God as Lord of time and within time. The change of hope in the apocalyptic writings of 'Daniel', Fourth European Conference on

Science and Theology, Mondo Migliore, 1992 (nicht veröffentlicht)
Stähli, Hans-Peter: רום *rum* hoch sein, THAT II (1976) 753-761
Stähli, Hans-Peter: Antike Synagogenkunst, Calwer Verlag, Stuttgart 1988
Steck, Odil Hannes: Überlegungen zur Eigenart der spätisrealitischen Apokalyptik, in: Die Botschaft und die Boten, FS. H. W. Wolff, hrg. von J. Jeremias und L. Perlitt, Neukirchen 1981, 301-315
Steck, Odil Hannes: Weltgeschehen und Gottesvolk im Buche Daniel (1980), in: Wahrnehmungen Gottes im Alten Testament, ThB 70, München 1982, 262-290
Stefanovic, Zdravko: Thematic Links Between the Historical and Prophetic Sections of Daniel, AUSS 27 (1989) 121-127
Stegemann, Hartmut: Die Entstehung der Qumrangemeinde, Bonn 1971
Stegemann, Hartmut: Die Bedeutung der Qumranfunde für die Erforschung der Apokalyptik, in: Apocalypticism in the Mediterranean World and the Near East, hrg. v. D. Hellholm, Tübingen 1983, 495-530
Stolz, Fritz: Psalm 22: Alttestamentliches Reden vom Menschen und neutestamentliches Reden von Jesus, ZThK 77 (1980) 129-148
Stolz, Fritz: Psalmen im nachkultischen Raum, Theol. Studien 129, Zürich 1983
Strobel, August: Art. Apokalyptik/Apokalypsen IV, TRE III (1978) 251- 257
Szabó, Andor: Die Engelvorstellungen vom Alten Testament bis zur Gnosis, in: Altes Testament – Frühjudentum – Gnosis. Neue Studien zu 'Gnosis und Bibel', hrg. v. K.-W. Tröger, Evangelische Verlagsanstalt, Berlin 1980, 143-152
Talstra, E.: Solomon's Prayer, Synchrony and Diachrony in the Composition of I Kings 8,14-61, contributions to Biblical Exegesis and Theology 3, Kok Pharos, Kampen 1993
Thiel, Wilfried: Jeremia, in: Zwischen Gericht und Heil. Studien zur alttestamentlichen Prophetie im 7. und 6. Jahrhundert v.Chr., hrg. von G. Wallis, Berlin 1987, 35-57
Towner, W. Sibley: The Preacher in the Lion's Den, Interpretation 39 (1985) 157-169
Uffenheimer, Benjamin: Art. Eschatologie III, TRE X (1982) 264-270
Ulrich, Eugene: Daniel Manuscripts from Qumran. Part 1: A Preliminary Edition of 4QDan^{a}, BASOR 268 (1987) 17-37
Ulrich, Eugene: Daniel Manuscripts from Qumran. Part 2: Preliminary Editions of 4QDan^{b} and 4QDan^{c}, BASOR 274 (1989) 3-26
Vannoy, J. R.: Divine Revelation and History in the OT, in: Interpretation and History, FS. A. A. MacRae, Singapore 1986, 67ff
Vaux O.P., Roland de: Studies in Old Testament Sacrifice, Cardiff 1964
Vielhauer, P.: Apokalypsen und Verwandetes, in: Neutestamentliche Apokryphen II, hrg. von E. Hennecke, Berlin ^{3}1966, 407-483

Vieweger, Dieter: Die Spezifik der Berufungsberichte Jeremias und Ezechiels im Umfeld ähnlicher Einheiten des Alten Testaments, BEATAJ 6, Verlag Peter Lang, Frankfurt a. M., Bern, New York 1986

Wächter, Ludwig: Sternglaube und Gottesglaube im Judentum, in: ders., Jüdischer und christlicher Glauben, Aufsätze und Vorträge zur Theologie und Religionswissenschaft 64, Evangelische Verlagsanstalt, Berlin 1975, 26-43

Wagner, Siegfried: Neue Welt, neue Menschheit. Daniel 7, STANDPUNKT 17 (1989) 60-61

Walker, W. O.: Daniel 7:13-14, Interpretation 39 (1985) 176-181

Walter, Nikolaus: 'Hellenistische Eschatologie' im Frühjudentum – ein Beitrag zur 'Biblischen Theologie'?, ThLZ 110 (1985) 331-348

Walton, John H.: The Decree of Darius the Mede in Daniel 6, Evangelical Theological Society 31 (1988) 279-286

Weimar, Peter: Daniel 7. Eine Textanalyse, in: Jesus und der Menschensohn, FS. A. Vögtle, hrg. von R. Pesch und R. Schnackenburg, Freiburg 1975, 11-36

Weimar, Peter: Psalm 22. Beobachtungen zur Komposition und Entstehungsgeschichte, in: Freude an der Weisung des Herrn. Beiträge zur Theologie der Psalmen, FS H. Gross, hrg. v. E. Haag, F.-L. Hossfeld, SBB 13, Verlag Katholisches Bibelwerk GmbH, Stuttgart 1986, 471-494

Weimar, Peter: 'Seine Macht ist eine ewige Macht, die nicht vergeht' (Dan 7,14). Perspektiven und Strukturen apokalyptischen Denkens in Dan 7, Religionsunterricht an höheren Schulen 31 (1988) 362-373

Wesselius, J. W.: Language and Style in Biblical Aramaic: Observations on the Unity of Daniel II-VI, VT 38 (1988) 194-209

Wharton, J. A.: Daniel 3:16-18, Interpretation 39 (1985) 170-176

Wiig, Arne: Mene, mene, tekel u-farsin, SEA 53 (1988) 26-35

Wildberger, Hans: Jesaja, BK X/2, Neukirchener Verlag, Neukirchen 1978

Willi-Plein, Ina: Das Geheimnis der Apokalyptik, VT 27 (1977) 62-81

Wilson, R. R.: From Prophecy to Apocalyptic: Reflections on the Shape of Israelite Religion, Semeia 21 (1981) 79-95

Wolff, Christian: Jeremia im Frühjudentum und Urchristentum, Berlin 1976

Wolters, Al: Untying the King's Knots: Physiology and Wordplay in Daniel 5, JBL 110 (1991) 117-122

Woude, Abraham Simon van der: Bemerkungen zum Gebet des Nabonid, in: Qumràn. Sa piété, sa théologie et son milieu, hrg. von M. Delcor, Paris 1978, 121-129

Woude, Abraham Simon van der: Fünfzehn Jahre Qumranforschung (1974-1988), ThR 54 (1989) 221-261

Woude, Abraham Simon van der: Fünfzehn Jahre Qumranforschung (1974-1988), (Fortsetzung), ThR 55 (1990) 245-307

Woude, Abraham Simon van der: Fünfzehn Jahre Qumranforschung (1974-1988), (Fortsetzung), ThR 57 (1992) 1-57
Woude, Abraham Simon van der: Die Doppelsprachigkeit des Buches Daniel, in: The Book of Daniel in the Light of new Findings, hrg. von A.S. van der Woude, BETL CVI, University Press, Leuven 1993, 3-12
Würthwein, Ernst: Die Bücher der Könige, ATD 11/1-2, Göttingen 1984, 1985
Yadin, Yigael: The Scroll of the War of the Sons of Light against the Sons of Darkness, University Press, Oxford 1962
Zevit, Ziony: The Structure and Individual Elements of Daniel 7, ZAW 80 (1968) 385-396
Zevit, Ziony: The Exegetical Implications of Daniel VIII 1, IX 21, VT 28 (1978) 488-492
Zimmerli, Walther: Ezechiel, BK XIII/1-2, Neukirchen 1969